Dialogmarketing Perspektiven 2013/2014

Deutscher Dialogmarketing Verband e. V. (Hrsg.)

Dialogmarketing Perspektiven 2013/2014

Tagungsband 8. wissenschaftlicher interdisziplinärer Kongress für Dialogmarketing

Herausgeber
Deutscher Dialogmarketing Verband e. V.
Wiesbaden, Deutschland

ISBN 978-3-658-05231-7   ISBN 978-3-658-05232-4 (eBook)
DOI 10.1007/978-3-658-05232-4

Die Deutsche Nationalbibliothek verzeichnet diese Publikation in der Deutschen Nationalbibliografie; detaillierte bibliografische Daten sind im Internet über http://dnb.d-nb.de abrufbar.

Springer Gabler
© Springer Fachmedien Wiesbaden 2014
Das Werk einschließlich aller seiner Teile ist urheberrechtlich geschützt. Jede Verwertung, die nicht ausdrücklich vom Urheberrechtsgesetz zugelassen ist, bedarf der vorherigen Zustimmung des Verlags. Das gilt insbesondere für Vervielfältigungen, Bearbeitungen, Übersetzungen, Mikroverfilmungen und die Einspeicherung und Verarbeitung in elektronischen Systemen.

Die Wiedergabe von Gebrauchsnamen, Handelsnamen, Warenbezeichnungen usw. in diesem Werk berechtigt auch ohne besondere Kennzeichnung nicht zu der Annahme, dass solche Namen im Sinne der Warenzeichen- und Markenschutz-Gesetzgebung als frei zu betrachten wären und daher von jedermann benutzt werden dürften.

Redaktion: Bettina Höfner

Gedruckt auf säurefreiem und chlorfrei gebleichtem Papier

Springer Gabler ist eine Marke von Springer DE. Springer DE ist Teil der Fachverlagsgruppe Springer Science+Business Media.
www.springer-gabler.de

Editorial

Das Zeitalter des Dialogs

Befinden wir uns im Zeitalter digitaler Dialoge? Oder im digitalen Zeitalter des Dialogs? Wahrscheinlich sowohl als auch. Festzuhalten gilt: Dialog ist heute immer und überall. War die Kommunikation in der Vergangenheit noch ortsgebunden, so erleben wir zunehmend ihre radikale Mobilisierung. Von jedem Punkt der Erde kann ich jederzeit mit jedem anderen Menschen kommunizieren. Jeder hat ein Mobiltelefon und jeder Zweite ein Smartphone. Und der Dialog erobert nicht nur die Menschen, sondern auch die unbelebte Welt. Meine Pflanzen twittern, wenn sie Wasser brauchen. Und der Drucker bestellt automatisch Nachschub beim Lieferanten, wenn der Toner alle ist. Neue Geschäftsmodelle ergeben sich – aber auch neue Fragestellungen.

Diese Fragen beschäftigen uns tagtäglich in der Praxis. Und Wissenschaftler ganz unterschiedlicher Disziplinen forschen intensiv hierzu. Der DDV hat es sich mit seinem wissenschaftlichen Kongress bereits seit dem Jahr 2006 zur Aufgabe gemacht, einerseits Wissenschaft und Praxis in den konstruktiven Dialog miteinander zu bringen und andererseits auch die verschiedenen Wissenschaftsdisziplinen miteinander zu vernetzen. Dieses Symposium bietet mit der Präsentation der Untersuchungen und Ergebnisse unterschiedlicher Forschungsdisziplinen eine einzigartige Plattform für den Erfahrungsaustausch und gleichzeitig eine jährliche „Bestandsaufnahme" der aktuellen Entwicklungen.

Im Jahr 2013 fand der achte wissenschaftliche interdisziplinäre Kongress für Dialogmarketing am 25. September an der Universität Hamburg statt. Gastgeber war Prof. Dr. Kay Peters von der SVI-Stiftungsprofessur für Marketing und Dialogmarketing. Die Tagungsleitung lag wie in den vergangenen Jahren in den Händen von Dr. Heinz Dallmer, der Referenten und Teilnehmer kundig und engagiert durch den Tag führte. Den Schwerpunkt der Vorträge bildeten verschiedene Aspekte des Themas Social Media wie die Identifikation von Meinungsführern oder die Frage, ob Konsumenten und Unternehmen die gleichen Erwartungen an eine Facebookseite haben. Doch auch Werbewirkungsforschung zur „Rolle von Emotionen im crossmedialen Dialog" oder Untersuchungen zum Real-Time-Advertising waren spannende Themen, die von den Teilnehmern lebhaft diskutierten wurden. Die Vorträge dieser ganztägigen Veranstaltung bilden den Kern des vorliegenden Sammelbandes. Ergänzt werden diese um weitere, aktuelle Aufsätze.

Ein weiteres Highlight der Veranstaltung setzte die Preisverleihung des Alfred Gerardi Gedächtnispreises 2013. Wie bereits im Vorjahr wurden die vier Gewinnerarbeiten präsentiert und damit das Programm um die Perspektive der Nachwuchswissenschaftler erweitert. Die Referate zeigten deutlich, dass die Jury vier würdige Preisträger bestimmt hatte.

Die Realisierung des Kongresses sowie des vorliegenden Tagungsbandes haben viele einzelne Personen, Institutionen und Unternehmen erst möglich gemacht. Ich möchte deshalb ganz herzlich danken: Prof. Dr. Kay Peters für die freundliche Einladung nach Hamburg. Den Referenten und Autoren für die inhaltlichen Beiträge zu Kongress und Sammelband. Dr. Heinz Dallmer für die engagierte Tagungsleitung und den fachlichen Input zur Gestaltung des Kongresses. Den Teilnehmern des Alfred Gerardi Gedächtnispreises sowie der Jury, die zahlreiche Arbeiten bewertet hat, um die Besten zu ermitteln, sowie der Schirmherrin des Awards, Victoria Gerardi-Schmid, die sich seit Anbeginn für den Wettbewerb einsetzt und alljährlich persönlich die Ehrungen überreicht. Last but not least möchte ich den Partnern und Sponsoren danken, die den Kongress, den vorliegenden Tagungsband und den Alfred Gerardi Gedächtnispreis mit finanzieller Unterstützung oder Sachleistungen ermöglichten: Bürgel Wirtschaftsinformationen GmbH & Co. KG, buw Holding GmbH, Dorner Print Concept GmbH, gkk DialogGroup GmbH, Jahns and Friends Agentur für Dialogmarketing und Werbung AG, Printus GmbH, SAS Institute GmbH, Siegfried Vögele Institut GmbH. Verbandspartner waren der BVDW Bundesverband Digitale Wirtschaft, der Dialog Marketing Verband Österreich sowie der Schweizer Dialogmarketing Verband. Als Medienpartner engagierten sich acquisa, Fischers Archiv, HORIZONT, marketingBÖRSE und OnetoOne.

Ich wünsche Ihnen eine anregende Lektüre der vorliegenden Publikation und würde mich freuen, Sie beim nächsten Kongress begrüßen zu können!

Martin Nitsche
DDV-Präsident

Kontakt

Martin Nitsche
Deutscher Dialogmarketing Verband e.V.
Hasengartenstraße 14
65189 Wiesbaden
info@ddv.de

Inhalt

Editorial 5

Emotionen im crossmedialen Dialog: Messen – Steuern – Kontrollieren 9
Ralf Wagner

Images von „klassischen" Dialogmedien bei Konsumenten 25
Andrea Barkhof / Andreas Mann

Dialogkommunikation zur Förderung der Vertrauenswürdigkeit von
Dienstleistungsunternehmen auf Absatzmärkten 45
Tanja Stetter / Andreas Mann

Social Media – Haben Unternehmen und Nutzer dieselben Erwartungen
an eine Facebook-Präsenz? 67
Heike Jochims

Identifikation von Meinungsführern in Social Media. Konzeption eines
Matching- und Automatisierungsansatzes zur Meinungsführeridentifikation
in Social Media 77
Anke Hauptmann

Social CRM – Umsetzungsmöglichkeiten in der Praxis 105
Robin Grässel / Jakob Weinberg

CRM im Spannungsfeld zwischen Theorie und praktischer Umsetzung 127
Peter Lorscheid

Auswirkungen des Anything Relationship Managements auf das
Dialogmarketing 141
Rebecca Bulander, Bernhard Kölmel, Johanna Wüstemann

Digital Dialog Insights 2013 – Focus Small Screens 167
Harald Eichsteller / Jürgen Seitz / Carla Isabel Bockelmann

Notwendigkeit eines Change-Managements im Online-Zeitalter 183
Ralf T. Kreutzer

Die Customer Journey Analyse im Online Marketing 213
Louisa Flocke / Heinrich Holland

Echtzeithandel von Werbung im Real-Time-Advertising 243
Sotir Hristev / Nadia Abou Nabout

Gamification in der Unternehmenspraxis: Status quo und Perspektiven 261
Matthias Schulten

Alfred Gerardi Gedächtnispreis 275

Dank an die Sponsoren 279

Emotionen im crossmedialen Dialog: Messen – Steuern – Kontrollieren

Ralf Wagner

Inhalt

1 Einleitung 10
2 Relevanz der Emotionen in der Kommunikation 11
2.1 Systeme der Informationsverarbeitung 11
2.2 Emotionen 13
2.3 Wahrnehmung und Entscheidungen 15
3 Messung 16
3.1 Implizite versus explizite Emotionsmessung 16
3.2 Emotional Dialog Optimizer 17
3.3 Use Case: Emotionsmessung @ Work 18
4 Zusammenfassung 21

Literatur 22
Der Autor 23
Kontakt 23

Management Summary

In diesem Beitrag wird die Bedeutung der Emotionen für Kaufentscheidungen herausgearbeitet. Die Auswertung einschlägiger Studien kommt zu dem Ergebnis, dass es der überwiegenden Teil menschlicher Entscheidungen auf dem Bauchgefühl der Entscheider beruht und nur in Ausnahmefällen ein rationales Kalkül im Sinne der formalen Entscheidungstheorie herangezogen wird. Der präzisen Messung der Emotionen, die mit einem Produkt, einer Marke oder einer Werbeansprache verknüpft sind, kommt daher besondere Bedeutung zu. In dem Beitrag wird ein implizites Messverfahren auf der Basis der Reaktionszeit vorgestellt und anhand eines Fallbeispiels der Nutzen für das Marketing belegt.

1 Einleitung

Die Kunden treffen täglich vielfältige Entscheidungen, auch die Entscheidung welche Kommunikationspartner, Medien und Inhalte von ihnen akzeptiert werden. Die von den Werbetreibenden vielfach beklagte Informationsüberlastung der Kunden (z. B. Esch/Hartmann 2009 und Chen/Lee 2013) beschreibt die Realität moderner Kundenkommunikation nur unzureichend. Bestimmte Kommunikationsinhalte werden aktiv gesucht, andere hingegen aktiv gemieden. Push-Kommunikation führt gerade in digitalen Medien zu Reaktanz. Die konkurrierenden Kommunikationsangebote sind *ungleich*. Der gegenwärtige Abstieg der TV-Kommunikation vom „firstscreen" zum „secondscreen", also auch zum nachrangigen Kommunikationsangebot, ist eine markante Manifestierung dieser Ungleichheit, die zugleich die Dynamik der Verhaltensänderungen hervorhebt. Die aktuellen Kommunikationspraktiken favorisieren Inhalte, um das eigene Angebot von konkurrierenden Angeboten zu differenzieren (vgl. Rowley 2008) und die Kunden in Dialoge zu involvieren, respektive Word-of-Mouth Aktivitäten zu stimulieren (vgl. Keul/Wagner/Brandt-Pook 2013). Interessanterweise wird der Aufbereitung von Inhalten in der wissenschaftlichen Diskussion weniger Aufmerksamkeit geschenkt. Die Rolle des Kunden als dialogbereiter Partner (Mann 2004) gilt es für jede Kommunikationsmaßnahme zu prüfen und gegebenenfalls die Dialogbereitschaft zu etablieren.

Dieser Beitrag zeigt auf,

- wie Emotionen in den Entscheidungs- und Lernprozessen der Menschen wirken und damit sowohl die Selektion der Kommunikationsansprachen als auch den Werbeerfolg determinieren.
- wie die von einem Kommunikationsstimulus ausgelösten Emotionen durch ein implizites Messverfahren zuverlässig und kostengünstig gemessen werden können.
- wie einzelne Elemente eines Kommunikationsmittels im praktischen Einsatz hinsichtlich der emotionalen Wirkung bewertet werden können und zugleich Verbesserungspotenzial im Pretest zu identifizieren ist.

Gemäß der auf Drucker zurückzuführenden Binsenweisheit „What gets measured, gets managed", liegt in der Quantifizierung emotionaler Wirkungen ein Schlüssel zur systematischen Steuerung der Kundenkommunikation im modernen Umfeld. Nur wer die Wirkung seiner Maßnahmen kennt, kann gezielt agieren und seine Kommunikationsmaßnahmen differenzieren.

Um dieser Zielsetzung zu entsprechen, ist dieser Beitrag wie folgt aufgebaut: Im nächsten Abschnitt wird die zentrale Bedeutung von Emotionen in der Kommunikation konkretisiert. Dabei wird die Relevanz der von Stanovich und West (2000) eingeführten Unterscheidung emotional-intuitiver (sog. System 1) und deliberativer (sog. System 2) Entscheidungsfindung für die Anbahnung und den Verlauf des Kundendialogs herausgearbeitet. Daran anknüpfend wird die von Panksepp (1982) eingeführte Systematik der Emotionen vorgestellt und hinsichtlich der Eignung zur Erklärung des Kommunikationserfolgs, respektive - misserfolgs im Direktmarketing bewertet. Hierauf aufbauend wird ein neurobiologisch fundierter Ansatz zur impliziten Messung von Emotionen, die durch Kommunikationsstimuli geweckt werden, vorgestellt. Am Beispiel aus der Automobilindustrie, dem Vergleich zweier Werbestimuli für die Marke Audi, wird die konkrete Anwendung demonstriert. Dieser Beitrag schließt mit einer kurzen Diskussion des Fortschritts, den dieser neue Messansatz ermöglicht.

2 Relevanz der Emotionen in der Kommunikation

Gestützt auf empirische Ergebnisse belegen Ariely (2008) und Kahneman (2011), dass menschliche Entscheidungen kaum auf rationalen, gut durchdachten Überlegungen basieren. Vielmehr werden alltägliche Entscheidungen durch unbewusst gesteuerte Prozesse bestimmt, welche durch Routinen und Emotionen gesteuert sind. Basis einer erfolgreichen Markenführung und -kommunikation ist daher das gezielte Auslösen und Ansprechen eben dieser Emotionen. Erfolgreiche Markenkommunikation setzt dabei an die menschlichen Emotionssysteme an. Emotionen ermöglichen eine schnelle Informationsverarbeitung unter Stress, Zeitdruck und Unsicherheit und in Low-Involvement-Situationen. Beispielsweise wird ein Shampoo einer bekannten Marke im Zweifel wohl besser für die eigenen Haare sein als ein preiswerteres Produkt in einer ähnlichen Verpackung. Wir kaufen uns mit dem Griff zum teureren Markenprodukt das sprichwörtlich „gute Gefühl", das Richtige für uns zu tun. Schnelle, emotionsgeleitete und intuitive Entscheidungen sind beim Kauf, aber auch in der Kommunikation eher die Regel als die Ausnahme. Automatisch ablaufende Beurteilungsprozesse helfen uns, den Alltag mit täglich unzähligen Entscheidungssituationen zu meistern.

2.1 Systeme der Informationsverarbeitung

Das menschliche Gehirn ist nicht wie ein Karteikasten oder eine Festplatte organisiert, sondern wächst durch assoziative Verbindungen. Stanovich und West (2000) unterscheiden zwei Systeme der Informationsverarbeitung. System I ist das implizite, automatisierte Informationsverarbeitungssystem, welches große Mengen an Informationen aufnehmen kann. Der Verarbeitungsprozess erfolgt mit 11×10^6 Bits pro Sekunde schnell und hocheffizient. Hier werden kognitiv unbewusste (implizite) Vorgänge verarbeitet und spontanes, unreflektiertes Verhalten ausgelöst. Das System II ist das Ratio-Verarbeitungssystem, welches kognitiv bewusste Vorgänge verarbeitet und rationales Verhalten bzw. Handeln auslöst. Die Verarbeitung erfolgt vergleichsweise langsam und verbrauchsintensiv mit lediglich 30 bis 40 Bits pro Sekunde. Die Aufnahmekapazität von Informationen im System II ist deutlich limitiert. In der Regel können 4 ± 1 Informationen aufgenommen und verarbeitet werden. Die Verarbeitung fällt schwer, was wir als kognitiven Aufwand bzw. als anstrengend empfinden. Die Wahlentscheidung zwischen zwei Kleidungsstücken fällt uns leichter als die Berechnung der vierten Wurzel aus 1.296, obwohl die erste Entscheidung eine deutlich höhere Komplexität (Welche weiteren Kleidungsstücke sollen getragen werden? Zu welchem Anlass? Welche Kleidungsstücke wurden letztmalig zu diesem Anlass getragen? Welche Witterung ist zu erwarten? Usw.) hat.

Das System I generiert stetig Impressionen, Intuitionen, Intentionen und Emotionen für das System II. Im Prozess des „Normalbetriebs" werden diese von System II akzeptiert und somit zu Überzeugungen. Auf diese Weise werden auch Impulse zu kontrollierten Handlungen. Das System II ist in einem Zustand geringer Aktivität. Identifiziert System I jedoch einen Konflikt, widerspricht also ein Ereignis dem System der Überzeugungen, Emotionen, Intuitionen und der daraus abgeleiteten Erwartungen, so wird das System II aktiviert und es kommt zu einer tieferen kognitiven (expliziten) Verarbeitungsaktivität, um den Widerspruch aufzulösen. Hierbei handelt es sich um einen vom Normalfall abweichenden Prozess. Im Normalfall wird allerdings System I zur mühelosen Informationsverarbeitung eingesetzt. Die Emotionen unterstützen diese Informationsverarbeitung substanziell. Auch im Kontext der Marketingkommunikation ist System I der Schlüssel zur erfolgreichen Kommunikation. Im Gegensatz zum Werbeschaffenden wenden sich Rezipienten den Werbemitteln in der Realität lediglich selektiv zu und beschränken die Aufmerksamkeit durch parallel ausgeführte Tätigkeiten. Dies ist beispielsweise beim Radiohören während der Autofahrt oder dem Zeitungslesen auf dem Weg zur Arbeit der Fall. Kommunikation und Rezeption erfolgen zumeist lediglich „im Vorbeigehen".

Hier offenbart sich eine Schwäche in der bisherigen Forschungspraxis. Bedingt durch die Untersuchungssituation wird im Labortest beim Rezipienten zumeist ein erhöhtes Involvement hergestellt. Die Laborsituation im Werbemittelpretest divergiert somit systematisch von der realen Kommunikationssituation. Entsprechend unterscheiden sich die Testergebnisse auch oftmals von der Kommunikationswirkung in der realen Anwendung. Zudem geben die bisherigen Forschungsergebnisse nur wenig Aufschluss über die aktualgenetischen Wirkungen von Werbung. Evans und Haller (2010) verdeutlichen, dass die klassische Werbemittelforschung nur wenig Aussagekraft bezüglich der Aufnahme und Verarbeitung von Botschaften in der Werbung hat. Ähnliches gilt für Akzeptanztests, die eingesetzt werden um optische Qualität, Werbewirksamkeit und Kaufkraft sowie die inhaltliche Effizienz zu überprüfen. Auch deren Ergebnisse sind in der Vergangenheit zunehmend kritisiert worden. So wird etwa das von der Advertising Research Foundation empfohlene Maß des *Ad Liking* von Bergkvist und Rossiter (2008) substanziell kritisiert und nur als begrenzt geeignet bewertet, um Einblicke in die Werbewirkung zu geben.

2.2 Emotionen

In der Markenführung ist die emotionale Differenzierung das Kerngeschäft. Emotionale Assoziationen und Aufladungen einer Marke führen in letzter Konsequenz zu besseren Resultaten in Bezug auf Umsatz, Profit und Marktanteilen (vgl. Esch 2005). Emotionen determinieren nicht nur den kurzfristigen Markterfolg, sondern sind vielmehr ein Asset, welches den langfristigen Erfolg einer Marke bestimmt. Im ersten Schritt bewerten die Konsumenten konkurrierende Angebote und Kommunikationsstimuli eben nicht nach rationalen, nutzenbewertenden Kriterien, sondern vor allem auf der emotionalen Ebene. Emotionale Assoziationen sind dabei nicht statisch, sondern wandeln sich im Laufe der Zeit. Eine geeignete Quantifizierung vorausgesetzt, können Emotionen bei den Kunden, respektive Werberezipienten systematisch entwickelt, also in einen Managementprozess überführt werden.

Erfolgreiches Brand Management bedient sich moderner neurobiologischer und psychologischer Erkenntnisse. Panksepp (1992, 1998) systematisiert die in der neurobiologischen und neuromedizinischen Forschung etablierten Emotionen in sieben unterschiedliche basale Emotionssysteme:

- Dominanz
- Suche
- Spiel/Freude
- Lust/Erotik
- Fürsorge
- Balance
- Skepsis/Sorge

Jedes der sieben Emotionssysteme hat seine eigene Verhaltensrelevanz. Diese variiert graduell nach Lebenssituationen, jede Person bildet jedoch charakteristische Skripte ab.

In Abbildung 1 sind die Emotionssysteme zu dem Modell der drei klassischen Motivationsprozesse Autonomie/Dominanz, Erregung/Stimulanz, Balance/Sicherheit zugeordnet.

Motivationsprozesse veranlassen die Konsumenten dazu, auf bestimmte Art und Weise zu handeln. Sie sind somit nicht temporärer Natur, sondern bilden prinzipielle Skripte und Schemata ab. Beispielsweise wird das in der Abbildung rechts unten angeordnete Spiel/Freude-Emotionssystem in spielerischen Situationen sowie menschlichen Interaktionen mit großem Freudeempfinden aktiviert, z. B. beim Sport, beim Computerspiel, beim Abendessen mit Freunden, etc. (vgl. Scholz/Krause 2013).

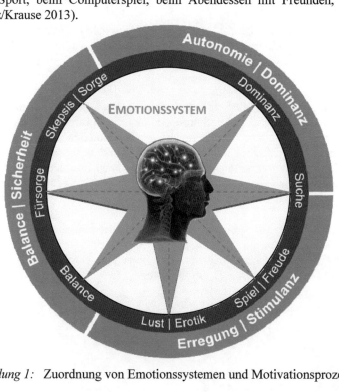

Abbildung 1: Zuordnung von Emotionssystemen und Motivationsprozessen.

2.3 Wahrnehmung und Entscheidungen

Die Relevanz von Emotionen für Alltagsentscheidungen und damit auch die Mehrzahl unserer Kaufentscheidungen kann anhand der Simplifikationsfunktion des Systems 1 belegt werden. So schätzen Esch und Möll (2009), dass etwa 70 bis 80 % der Entscheidungen unbewusst getroffen werden und dass in beinahe allen wichtigen Entscheidungen die Emotionen den Ausschlag geben. Die Informationsspeicherung im Gehirn erfolgt in einem hochkomplexen Netz von Gedächtnispfaden und Assoziationen. Je enger Begriffe, Bilder, Situationen und andere Stimuli miteinander verbunden sind und assoziiert werden, desto relevanter ist diese Verbindung. Jeder aufgenommene Stimulus, also auch jede Marke, wird in das neuronale Netz eingespeist, emotional dechiffriert und evaluiert, um anschließend als Erfahrung abgelegt zu werden. Dieser Prozess ist in Abbildung 2 visualisiert.

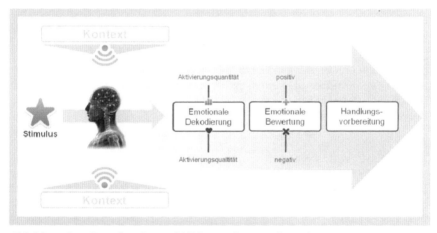

Abbildung 2: Emotionale Dechiffrierung im Handlungskontext.

Bei der Werbeansprache eines Individuums erfolgt die Informationsverarbeitung in drei Phasen. In der Initialphase werden Muster erkannt und überprüft. Beispielsweise werden Marken anhand von Logo, Design und anderen Charakteristika erkannt. In der anschließenden Phase der emotionalen Dekodierung werden die Emotionssysteme des Konsumenten involviert, sodass die Verarbeitung auf der emotionalen und damit schnellen Prozessebene erfolgen kann. In der abschließenden Phase erfolgt die emotionale Bewertung, die bei nicht-kognitiven Entscheidungen in eine Handlungsprädisposition mündet. Eine Verarbeitung im System beruht auf der Intensität des Gefallens. Aus der Kombination situativer

Faktoren (in der Abbildung als Kontext erfasst), emotionaler Aktivierung und dem Gefallen heraus wird die Kaufhandlung vorbereitet. Diese wird unmittelbar eingeleitet oder der kognitive Aufwand weiterer Bewertungen minimiert. Durch eine Direktmarketing-Maßnahme werden die mit einer Marke oder einem Anbieter verbundenen Emotionen und dadurch ein fest verankertes Handlungsmuster aktiviert. Dies ermöglicht Kauf- und Nichtkaufentscheidungen unter Umgehung der bewussten kognitiven Verarbeitung. Die Ergebnisse von Damasio (1994) begründen, dass durch somatische Marker ein positiver Einfluss der Emotionen auf kognitive Entscheidungsprozesse ausgeht. Somit wirken die Emotionen auch in die vergleichsweise wenigen Entscheidungen, in denen sich die Konsumenten um eine rationale, im Sinne von nutzenmaximierende, Entscheidung bemühen.

Voraussetzung einer systematischen und gezielten Entwicklung dieser Prozesse ist die zuverlässige Quantifizierung der emotionalen Qualität von Werbeansprachen genauso wie der Marken. Dieses wird im folgenden Abschnitt dargestellt.

3 Messung

Die Messung von Emotionen ist mit zahlreichen Herausforderungen behaftet. Im Kontext der werblichen Kommunikation sind die Validität der Messung, insbesondere die Vermeidung sozial gewünschter Antworten und die Reduktion von Interviewereinflüssen, von hoher Relevanz.

3.1 Implizite versus explizite Emotionsmessung

Die explizite Emotionsmessung anhand einschlägiger Itembatterien in persönlicher, telefonischer oder schriftlicher Befragung ist in der konventionellen Marktforschung etabliert, jedoch vergleichsweise unzuverlässig. Der Haupteinwand gegen diese Vorgehensweise ist in Post-hoc-Kognitionen zu sehen. Die direkte Frage nach einer Emotion führt zum Nachdenken, bevor die Frage beantwortet wird. Entsprechend sind die Einflüsse der Systeme I und II auf die Antwort eines Probanden durch den Untersuchenden nicht mehr zu differenzieren.

Voraussetzung einer expliziten Messung ist, dass Probanden ein Bewusstsein über ihre Gefühle bezüglich eines Produkts, einer Marke oder sogar eines ganzen Unternehmens entwickeln. Vertreter der Appraisaltheorien (einen Überblick bieten Ellsworth/Scherer 2003), fokussieren die Messung der bewussten Gefühlsdimensionen von Konsumenten anhand von verbalen Befragungen. Der Ansatz erscheint in sich konsistent, da die Vertreter dieses Forschungsparadigmas Kognitionen als Voraussetzung für Emotionen postulieren. Soll die Emotion selbst quantifiziert werden, erscheint der Ansatz der biologischen Emotionstheorie (einen Überblick bietet Buck 1999) besser geeignet.

Der Selbstbericht der Probanden dient in der expliziten Messung als Zugang zu subjektiv empfundenen Emotionen. Kognitive Ausstrahlungseffekte und Überlagerungen mit weiteren Stimuli, die in biotischen Untersuchungssituationen unvermeidbar sind, führen zu ambiguenten Selbstberichten. Kritisiert wird zudem, dass die Notwendigkeit von Verbalisierungen oder gar die Übersetzung in einen numerischen Ausdruck einer Ratingskala intuitive Antworten verhindert (vgl. Diekmann et al. 2008). Bildgebende medizinische Messverfahren ermöglichen substanzielle Fortschritte in der neurobiologischen Grundlagenforschung (vgl. Elger/Weber 2013), jedoch sind die Anwendungen auch wegen der Kosten für die Nutzung der medizinischen Untersuchungsgeräte und die erheblichen Einflüsse der Laborsituation für die Messung von Emotionen, die Werbemittel hervorrufen, kaum geeignet. Für eine verlässliche Messung im konkreten Werbemittelpretest wie auch im Markenmanagement sind daher die impliziten Messverfahren die Methodenklasse der Wahl (vgl. Dieckmann et al. 2008). Im Folgenden wird die Quantifizierung von Emotionen mittels der Reaktionszeitmessung und einer validierten Bilderskala vorgestellt. Dieser Ansatz ermöglicht die Messung rein intuitiver, emotionaler Werbemittelwirkungen im Gegensatz zu expliziten, mit kognitivem Aufwand verbundenen und damit verzerrten Wirkungen.

3.2 Emotional Dialog Optimizer

Mit dem *Emotional Dialog Optimizer* können emotionale Aktivierungsleistung, Qualität der Markenwahrnehmung sowie der Prozess der emotionalen Dechiffrierung visualisiert werden. Für die Messung werden Bilderskalen eingesetzt. Bilder können schneller und zumeist ohne kognitiven Aufwand erfasst und bewertet werden. Die Bewertung erfolgt anhand intuitiver Zuordnungen von Assoziationen, die keine kognitive Kontrolle erfordert. Die Stärke der Assoziation wird anhand der Reaktionszeit bemessen. Die Menschen sind in der Lage, innerhalb von Sekundenbruchteilen zu beurteilen, ob validierte Bilder, welche die wesentlichen basalen Emotionen wiederspiegeln, zu einem Stimulus (Marke oder Werbeelement) passen oder eben nicht. Die gemessene Reaktionszeit (korrigiert um die individuelle motorische Konstante jedes Probanden) ist ein präziser Indikator dafür, ob der dargebotene Reiz mit der im Bild dargestellten Emotion assoziiert wird. Kurze Reaktionszeiten weisen somit auf eine erfolgreiche Emotionalisierung hin, wohingegen längere Antwortzeiten darauf schließen lassen, dass keine impliziten, unbewussten Assoziationen zwischen Marke und emotionalem Bildmaterial bestehen. Die Messung der Qualität der Markenwahrnchmung beruht auf einem ähnlichen Prinzip, wobei statt der Bilder verbale Elemente eingesetzt werden, die der Befragte mit der Marke assoziiert oder nicht. Im Unterschied zur Auswahl und Stärke der Emotionen werden hier also auch die relevanten Kognitionen erfasst. Zusätzlich werden Einstellungen und Verhalten, wie z. B. das Markenvertrauen, Markenloyalität oder die Zahlungsbereitschaft mittels expliziter Messmethoden ermittelt. Die fachgerechte Kombination impliziter und expliziter Messverfahren ermöglicht einen substanziellen Erkenntnisfortschritt, der für die praktische Anwendung gezielt und zu geringen Kosten implementiert werden kann. Im folgenden Abschnitt wird die Anwendung der Kombination impliziter und expliziter Messung anhand des Vergleichs von zwei Kommunikationselementen der Marke Audi demonstriert. Dieses Konzept wird vom Siegfried Vögele Institut (SVI) Internationale Gesellschaft für Dialogmarketing mbH in Kooperation mit dem Beratungshaus SCHOLZ.WAGNER.PARTNER (SWP) aus Bielefeld unter dem Namen *Emotional Dialog Optimizer* angeboten.

3.3 Use Case: Emotionsmessung @ Work

Die Anwendung des Messverfahrens wird anhand eines Beispiels aus dem Automobilsektor verdeutlicht. Es sollen zwei Werbespots der Marke hinsichtlich ihrer emotionalen Werbewirkung auf die Probanden bewertet werden: die Audi-Dachmarkenkampagne 2012 und ein weiterer spezieller Spot für das Modell Audi A6.

Repräsentativ für die autofahrende Bevölkerung Deutschlands ab 18 Jahren nahmen 500 Personen an einer Online-Studie teil. In einem Pre-post-Test, in dem die Marke und nicht das Kommunikationsmittel an sich im Vordergrund stand, wurde die Differenz zwischen emotionaler Auflading der Marke *vor* und *nach* dem Werbekontakt gemessen. Somit wird die tatsächliche emotionale Wirkung des Werbemittels auf die Marke bestimmt. Abbildung 3 verdeutlicht das Untersuchungsdesign. Zudem werden Qualität der Markenwahrnehmung implizit sowie Einstellungen und Verhalten explizit gemessen.

Die eingesetzten Audi-Kampagnen könnten dabei nicht unterschiedlicher sein. Während die Markenkampagne 2012 den Betrachter in eine magische Welt voller emotionaler Momente entführt, ist der Audi-A6-Spot eher als klassischer Automobil-Werbespot aufzufassen, in dem Dominanz und überlegene Technik gepaart mit einer dunklen Farbgestaltung und stärkeren Kontrasten hervorstechen. Abbildung 4 visualisiert einen Ausschnitt der Messergebnisse.

Emotionen im crossmedialen Dialog: Messen – Steuern – Kontrollieren 19

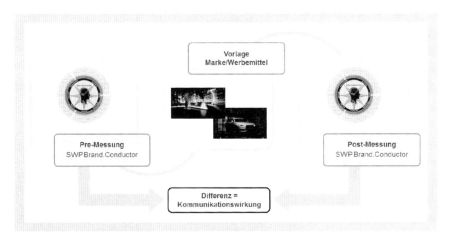

Abbildung 3: Untersuchungsdesign zur Emotionsmessung

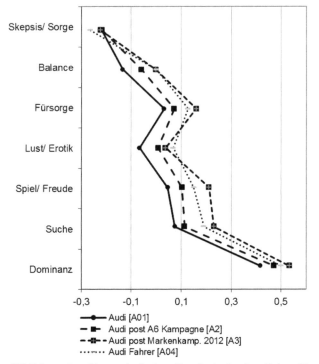

Abbildung 4: Exemplarisches Ergebnis der impliziten Emotionsmessung

In der Abbildung sind Profillinien dargestellt. Die linke durchgezogene Linie zeigt das Ergebnis der Pre-Messung. Das Dominanzsystem wird von der Marke Audi am stärksten aktiviert, das Skepsis/Sorge-System am schwächsten. Die gepunktete Linie ist die emotionale Aufladung der Marke Audi bei den Probanden, die selbst ein Fahrzeug dieser Marke fahren. Erwartungsgemäß sind die Audi-Fahrer stärker emotional mit ihrer Marke verbunden. Die beiden anderen Linien zeigen das Ergebnis der Post-Messung. Der A6-Werbespot ruft nur einen positiven Anstieg der emotionalen Aktivierung hervor. Der Marken-Spot 2012 führte im Post-Test zu substanziell höheren Messergebnissen hinsichtlich Qualität und Quantität der emotionalen Aktivierung. Bemerkenswert ist die Tatsache, dass sich das emotionale Profil über alle Probanden hinweg, insbesondere der Nicht-Audifahrer, nach Betrachten der Audi-Markenkampagne dem Profil der Audi-Fahrer vor Betrachten der Kampagne angleicht. Die Aktivierung im Emotionssystem Spiel/Freude, über das sich Audi stark von seiner Konkurrenz differenziert, liegt sogar über der der Audi-Fahrer. Lebensfreude, Leichtigkeit, Balance und Sinnlichkeit sowie Dynamik und Stärke stellen dabei diejenigen emotionalen Motive dar, die Audi gezielt anspricht und in seiner Kampagne mit faszinierenden Bildern inszeniert, um sich auf diese Weise vom Wettbewerb abzuheben.

Die Analyse der Einzelelemente des Werbemittels ergab, dass das Element mit den meisten Likes auch die höchste Bedeutung für die Qualität der Markenwahrnehmung besitzt, welche im Spiel/Freude-Emotionssystem als differenzierendem Element der Marke Audi verankert ist. Die hohe gemessene Qualität der Wahrnehmung der Marke Audi erhöht deutlich die Wahrscheinlichkeit, dass sich die Marke beim nächsten Autokauf im Relevant Set des Konsumenten befindet (vgl. Scholz/Krause 2013). Für das Beispiel Audi steigt dieses auf 62 %. Im Relevant Set konkurrieren die Wahloption für die Konsumenten. Um eine realitätsnahe Kommunikationssituation herzustellen, in dem eine Marke nun mal nicht allein auftritt, sondern sich vielmehr vom Wettbewerb durch funktionale und emotionale Differenzierung hervorzuheben versucht, sind in die Werbewirkungsstudie auch die emotionale Aufladung der wichtigsten Konkurrenten von Audi vor und nach Werbemittelkontakt aufgenommen worden. Dazu zählen BMW, Mercedes und Porsche.

Abbildung 5 zeigt die emotionale Positionierung konkurrierender Oberklasse-Automarken. Aus der Abbildung wird ersichtlich, dass Audi, Porsche und Mercedes emotional klar differenziert sind. Mercedes differenziert sich über Fürsorge und Porsche über die Ansprache des Dominanz-Systems. Die Marke BMW hat bisher eine ausdifferenzierte emotionale Positionierung etablieren können.

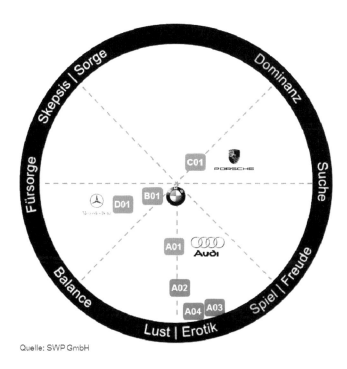

Abbildung 5: Emotionale Positionierung konkurrierender Automarken

4 Zusammenfassung

In diesem Beitrag sind sowohl die Bedeutung der Emotionen für die Kaufentscheidungen als auch mögliche Messkonzepte diskutiert worden. Anhand der aktuellen Forschungsergebnisse der Psychologie, insbesondere der Informationsverarbeitung, konnte belegt werden, dass eine deutliche Mehrheit aller Entscheidungen ohne kognitive Kontrolle erfolgt. Im Falle einer Kaufentscheidung wählen die Kunden eher das Produkt oder die Dienstleistung, die ein sprichwörtlich gutes Gefühl verspricht, als eine Alternative mit einem objektiv besseren Preis-Leistungsverhältnis. Selbst in den wenigen Fällen, in denen der kognitive Aufwand einer expliziten Bewertung akzeptiert wird, lenken die Emotionen unsere Kognitionen in die eine oder die andere Richtung. Entsprechend sind die Emotionen von immanenter Bedeutung sowohl für Kaufentscheidungen als auch für die Akzeptanz oder Verweigerung von Werbeansprachen.

Erst die gezielte und fachgerechte Messung der Emotionen ermöglicht das qualifizierte Management dieser. Für die Quantifizierung der Emotionen erweist sich die implizite Messung als derzeit beste verfügbare Methode. Der Einsatz dieser wurde in diesem Beitrag am Beispiel des *Emotional Dialog Optimizer* demonstriert. In diesem Messkonzept sind implizite Messungen mit expliziten Befragungstechniken kombiniert.

Literatur

Ariely, Dan (2008): Denken hilft zwar, nützt aber nichts. München: Droemer.
Bergkvist, Lars/Rossiter, John R. (2008): The role of ad likability in predicting an ad's campaign performance. In: *Journal of Advertising*. Vol. 37 (2), 85-98.
Buck, Ross (1999): The biological affects: a typology. In: *Psychological Review*. Vol. 106(2), 301-336.
Chen, Wenhong/Lee, Kye-Hyoung. (2013): Sharing, Liking, Commenting, and Distressed?: The Pathway Between Facebook Interaction and Psychological Distress. In: *Cyberpsychology, Behavior, and Social Networking*. Vol. 16 (10), 728-734.
Damasio, Antonio R. (1994): Descartes' Irrtum: Fühlen, Denken und das menschliche Gehirn. München: List.
Dieckmann, Anja/Gröppel-Klein, Andrea/Hupp, Oliver/Broeckelmann, Philipp/Walter Kathrin (2008): Emotionsmessung in der Werbewirkungsforschung. In: *Jahrbuch Absatz- und Verbraucherforschung*. Vol. 54 (4), 319-348.
Elger, Christian/Weber, Bernd (2013): Neurophysiologische Werbewahrnehmungs- und Werbewirkungsforschung. In: Jürgen Gerdes, Jürgen Hesse und Siegfried Vögele (Hrsg.): Dialogmarketing im Dialog. Wiesbaden: Springer Fachmedien, 239-248.
Ellsworth, P. C./Scherer, K. R. (2003): Appraisal processes in emotion. In: Richard J. Davidson, Klaus R. Scherer und H. Hill Goldsmith (Hrsg.): *Handbook* of *Affective Sciences*. New York, NY: Oxford University Press, 572-595.
Esch, Franz-Rudolf/Hartmann, Kerstin (2009): Wirkungen informativer Kommunikation. In: Manfred Bruhn/Franz-Rudolf Esch/Tobias Langner (Hrsg.): Handbuch Kommunikation. Wiesbaden: Gabler, 537-557.
Esch, Franz-Rudolf (2005): Moderne Markenführung: Grundlagen – Innovative Ansätze – Praktische Umsetzungen. 4. Aufl., Wiesbaden: Gabler Verlag.
Esch, Franz-Rudolf/Möll, Thorsten (2009): Ich fühle, also bin ich – Markenemotionen machen den Unterschied. In: *Marketing Review St. Gallen*. Vol. 4, 22-26.
Evans, Barbara/Haller, Florian (2010): Steigerung der Wirkung von Kampagnen mit neuronaler Mediaplanung. In: Manfred Bruhn und Richard Köhler (Hrsg.). Wie Marken wirken: Impulse aus der Neuroökonomie für die Markenführung. München: Vahlen, 267-282.
Häusel, Hans-Georg (2011): Think Limbic!: Wie Kaufentscheidungen im Gehirn wirklich fallen. In: *Tatendrang*. Vol. 20, 20-21.
Kahneman, Daniel (2011): Thinking, Fast and Slow. London: Penguin Books.

Keul, Marco/Wagner, Ralf /Brandt-Pook, Hans (2013): Ergebnisse und Redundanz in der Diskussion um eWOM: eine kritische Literaturauswertung, Manuskript im Begutachtungsprozess.

Mann, Andreas (2004): Dialogmarekting: Konzeption und empirische Befunde. Wiesbaden: DUV – Gabler.

Panksepp, Jaak (1982): Toward a general psychobiological theory of emotions. In: *The Behavioral and Brain Sciences*. Vol. 5 (3), 407-467.

Panksepp, Jaak (1998): Affective Neuroscience: The foundations of human and animal emotions. New York: Oxford University Press.

Rowley, Jennifer (2008): Understanding digital content marketing. In: *Journal of marketing management*. Vol. 24 (5-6), 517-540.

Scholz, Sören /Krause, Jens (2013): Werbung mit Herz und Verstand: Ein innovativer Ansatz zur Messung emotionaler Wirkung von Werbung. In: *planung & analyse*. Vol. 3, 22-27.

Stanovich, Keith E./West, Richard F. (2000): Individual differences in reasoning: Implications for the rationality debate? In: *Behavioral and brainsciences*. Vol. 23 (5), 645-665.

Scholz.Wagner.Partner. (2013): Die Kunst emotionaler Marken(ver)führung: Marken erfolgreich dirigieren mit dem SWP Brand.Conductor. Informations-Booklet. Abgerufen auf http://www.scholzwagner-partner.com/arbeitsweise-tools/brand-conductor.html

Der Autor

Prof. Dr. Ralf Wagner
ist Inhaber des SVI-Stiftungslehrstuhls für Internationales Direktmarketing und Dekan des Fachbereichs Wirtschaftswissenschaften der Universität Kassel. Seine Forschungsaktivitäten fokussieren die Schnittmenge von interkultureller Marketingkommunikation und interaktiver Dialoggestaltung. Dabei kommt neben der Modifikation moderner Algorithmen aus des künstlichen Intelligenz und dem maschinellen Lernen für das Targeting der Quantifizierung von Emotionen, Intuition und Intensionen besondere Bedeutung zu.

Kontakt

Prof. Dr. Ralf Wagner
SVI Endowed Chair for International Direct Marketing
DMCC – Dialog Marketing Competence Center
University of Kassel
Mönchebergstr. 1
D-34125 Kassel
rwagner@wirtschaft.uni-kassel.de

Images von „klassischen" Dialogmedien bei Konsumenten

Andrea Barkhof / Andreas Mann

Inhalt

1 Medienimage als notwendiges Kriterium einer professionellen Media-Selektion 26
2 Empirische Ermittlung des Images von Brief, E-Mail und Telefon als Dialogmedien 30
2.1 Datenerhebung und -struktur 30
2.2 Untersuchungsergebnisse 31
2.2.1 Wahrgenommene Medieneigenschaften 31
2.2.2 Wahrgenommene Mediennützlichkeit 33
2.2.3 Generelle Verhaltensweisen von Konsumenten im Direktkontakt mit Unternehmen 37
3 Fazit 40

Literatur 42
Die Autoren 43
Kontakt 43

Management Summary

Die Medienauswahl gehört zu den typischen erfolgsrelevanten Entscheidungen bei der Durchführung von Dialogmarketingkampagnen (vgl. Mann/Liese 2013, 104). Neben der Zielgruppenerreichbarkeit und den Kosten des Medieneinsatzes sind für den (ökonomischen) Kampagnenerfolg auch Medienpräferenzen der Zielgruppe von großer Bedeutung, da sie die Mediennutzung auf Seiten der angesprochenen Empfänger determinieren und somit die Responsequote von Dialogmarketingkampagnen beeinflussen.

Im vorliegenden Beitrag werden auf Basis einer empirischen Untersuchung bei 494 Privatpersonen Präferenzen gegenüber ausgewählten klassischen Dialogmedien analysiert. Es handelt sich hierbei um Direct Mail, E-Mail und Telefon. Die Ergebnisse zeigen, dass die betrachteten Medien zwar grundsätzlich recht positiv beurteilt werden, die Medienwahrnehmung in Abhängigkeit von Personenmerkmalen und Kommunikationssituationen jedoch variiert. Vor diesem Hintergrund sollte die Medienwahl sehr differenziert erfolgen, um erfolgreiche Dialogmarketingkampagnen umzusetzen.

1 Medienimage als notwendiges Kriterium einer professionellen Media-Selektion

Die Auswahl von Medien im Rahmen von Dialogmarketingkampagnen ist ein kritischer Erfolgsfaktor für den Kampagnenerfolg. Zu den typischen Kriterien der (Inter- und Intra-) Media-Selektion gehören Reichweiten- und Kostenaspekte, wie z. B. die Erreichbarkeit und Anzahl der Nutzer eines Mediums (Zielgruppenerreichbarkeit) sowie die Kosten des Medieneinsatzes bzw. Kosten pro Kontakt (vgl. Krummenerl 2005, 84 f.). Außerdem gilt die mögliche formale und inhaltliche Gestaltung einer beabsichtigten Kommunikationsbotschaft als Bewertungs- und Auswahlkriterium von (Dialog-)Medien. Eher selten werden hingegen qualitative Größen, wie z. B. das Medienimage auf Empfänger- bzw. Kundenseite sowie die Medienpräferenzen der anvisierten Zielgruppe berücksichtigt. Dabei sind sowohl das Medienimage als auch die Medienpräferenzen bei den Zielgruppen ganz wesentliche Determinanten für den Kampagnenerfolg.

So zeigen Studien, dass die Wahl eines Kommunikationsmediums einen Einfluss auf die zu übermittelnde Botschaft hat (vgl. Traut-Mattausch/Frey 2006, 537; Heinonen/Strandvik 2005, 191; Höflich 2003, 7; Klebe Treviño/Lengel/Daft 1987, 558) und sogar auf die Wahrnehmung des Botschaftssenders negativ oder positiv auswirken kann. Zudem kann das Medium selbst als Botschaft angesehen werden (vgl. Klebe Treviño/Lengel/Daft 1987, 558 f.) und demnach sowohl Inhalte als auch symbolische Bedeutungen transportieren (vgl. Sitkin/ Sutcliffe/Barris-Choplin 1992, 564), wobei die Symbolhaftigkeit wichtiger sein kann als die inhaltliche Information (vgl. Sitkin/Sutcliffe/Barris-Choplin 1992, 564). So signalisieren persönliche und telefonische Gespräche beispielsweise eine hohe Dringlichkeit, ein besonderes persönliches Interesse und Achtung gegenüber dem Empfänger. Schriftliche Medien werden hingegen als Symbol für Autorität angesehen, um Aufmerksamkeit zu erhalten, um einen starken Eindruck zu hinterlassen oder um Formalität zu vermitteln (vgl. Klebe Treviño/Lengel/Daft 1987, 564-569). Der Einsatz eines Mediums, das als seriös und vergleichsweise teuer charakterisiert wird, kann möglicherweise eine andere Wahrnehmung der Inhalte oder empfundenen Wertschätzung beim Empfänger hervorrufen, als ein Medium, das als schnell und eher preiswert eingeschätzt wird.

Um der Relevanz des Medienimages für die Kundenansprache gerecht zu werden, sollte die Media-Selektion daher nicht nur einseitig die Anbieter-/Unternehmensperspektive betrachteten, sondern auch die Sichtweise der Empfänger/Kunden berücksichtigen (siehe Abb. 1).

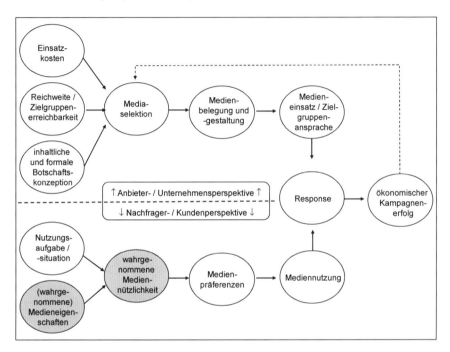

Abbildung 1: Medienwahl und -nutzung aus Anbieter- und Zielgruppenperspektive

Unter Medienimage wird in der Literatur eine allgemeine/pauschale Beurteilung von Medien verstanden, die mehr oder minder fundiert ist und nicht unbedingt auf faktischem Wissen und Erfahrungen beruhen muss (vgl. Schweiger 2007, 253; Six 2007, 91). Häufig stellen (Medien-)Images lediglich ein stark emotional geprägtes Bild bzw. eine gefühlsmäßige Vorstellung von einem Gegenstand, z. B. einem Medium dar (vgl. Kroeber-Riel/Gröppel-Klein 2013, 233). Wenngleich es sich beim Image um eine individuelle Bewertung handelt, die sich von Person zu Person erheblich unterscheiden kann, wird es in Wissenschaft und Praxis auch als kollektive Größe im Sinne eines von vielen Personen geteilten Bildes interpretiert (vgl. Balderjahn/Scholderer 2007, 66 f.; Neumann 2013, 172).

Images können also sowohl individuelle Konstruktionen als auch übereinstimmende Wahrnehmungen in der Öffentlichkeit sein (vgl. Schweiger 2007, 253; siehe auch Döring 2003, 143). Auf der individuellen Ebene werden Images oft mit Einstellungen gleichgesetzt (vgl. Kroeber-Riel/Gröppel-Klein 2013, 233) oder als Einstellungsgrundlage angesehen (vgl. Balderjahn/Scholderer 2007, 66; Trommsdorff/Teichert 2011, 126). Da im vorliegenden Beitrag die kollektive Sichtweise des Medienimages im Vordergrund steht, soll an dieser Stelle auf eine kritische Diskussion bezüglich der Vor- und Nachteile einer Gleichsetzung bzw. Abgrenzung der beiden Begriffe verzichtet werden.

Auch bei einer kollektiven Begriffsfassung können Medienimages sehr differenziert sein und sich auf verschiedene Medienmerkmale beziehen. Das Image eines Mediums ist somit das Ergebnis seiner in der Öffentlichkeit oder Zielgruppe wahrgenommenen Eigenschaften. Diese können einerseits völlig unabhängig von einem bestimmten Nutzungskontext bewertet werden; diesen Fall bezeichnen wir als Medienimage im engeren Sinne. Andererseits können die wahrgenommenen Medieneigenschaften auch vor dem Hintergrund ganz konkreter Kommunikationsaufgaben und -situationen (z. B. Information, Interaktion, Entertainment) bewertet werden (vgl. Rice 1993, 453). Das Ausmaß der Erwartungserfüllung kann in Anlehnung an den Gratification-Sought-Gratification-Obtained-Ansatz (GS/GO) auch als die Gratifikation angesehen werden (vgl. Vogel/Suckfüll/ Gleich 2007, 342). Dabei entspricht das Ergebnis der Bewertung bzw. die Gratifikation einer Wahrscheinlichkeit, dass ein Medium über Eigenschaften verfügt, die Kommunikationsaufgabe möglichst effektiv zu erfüllen. Im Folgenden soll diese Wahrscheinlichkeit als wahrgenommene Mediennützlichkeit bezeichnet werden und eine spezifische Ausprägung des Medienimages darstellen. In Abbildung 1 sind die beiden Imageausprägungen grau schraffiert.

Die wahrgenommene Mediennützlichkeit beeinflusst die Medienpräfenzen der Zielgruppe. Es handelt sich hierbei um die Bevorzugung eines Mediums gegenüber anderen Medien im Rahmen eines Kommunikationsprozesses, die aufgrund wahrgenommener Vorteilhaftigkeiten des bevorzugten Mediums entstehen (vgl. in Anlehnung an Balderjahn/Scholderer 2007, 67).

Die Medienpräferenzen sind wiederum ein starker Einflussfaktor auf die tatsächliche Mediennutzung von Kunden. Das gilt sowohl für die Rolle der Zielgruppe als Rezipienten einer vom Anbieter initiierten Dialogmarketingkampagne (Push-Kommunikation) als auch für Kommunikationsprozesse, die von (potenziellen) Kunden ausgelöst werden (Pull-Kommunikation). Im Push-Modus bezieht sich die Mediennutzung beispielsweise auf die Öffnung eines E- bzw. Direct Mails oder die Entgegennahme eines Telefonanrufs durch die kontaktierten Zielpersonen. Die Mediennutzung stellt damit die Grundlage für den Response des Zielkundenkontakts dar, der wiederum dem ökonomischen Kampagnenerfolg (u. a. Absatz, Umsatz, Gewinn und Return on Investment) vorgelagert ist. Im Pull-Modus kann sich die Mediennutzung z. B. im Aufruf einer Unternehmenswebsite, dem Anruf beim Anbieter oder das Absenden eines Kommentars in einem Corporate Blog von (potenziellen) Kunden niederschlagen und einen Response von Seiten des Anbieters auslösen, der wirtschaftliche Relevanz hat.

Die skizzierte Wirkungskette verdeutlicht, dass es für die Media-Selektion im Rahmen von Dialogmarketingmaßnahmen durchaus sinnvoll ist, das Image der für den Einsatz vorgesehenen Medien zu kennen und zu berücksichtigen. Allerdings gibt es trotz der großen Relevanz des Themas für die Dialogmarketing-Praxis in der wissenschaftlichen (Dialog-)Marketing-Literatur bisher kaum Untersuchungen hierzu. Der vorliegende Beitrag soll deshalb zur Schließung dieser Forschungslücke beitragen, indem die Ergebnisse einer empirischen Analyse zum konsumentenseitigen Image von Direct Mail, E-Mail und Telefon als Dialogmedien präsentiert werden. Dabei werden sowohl die Medienimages im engeren Sinne als auch die von Konsumenten wahrgenommene Mediennützlichkeit für bestimmte Kommunikationszwecke präsentiert. Außerdem werden im Anschluss daran generelle Einstellungen von Konsumenten zum Dialogmarketing und verschiedenen Ausprägungen vorgestellt.

Die Konzentration auf die genannten drei klassischen Dialogmarketingmedien ist dadurch begründet, dass sie nach wie vor eine große Bedeutung in der Unternehmenspraxis haben. Sie wurden durch die „neuen" (sozialen) Medien nicht substituiert und werden wohl auch in nächster Zeit weiterhin eine große Rolle in der direkten Kundenansprache spielen (vgl. Gebhardt 2008, 24). So liegen nach den Ergebnissen des Dialog Marketing Monitors die Gesamtaufwendungen für die ausgewählten Dialogmedien in deutschen Unternehmen seit Jahren regelmäßig über denen aller anderen Medien (z. B. Website, Banner Ads, Social Media und Suchmaschinen). Auch in der letzten Erhebung von 2012 lag das eingesetzte Budget für die drei Medien bei ca. 16,5 Mrd. € und deckte damit rund 60 % aller Gesamtaufwendungen im Dialogmarketing ab. Den größten Budgetanteil hat dabei mit 9,2 Mrd. € der Einsatz von voll adressierten Direct Mails (vgl. Deutsche Post AG 2013, 12). Die Anzahl der Unternehmen, die diese klassischen Medien einsetzen, ist seit Jahren ebenfalls sehr hoch. So wurden laut Dialog Marketing Monitor volladressierte Direct Mails im Jahr 2012 von knapp 580.000 Unternehmen eingesetzt, E-Mails nutzen rund 625.000 Unternehmen zu Dialogmarketing-Zwecken und über 430.00 Unternehmen haben das Telefon als Dialogmarketinginstrument eingesetzt (vgl. Deutsche Post AG 2013, 12).

2 Empirische Ermittlung des Images von Brief, E-Mail und Telefon als Dialogmedien

2.1 Datenerhebung und -struktur

Insgesamt haben deutschlandweit 494 Privatpersonen an unserer Untersuchung teilgenommen. Die Datenerhebung erfolgte in Form einer standardisierten, schriftlichen Befragung, die im Februar 2013 durchgeführt wurde.[1] Die Auswahl der Befragungsteilnehmer erfolgte zufällig aus der Datenbank eines Adressanbieters.

Merkmal	Ausprägung
Geschlecht (n = 489)	Frauen: 41,3 % Männer: 58,7 %
Alter (n = 491)	≤ 30 Jahre: 3,7 % 31 bis 40 Jahre: 13,0 % 41 bis 50 Jahre: 27,1 % 51 bis 60 Jahre: 25,5 % 61 bis 70 Jahre: 17,9 % ≥ 71 Jahre: 12,8 %
Tätigkeit (n = 489)	berufstätig: 67,9 % im Ruhestand: 26,4 % z. Z. nicht berufstätig: 3,7 % in Ausbildung: 0,8 % Sonstiges: 1,2%
Haushaltsgröße (n = 480)	Ein-Personen-Haushalt: 22,5 % Zwei-Personen-Haushalt: 39,8 % Drei-Personen-Haushalt: 18,5 % Vier-Personen-Haushalt: 15,0 % ≥ Fünf-Personen-Haushalt: 4,2 %
Wohnort (n = 484)	in der Stadt: 61,4 % auf dem Land: 38,6 %

Tabelle 1: Stichprobenstruktur

In Tabelle 1 sind einige Strukturmerkmale der Stichprobe aufgeführt. Wie ersichtlich ist, sind 58,7 % der Studienteilnehmer männlich und 41,3 % weiblich.

---

[1] Die Erhebung wurde mit finanzieller Unterstützung der Siegfried Vögele Stiftung durchgeführt, wofür sich die Autoren ganz herzlich bedanken.

Das Durchschnittsalter liegt bei 54 Jahren (n = 491, SD = 12,99). Die meisten der befragten Personen sind berufstätig (67,9 %) oder im Ruhestand (26,4 %) und leben in der Stadt (61,4 %), in einem Ein- (25,5 %) bzw. Zwei-Personen-Haushalt (39,8 %).

2.2 Untersuchungsergebnisse

2.2.1 Wahrgenommene Medieneigenschaften

Die generelle Wahrnehmung verschiedener Medieneigenschaften von Direct Mail, E-Mail und Telefon durch Konsumenten im Kontext geschäftlicher Kommunikation ist in Abbildung 2 wiedergegeben.

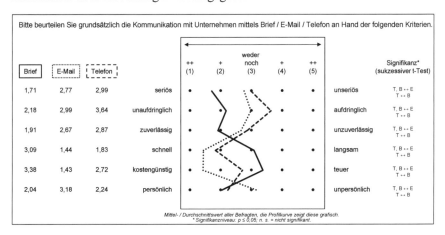

Abbildung 2: Wahrnehmung der ausgewählten Dialogmedien

Wie die Ergebnisse der Untersuchung zeigen, wird die briefbasierte Kommunikation (dargestellt durch die durchgezogene Profillinie) mit einem Unternehmen insbesondere als seriös, unaufdringlich, zuverlässig und persönlich empfunden, allerdings auch als vergleichsweise teuer. Schnelligkeit und geringe Kosten sind die wahrgenommenen Stärken der E-Mail (dargestellt durch die gepunktete Profillinie). Das Telefon (dargestellt durch die gestrichelte Profillinie) fällt dadurch auf, dass es im Rahmen der B2C-Kommunikation als eher aufdringlich bewertet wird. Die Unterschiede in der Wahrnehmung der Eigenschaften sind zwischen allen drei Medien signifikant. Diese differenzierte Beurteilung der Medien ist ein erster Hinweis dafür, dass die wahrgenommene Medieneignung in Abhängigkeit vom Nutzungskontext variieren kann.

Vergleichsauswertungen zeigen, dass sich die Wahrnehmung der Medieneigenschaften in Abhängigkeit von Alter und Geschlecht zum Teil signifikant unterscheidet. Die Stärken der E-Mail werden von jüngeren Teilnehmern ($\leq$ 54 Jahre) im Vergleich zu den älteren Befragungsteilnehmern ($\geq$ 55 Jahre) besser bewertet.[2] Sie beurteilen die E-Mail signifikant schneller (Mw $_{\leq 54\ \text{Jahre}}$ = 1,38/ Mw $_{\geq 55\ \text{Jahre}}$ = 1,52) und kostengünstiger (Mw $_{\leq 54\ \text{Jahre}}$ = 1,35/ Mw $_{\geq 55\ \text{Jahre}}$ = 1,55) als die älteren Befragten. Allerdings empfinden die älteren Teilnehmer das Telefon weniger aufdringlich (Mw $_{\leq 54\ \text{Jahre}}$ = 3,73/ Mw $_{\geq 55\ \text{Jahre}}$ = 3,53) und den Brief kostengünstiger (Mw $_{\leq 54\ \text{Jahre}}$ = 3,52/ Mw $_{\geq 55\ \text{Jahre}}$ = 3,17) als die jüngeren Befragten. Die mit diesen Medien verbundenen Schwächen werden von älteren Personen demnach weniger kritisch gesehen. Die altersbedingten Wahrnehmungsunterschiede können in den unterschiedlichen Mediensozialisationen begründet sein, die als medienbezogene Dispositionen durch bestimmte Sozial- und Zeitstrukturen beeinflusst werden und in verschiedenen sozialen Kohorten zumeist unterschiedlich ausgeprägt sind (vgl. Krämer 2013, 197/238). Während für die älteren Probanden die Nutzung von Brief und Telefon zu Kommunikationszwecken in ihren Kohorten bereits in jungen Jahren typisch war und der Umgang mit E-Mails erst später erlernt wurde, ist für Kohorten jüngerer Probanden die Nutzung der E-Mail in ihrer Mediensozialisation üblich und wird daher gegenüber den älteren Medien besser beurteilt.

Geschlechtsspezifische Unterschiede sind hinsichtlich der Bewertung der Schnelligkeit des Briefs (Mw $_{\text{Frauen}}$ = 2,88/ Mw $_{\text{Männer}}$ = 3,23) und der Preiswahrnehmung der E-Mail (Mw $_{\text{Frauen}}$ = 1,54 / Mw $_{\text{Männer}}$ = 1,36) feststellbar. Frauen schätzen demnach den Briefverkehr schneller ein, während Männer die Kosten der E-Mail-Kommunikation vorteilhafter bewerten.

Bei der Betrachtung der wahrgenommenen Eigenschaften lässt sich feststellen, dass Direct Mail und E-Mail aus Konsumentensicht eher zu einem umfangreichen und komplexen Informationsaustausch geeignet sind als das Telefon. Dieses wird hingegen besser beurteilt, um Gefühle zu vermitteln (siehe Abbildung 3). Auch diese Unterschiede zwischen den Medien sind jeweils signifikant.

---

2   Die Altersgruppen sind an Hand des Durchschnittsalters (54 Jahren) gebildet worden.

Images von „klassischen" Dialogmedien bei Konsumenten 33

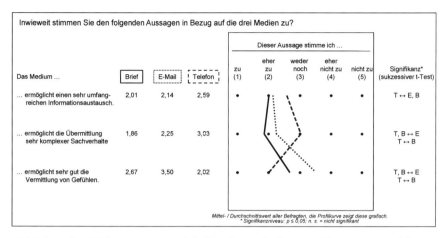

Abbildung 3: Wahrgenommene Medieneigenschaften aus Konsumentensicht

Bei den Eigenschaften treten ebenfalls signifikante alters- und geschlechtsspezifische Unterschiede auf. Männer und ältere Personen sehen den Brief zur Vermittlung von Gefühlen eher geeignet als Frauen und jüngere Befragungsteilnehmer (Mw $_{\leq 54\ Jahre}$ = 2,86 / Mw $_{\geq 55\ Jahre}$ = 2,43; Mw $_{Frauen}$ = 2,83 / Mw $_{Männer}$ = 2,55). Zudem bewerten jüngere Teilnehmer den Informationsaustausch per E-Mail umfangreicher (Mw $_{\leq 54\ Jahre}$ = 2,05 / Mw $_{\geq 55\ Jahre}$ = 2,28) und die Vermittlung von Gefühlen positiver (Mw $_{\leq 54\ Jahre}$ = 1,83 / Mw $_{\geq 55\ Jahre}$ = 2,26) als die älteren Probanden. Diese schätzen hingegen die Vermittlung komplexer Sachverhalte per Brief vorteilhafter ein als die jüngeren Teilnehmer (Mw $_{\leq 54\ Jahre}$ = 1,95 / Mw $_{\geq 55\ Jahre}$ = 1,74).

2.2.2 Wahrgenommene Mediennützlichkeit

Generell werden die drei ausgewählten Medien von den Probanden für die Kommunikation zwischen einer Privatperson und einem Unternehmen als tendenziell gut bewertet. Das globale Urteil der Befragungsteilnehmer fällt für den Brief (Mw = 1,74) am besten und für das Telefon (Mw = 2,52) am schlechtesten aus (siehe Abb. 4).

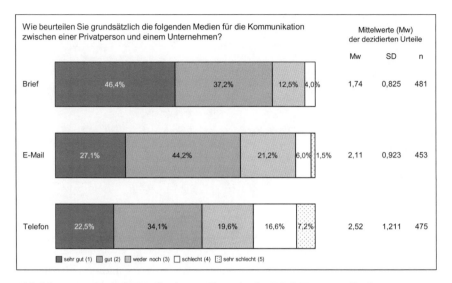

Abbildung 4: Globale Medienbeurteilung in der B2C-Kommunikation

Dies spiegelt sich ebenfalls bei der Bewertung der Medieneignung für bestimmte Nutzungskontexte wieder. Die Studienteilnehmer verbinden mit den Medien, wie die Ergebnisse zu den Medieneigenschaften belegen, bestimmte positive und negative Eigenschaften. Dies führt in Abhängigkeit vom Kommunikationsanlass zu einer differenzierten Bewertung des Medieneinsatzes (vgl. Fill 2001, 104). Ob die Medienwahl angemessen ist oder nicht, ist immer vom konkreten Kommunikationsanlass abhängig. Inhaltliche und situative Gründe sind die bedeutendsten Faktoren, die die Medienwahl beeinflussen (vgl. Klebe Treviño/Lengel/Daft 1987, 569 f.). Vor allem die kommunikative Rolle (Sender oder Empfänger), die von der Zielgruppe im Kommunikationsprozess übernommen wird, ist dabei relevant.

Im Rahmen der Push-Kommunikation, d. h. wenn ein Unternehmen den Kontakt zum (potenziellen) Kunden aufnimmt, wird der Direct Mail-/Brief-Einsatz, mit Ausnahme der Terminvereinbarung, für die verschiedenen Anlässe am besten bewertet. Dies ist insofern nachvollziehbar, da bei der Vereinbarung eines Termins eine starke Interaktion der Kommunikatoren notwendig ist, die mit E-Mail oder Telefon schneller erreicht werden kann. Die wahrgenommene Vorteilhaftigkeit des Briefs tritt insbesondere bei der Bereitstellung von (vertraulichen)

Informationen oder Einladungen auf. Dies kann auf die Einschätzung der Briefkommunikation als seriös und zuverlässig zurückgeführt werden.

Ähnlich positiv wie der Brief wird die E-Mail bei der anbieterinitiierten Kommunikation bewertet. Tendenziell negativ fällt die Bewertung des Telefoneinsatzes bei der Push-Kommunikation aus. Dies kann mit der aus Konsumentensicht verbundenen Eigenschaft als aufdringlich erklärt werden. Abgesehen von rechtlichen Einschränkungen, die sich durch das Gesetz gegen den unlauteren Wettbewerb (UWG) ergeben, ist eine telefonische Kontaktaufnahme daher auch auf Basis der empirischen Ergebnisse nicht zu empfehlen.

Abbildung 5 stellt die Medienbewertung in Abhängigkeit vom Kommunikationsanlass grafisch dar. Alle ermittelten Unterschiede sind auch hier signifikant.

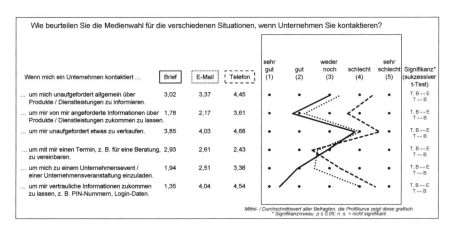

Abbildung 5: Medienbeurteilung bei Push-Kommunikation

Wird die Kommunikation vom Nachfrager initiiert (Pull-Modus) führt dies im Vergleich zur anbieterinitiierten Kommunikation zu signifikant unterschiedlichen Bewertungen, wie Abbildung 6 zeigt.

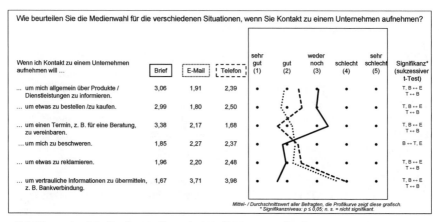

Abbildung 6: Medienbeurteilung bei Pull-Kommunikation

Die E-Mail wird bei alltäglichen Anlässen bevorzugt, wenn Informationen eingefordert oder Bestellungen getätigt werden. Soll hingegen ein Termin vereinbart werden, bevorzugen die befragten Konsumenten das Telefon. Insgesamt bewerten Frauen das Telefon im Rahmen von Bestellungen (Mw $_{Frauen}$ = 2,19 / Mw $_{Männer}$ = 2,71), Terminvereinbarungen (Mw $_{Frauen}$ = 1,56 / Mw $_{Männer}$ = 1,77), Beschwerden (Mw $_{Frauen}$ = 2,20 / Mw $_{Männer}$ = 2,50) und Reklamationen (Mw $_{Frauen}$ = 2,30 / Mw $_{Männer}$ = 2,62) signifikant besser als Männer. Wahrscheinlich auch aufgrund der wahrgenommenen Seriosität und Zuverlässigkeit ist der Brief das bevorzugte Medium der Wahl, um Beschwerden, Reklamationen oder vertrauliche Informationen an Unternehmen zu vermitteln. Die Nutzung des Briefs wird bei den betrachteten Kommunikationssituationen insgesamt von den älteren Befragungsteilnehmern signifikant vorteilhafter bewertet als von den jüngeren Befragten. Diese schätzen in diesem Zusammenhang hingegen den Einsatz von E-Mail und Telefon besser ein als die älteren Befragungsteilnehmer.

Immer mehr Unternehmen stellen ihre Kommunikationsaktivitäten auf digitale Medien um, um vermeintliche Kostenvorteile in der Botschaftsübermittlung zu realisieren. So werden beispielsweise Rechnungen, Fahr- bzw. Veranstaltungskarten oder sonstige Informationen an Kunden nicht mehr per Post, sondern digital per Mail versendet. Diese Umstellung von Print auf Digital ist aus Sicht der Befragten als Adressaten nur bei bestimmen Dokumenten/Informationen gewünscht (siehe Abbildung 7). Insbesondere Garantiescheine (90,7 %) oder Rechnungen (82,5 %) will die Mehrzahl der Befragten nicht in digitaler Form erhalten. Allgemeine Informationen, Werbung aber auch angefragte Angebote bevorzugen ebenso circa die Hälfte der Befragten in gedruckter Form.

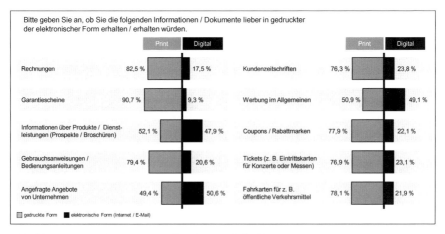

Abbildung 7: Präferenz von Print- bzw. Digitalformaten

Insgesamt wird allerdings die Printversion für die verschiedenen Situationen im Durchschnitt aller Befragten bevorzugt. Dies mag sich zukünftig mit der weiter steigenden Nutzungsakzeptanz der Internetkommunikation von älteren Bevölkerungsgruppen ändern. Dies zeigen auch Vergleichsauswertungen zwischen jüngeren und älteren Befragungsteilnehmern. Insgesamt bevorzugt die Gruppe der älteren Teilnehmer stärker Printversionen der ausgewählten Dokumente/Informationen als die jüngeren Befragten. Während die jüngeren Befragten sowie Frauen Produktinformationen (Produkte/Broschüren), angefragte Angebote sowie Werbung im Allgemeinen im Durchschnitt lieber in digitaler Form erhalten, bevorzugen die älteren Befragten und Männer die Printversion.

2.2.3 Generelle Verhaltensweisen von Konsumenten im Direktkontakt mit Unternehmen

Neben der Beurteilung der drei Dialogmedien wurden in der vorliegenden Untersuchung auch generelle Verhaltensweisen und Reaktionen von Konsumenten gegenüber der direkten Ansprache von Unternehmen erhoben (siehe Abbildung 8).

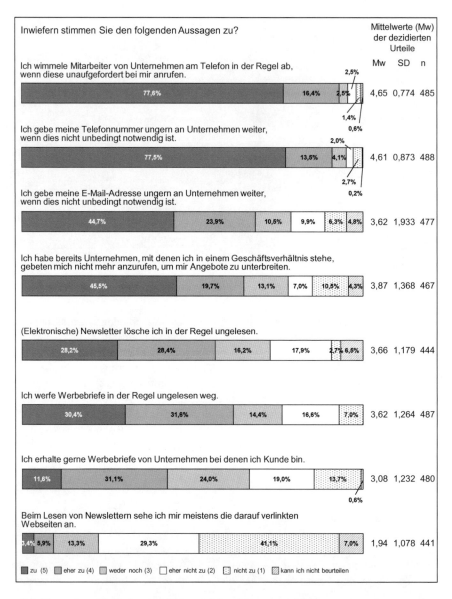

Abbildung 8: Verhaltensweisen und Reaktionen von Konsumenten gegenüber der Direktansprache von Unternehmen

Wie die Ergebnisse zeigen, stehen die Befragungsteilnehmer dem Telefoneinsatz im geschäftlichen Kontext sehr kritisch gegenüber, was sich in ihrem Verhalten widerspiegelt. So geben 91 % der Befragten an, ungern ihre Telefonnummer an Unternehmen weiterzugeben. Immerhin 93 % versuchen tendenziell bei unternehmensinitiierten Telefonanrufen die Mitarbeiter am Telefon abzuwimmeln. Fast zwei Drittel der Teilnehmer (65,2 %) lehnen außerdem ab, Angebote von Unternehmen telefonisch zu erhalten. Auch die Weitergabe der persönlichen E-Mail an Unternehmen erfolgt bei 68,6 % der Befragten eher ungern. Gut die Hälfte (56,6 %) der Probanden löscht in der Regel (elektronische) Newsletter ungelesen und nur 9,3 % geben an, meistens die im Newsletter verlinkten Websites anzusehen. Bei bestehender Kundenbeziehung erhalten zumindest 42,7 % der Befragten gerne Werbebriefe vom jeweiligen Unternehmen. Allerdings geben 62,0 % der Konsumenten an, erhaltene Werbebriefe in der Regel ungelesen wegzuwerfen.

Sicherlich sind die vorstehenden Ergebnisse kritisch zu bewerten und zu interpretieren, da bei Befragungen zur Verhaltensweisen häufig Verzerrungen entstehen. So geben Probanden oft reflektierte und „sozial erwünschte" Antworten zu ihrem Verhalten. Daher sind für die Ermittlung von Verhalten auch Beobachtungen prädestiniert, um valide Ergebnisse zu bekommen. So zeigen Ergebnisse von beobachtungsbasierten Paneluntersuchungen, dass z. B. die Öffnungs- und Leseraten von Direct Mails in der Regel über Branchen hinweg weit über 60 % liegen und somit konträr zu den vorstehenden Befragungsergebnissen sind (vgl. Nielsen Media Research GmbH 2010, 17; dieselben 2011, 4). Dennoch liefern die vorstehenden Befragungsergebnisse interessante Hinweise auf das gewünschte Verhalten, das zumeist stark durch die Wahrnehmung des öffentlichen Images der untersuchten Dialogmedien und -praktiken geprägt ist.

Das gilt in abgeschwächter Form auch für die aufgeführten Ergebnisse in Abbildung 9. Hier wird deutlich, dass die Befragten vor allem der Sammlung und Nutzung von Kontaktdaten gegenüber misstrauisch sind. So versuchen 77,1 % der Untersuchungsteilnehmer eigenen Angaben nach die gewerbliche Nutzung ihrer persönlichen Daten zu verweigern. Gleichzeitig besitzt aber mehr als die Hälfte der Befragten mindestens eine Kundenkarte und immerhin 42,7 % nehmen an Bonusprogrammen teil. Dies ist insofern interessant, da die Kunden häufig bei der Teilnahme an Bonus- oder Loyalitätsprogrammen in die gewerbliche Nutzung ihrer Daten einwilligen müssen, um die Vorteile der Programme nutzen zu können. Damit ergibt sich ein Widerspruch zur grundsätzlichen Verweigerungshaltung, persönliche Daten an Unternehmen weiterzugeben.

Knapp ein Viertel der Untersuchungsteilnehmer verwendet für die Korrespondenz mit Unternehmen eine andere E-Mail-Adresse als im Rahmen der Kommunikation im privaten Umfeld mit Freunden. Nur ein sehr geringer Anteil von 2,2 % hat sich in die Robinson-Liste eingetragen und verweigert damit grundsätzlich die direkte werbliche Ansprache durch Unternehmen.

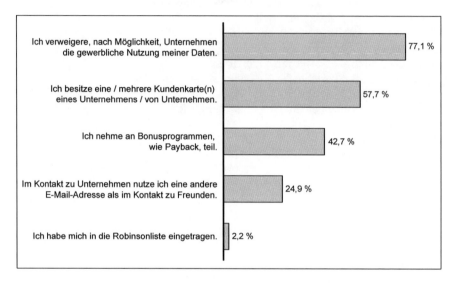

Abbildung 9: Verhaltensweisen von Konsumenten im Dialogmarketing-Kontext (n = 494, Mehrfachantworten waren möglich)

3 Fazit

Die vorliegenden empirischen Befunde belegen, dass die untersuchten „klassischen" Dialogmedien von Konsumenten recht positiv bewertet werden. Allerdings zeigt sich auch, dass die Medienwahrnehmung in Abhängigkeit von Personen und Situationen variiert (vgl. auch Fulk/Schmitz/Steinfield 1990, 121). Vor allem die Rolle der Zielgruppe (Sender oder Empfänger) im Kommunikationsprozess hat einen erheblichen Einfluss auf wahrgenommene Mediennützlichkeit für verschiedene Kommunikationsanlässe.

Aus den Ergebnissen lassen sich einige grundsätzliche Implikationen für die Auswahl von „klassischen" Dialogmedien im Rahmen von Dialogmarketingkampagnen ableiten. Aufgrund der deutlich stärker wahrgenommenen Seriosität und

Unaufdringlichkeit von Direct Mails bietet sich ihr Einsatz gegenüber E-Mails und vor allem der Telefonkommunikation für die aktive unternehmensinitiierte Zielgruppenansprache besonders an. Zudem sind die rechtlichen Anforderungen beim Einsatz klassischer Mailings weniger restriktiv als bei den beiden anderen Dialogmedien, die u. a. gemäß den Regelungen des UWG eine ausdrückliche Zustimmung des Empfängers zur Kontaktaufnahme erfordern. Vor allem bei der Neukundenakquise ist somit der Einsatz von Direct Mails vorteilhaft.

Für die konsumenteninitiierte Kontaktaufnahme sollte ein Unternehmen verschiedene Kommunikationskanäle zur Verfügung stellen, damit der Konsument in Abhängigkeit vom Anlass das für ihn geeignete Medium auswählen kann. Für Bestellungen oder Informationsanforderungen sollten zum Beispiel interaktive Medien, wie E-Mail oder Telefon, genutzt werden können. Im Fall von Reklamationen oder Beschwerden sollte darüber hinaus ebenfalls eine Ansprache des Unternehmens per Brief möglich sein. Eine generelle Umstellung von Print- auf Digitalformate ist zur Zeit für viele Kommunikationsanlässe noch nicht generell zu empfehlen, da Konsumenten in vielen Fällen weiterhin gedruckte Informationen bevorzugen. Ihnen sollte die Möglichkeit eingeräumt werden, selbst zu entscheiden in welchem Format sie Rechnungen, Informationen, Tickets etc. erhalten.

Grundsätzlich ist zu beachten, dass – wie die Ergebnisse der vorliegenden Untersuchung belegen – sich das Image der untersuchten „klassischen" Dialogmedien bei verschiedenen Zielgruppen unterscheiden kann. Während jüngere Konsumenten insbesondere E-Mail und Telefon bei der Ansprache eines Unternehmens bevorzugen, sind ältere Konsumenten einer postalischen Kommunikation nicht abgeneigt. Zudem bevorzugen Frauen tendenziell Printversionen von verschiedenen Informationsangeboten bzw. Dokumenten stärker als Männer. Diese Imagedifferenzen sollten auch bei der Medienauswahl berücksichtigt werden. Infolgedessen kann es zu einer differenzierten Medienauswahl kommen, bei der im Rahmen einer Dialogmarketingkampagne verschiedene Medien eingesetzt werden müssen, um den unterschiedlichen Medienpräferenzen gerecht zu werden und auf diese Weise den Kampagnenerfolg zu steigern. Durch die explizite Berücksichtigung des Medienimages bei der Media-Selektion wird diese zwar komplexer, aber gleichzeitig auch effektiver.

Literatur

Balderjahn, I./Scholderer, J. (2007): Konsumentenverhalten und Marketing, Stuttgart: Schäffer-Poeschel.
Deutsche Post AG (2013): Dialogmarketing Deutschland 2013 – Dialog Marketing Monitor, Studie 25, Bonn.
Döring, N. (2003): Sozialpsychologie des Internets, 2. Aufl., Göttingen et al.: Hogrefe.
Fill, C. (2001): Marketing-Kommunikation. Konzepte und Strategien, 2. Aufl., München: Pearson Studium.
Fulk, J./Schmitz, J./Steinfield, C. W. (1990): A Social Influence Model of Technology Use, in: Fulk, J./Steinfield, C. (Hrsg.): Organizations and Communication Technology, Newbury Park/London/New Delhi: Sage Publications, 117-140.
Gebhardt, J. (2008): Telekommunikatives Handeln im Alltag. Eine sozialphänomenologische Analyse interpersonaler Medienkommunikation, Wiesbaden: Gabler.
Heinonen, K./Strandvik, T. (2005): Communication as an element of service value, in: International Journal of Service Industry Management, Vol. 16 (2), 186-198.
Höflich, J. R. (2003): Einleitung. Mediatisierung des Alltags und der Wandel von Vermittlungskulturen, in: Höflich, J. R./Gebhardt, J. (Hrsg.): Vermittlungskulturen im Wandel. Brief, E-Mail, SMS, Frankfurt am Main: Peter Lang, 7-20.
Klebe Treviño, L. K./Lengel, R. H./Daft, R. L. (1987): Media Symbolism, Media Richness, and Media Choice in Organizations. A Symbolic Interactionist Perspective, in: Communication Research, Vol. 14 (5), 553-574.
Krämer, B. (2013): Mediensozialisation – Theorie und Empirie zum Erwerb medienbezogener Dispositionen, Wiesbaden: Springer VS.
Kroeber-Riel, W./Gröppel-Klein, A. (2013): Konsumentenverhalten, 10. Aufl., München: Vahlen.
Krummenerl, M. (2005): Erfolgsfaktoren im Dialogmarketing. Eine empirische Analyse unter Berücksichtigung von B-to-B- und B-to-C-Unternehmen, Wiesbaden: Gabler.
Mann, A./Liese, A. (2013): Dialogmarketing-Excellence: Erfolgsfaktoren der direkten Kundenansprache, in: DDV (Hrsg.): Dialogmarketing Perspektiven 2012/2013, Wiesbaden: Springer Gabler, 89-113.
Nielsen Media Research GmbH (2010): Direct Mail Status Bericht 1. Halbjahr 2010, Hamburg.
Nielsen Media Research GmbH (2011): Direct Mail Letter Box Oktober 2011, Hamburg.
Neumann, P. (2013): Handbuch der Markt- und Werbepsychologie, Bern: Huber.
Rice, R. E. (1993): Media Appropriateness. Using Social Presence Theory to Compare Traditional and New Organizational Media, in: Human Communication Research, Vol. 19 (4), 451-484.
Schweiger, W. (2007): Theorien der Mediennutzung, Wiesbaden: VS Verlag.
Sitkin, S./Sutcliffe, K./Barrios-Choplin, J. (1992): A Dual-Capacity Model of Communication Media Choice in Organizations, in: Human Communication Research, Vol. 18 (4), 563-598.
Six, U. (2007): Die Rolle von Einstellungen im Kontext des Kommunikations- und Medienhandelns, in: Six, U./Gleich, U./Gimmler, R. (Hrsg.): Kommunikationspsychologie und Medienpsychologie, Weinheim/Basel: Beltz, 90-117.

Trommsdorff, V./Teichert, T. (2011): Konsumentenverhalten, 8. Aufl., Stuttgart: Kohlhammer.

Traut-Mattausch, E./Frey, D. (2006): Kommunikationsmodelle. Communication Models, in: Bierhoff, H.-W./Frey, D. (Hrsg.): Handbuch der Sozialpsychologie und Kommunikationspsychologie, Göttingen: Hogrefe, 536-544.

Vogel, I./Suckfüll, M./Gleich, U. (2007): Medienhandeln, in: Six, U./Gleich, U./Gimmler, R. (Hrsg.): Kommunikationspsychologie und Medienpsychologie, Weinheim/Basel: Beltz, 335-355

Die Autoren

Dipl.-Oec. Andrea Barkhof, MA ist wissenschaftliche Mitarbeiterin am SVI-Stiftungslehrstuhl für Dialogmarketing an der Universität Kassel. Sie befasst sich schwerpunktmäßig mit den Wirkungen der haptischen Kundenansprache.

Univ.-Prof. Dr. Andreas Mann ist Inhaber des SVI-Stiftungslehrstuhls für Dialogmarketing und Leiter des DMCC – Dialog Marketing Competence Center an der Universität Kassel. Er hat zahlreiche Veröffentlichungen in seinen Arbeits- und Forschungsgebieten Dialogmarketing, Service- und Vertriebsmanagement.

Kontakt

Prof. Dr. Andreas Mann
Universität Kassel
Mönchebergstr. 1
34109 Kassel
mann@wirtschaft.uni-kassel.de

Dialogkommunikation zur Förderung der Vertrauenswürdigkeit von Dienstleistungsunternehmen auf Absatzmärkten

Tanja Stetter / Andreas Mann

Inhalt

1	Vertrauenswürdigkeit als grundlegende Determinante beim Aufbau von Kundenbeziehungen im Dienstleistungsbereich	46
2	Konzeptionelle Grundlagen	48
2.1	Merkmale der Dialogkommunikation	48
2.2	Zusammenhänge zwischen Merkmalen direkter Kundenansprache und der Vertrauenswürdigkeit von Anbietern	50
3	Empirische Untersuchung	54
3.1	Stichprobe und Methodik der Untersuchung	54
3.2	Konstrukt-Operationalisierungen und Untersuchungsergebnisse	55
4	Fazit	59

Literatur 61
Anhang 64
Die Autoren 65
Kontakt 65

Management Summary

Dienstleistungen werden häufig als sogenannte Vertrauensgüter bezeichnet, weil Kunden die Qualität der Leistung weder vor noch nach dem Kauf beurteilen können. Das liegt im Wesentlichen an den typischen Charakteristika von Dienstleistungen, der Immaterialität und der notwendigen Integration der Kunden in den Erstellungsprozess, die je nach Dienstleistungsart recht unterschiedlich ausgeprägt sein können. Auf Grund der Immaterialität sind Leistungen nicht zu inspizieren und wegen der notwendigen Kundenintegration erst nach Auftragsvergabe vorhanden. Für Interessenten und Kunden ist daher die Qualitätsbeurteilung immer mit Unsicherheiten und in der Folge davon mit Kaufrisiken verbunden.

Vor allem Anbieter von stark immateriellen und integrativen Dienstleistungen sind daher gefordert, Vertrauen bei Interessenten und Kunden in die Leistungsfähigkeit und -bereitschaft aufzubauen. Hierzu ist es zunächst erforderlich, dass ein Anbieter auf Seiten der Nachfrager als vertrauenswürdig wahrgenommen wird. Im vorliegenden Beitrag werden die Ergebnisse einer empirischen Untersuchung bei 498 Dienstleistungskonsumenten präsentiert, die nachweisen, dass Dialogkommunikation einen wesentlichen Einfluss auf die Vertrauenswürdigkeit von Dienstleistungsanbietern hat (vgl. insbesondere Stetter 2013).

1 Vertrauenswürdigkeit als grundlegende Determinante beim Aufbau von Kundenbeziehungen im Dienstleistungsbereich

Der Auf- und Ausbau langfristiger Geschäftsbeziehungen mit profitablen Kunden gehört seit einiger Zeit zu den wesentlichen Marketingzielen von Unternehmen. Zur Erreichung dieses Ziels können verschiedene Bindungsmaßnahmen, wie z. B. Verträge und technische Standards, eingesetzt werden, um Kunden zumindest temporär an ein Unternehmen zu binden. Bei diesen Formen der Gebundenheit geht die Bindungswirkung vom Unternehmen aus. Darüber hinaus können emotionale Wechselbarrieren aufgebaut werden, bei denen die Bindung an einen Anbieter vom Kunden auf freiwilliger Basis ausgeht (vgl. Bliemel/ Eggert 1998, 40 f.). Hierbei stellt die wahrgenommene Vertrauenswürdigkeit eines Anbieters ein wichtiges Kriterium für die Bindungsbereitschaft des Kunden dar, die bereits im (Erst-)Kaufentscheidungsprozess bedeutsam ist (vgl. Mann 2008a, 331). So werden in der Regel lediglich diejenigen Unternehmen als potenzielle Anbieter berücksichtigt, bei denen der Abnehmer ein gewisses Maß an Vertrauenswürdigkeit wahrnimmt (vgl. Barney/Hansen 1994, 176).

Unter Vertrauenswürdigkeit wird im Folgenden eine Eigenschaft einer Person oder einer Institution verstanden, die das ihr entgegengebrachte Vertrauen rechtfertigt, indem sie die mit ihr und ihren Leistungen verbundenen Erwartungen erfüllt (vgl. Ripperger 1998, 138; Kiyonari et al. 2006, 270; Dirks/Skarlicki 2009, 137; Hardin 2002, 28). Im vorliegenden Beitrag liegt das Augenmerk auf der wahrgenommenen Vertrauenswürdigkeit von Anbietern, also auf der Einschätzung der Vertrauenswürdigkeit aus Sicht der Abnehmer (vgl. Friedrich

2005, 179; Schulz et al. 2008, 481; Kollmann/Herr 2005, 123). Es handelt sich somit um eine Einstellung des einzelnen (potenziellen) Abnehmers gegenüber einem Anbieter, die sich auf einem Set positiver Erwartungen hinsichtlich der Leistungsfähigkeiten und Absichten sowie dem zukünftigen Verhalten eines Anbieters begründet (vgl. Gillespie/Dietz 2009, 128; Büttner/Göritz 2008, 37).

Das Vertrauenswürdigkeitskonzept wird in den Marketingwissenschaften hauptsächlich im Zusammenhang mit dem Vertrauen untersucht und mit diesem Konzept häufig gleichgesetzt. Forschungsarbeiten, die sich systematisch und differenziert mit der Vertrauenswürdigkeit auseinandersetzen, sind hingegen recht selten (vgl. Serva et al. 2005, 89). Allerdings liefern die Untersuchungen zum Vertrauenskonzept auch wichtige Hinweise für die Vertrauenswürdigkeit, weshalb wir an verschiedenen Stellen ebenfalls entsprechende Analogien vornehmen.

Gerade für Dienstleistungsanbieter ist ihre wahrgenommene Vertrauenswürdigkeit ein wichtiger Erfolgsfaktor zur Auslösung von Transaktionen und den Aufbau einer langfristigen Kundenbindung. Dies kann auf die spezifischen Charakteristika der Dienstleistungen zurückgeführt werden. Dienstleistungen werden hier als Leistungen verstanden, bei deren Herstellung die Integration externer Faktoren in unterschiedlichen Ausprägungen (insbesondere des Nachfragers und /oder ihm gehörenden Objekte, Rechte und Informationen) notwendig ist und deren Ergebnis unterschiedliche Immaterialitätsgrade aufweisen kann (vgl. Meffert/Bruhn 2012, 35-40). Diese beiden charakteristischen Merkmale führen zu Entscheidungs- und Verhaltensunsicherheiten auf Seiten der Abnehmern (vgl. Decker/Neuhaus 2006, 182). Aufgrund der Immaterialität ist die Beurteilung der Dienstleistungsqualität vor dem Kauf schwierig, weil die Leistungen nicht physisch präsent sind. So können immaterielle Dienstleistungen bzw. Dienstleistungskomponenten im Vorfeld des Kaufs beispielsweise weder getestet noch inspiziert werden. Aber auch nach dem Erwerb einer Dienstleistung ist die Qualitätsbeurteilung für den Kunden mitunter problematisch. So beziehen sich zahlreiche Dienstleistungen, wie z. B. Kapitalanlageversicherungen, auf die ferne Zukunft, die in der Regel unsicher ist. Zudem sind gerade stark integrative, personenbezogene Dienstleistungen (z. B. ärztliche Leistungen oder Beratungsleistungen von Rechtsanwälten und Steuerberatern) ohne spezifische Fachkompetenz des Kunden von ihm möglicherweise gar nicht valide zu beurteilen.

Grundsätzlich kann davon ausgegangen werden, dass mit Zunahme der Integrationsnotwendigkeit des externen Faktors sich das Risiko einer Fehlentscheidung erhöht. Denn je umfangreicher seine Beteiligung ist, desto größer sind auch seine transaktionsspezifischen Investitionen. Inwiefern sich diese auszahlen, hängt von der Leistungsbereitschaft und -fähigkeit des Anbieters ab (vgl. ebenda, 183).

Die Vielzahl unterschiedlicher Dienstleistungsangebote, deren einzelne Komponenten häufig auch individuell gestaltet werden, erschweren zudem die Übersichtlichkeit und Vergleichbarkeit der Dienstleistungsangebote (vgl. Rossmann 2010, 62). So ist es für den Nachfrager problematisch, aussagekräftige Informationen zur Absicherung seiner Entscheidung zu beschaffen. Je höher das wahrgenommene Kauf- und Nutzungsrisiko aus den genannten Gründen für den Nachfrager ist, umso bedeutsamer wird für ihn die wahrgenommene Vertrauenswürdigkeit des Dienstleistungsanbieters. Für die Anbieter kommt hierbei der Kommunikation eine wichtige Bedeutung zu. Das belegen zahlreiche Studien, die sich auf die Relevanz der Kommunikation für den Aufbau und Erhalt von Vertrauen im wirtschaftlichen Kontext beziehen (vgl. Morgan/Hunt 1994; Schweer/Thies 2003). Allerdings wurde die Wirkung einzelner kommunikationspolitischer Formen und Instrumente für die Vertrauensgenese und die Vertrauenswürdigkeit bisher kaum analysiert (siehe hierzu den Überblick bei Stetter 2013, 8-12).

Inwieweit direkte Kommunikationsprozesse tatsächlich dazu beitragen, die wahrgenommene Vertrauenswürdigkeit von Anbietern zu beeinflussen, soll im vorliegenden Beitrag auf Basis empirischer Daten, die im Rahmen einer breit angelegten Bevölkerungsumfrage bei 498 Dienstleistungskonsumenten erhoben wurden, untersucht werden. Zunächst wird im nachfolgenden Kapitel jedoch das Konzept der Dialogkommunikation präzisiert, bevor einige konzeptionelltheoretische Überlegungen zum Einfluss einzelner Merkmale der Dialogkommunikation auf die Vertrauenswürdigkeit folgen, die anschließend empirisch überprüft werden. Abschließend werden einige Implikationen für die Kommunikationspraxis und -wissenschaft erläutert.

2 Konzeptionelle Grundlagen

2.1 Merkmale der Dialogkommunikation

Unter Dialogkommunikation verstehen wir sämtliche kommunikativen Aktivitäten, die den unmittelbaren, personalisierten Zielgruppen- bzw. Zielpersonenkontakt nutzen, um Marketingziele – insbesondere im Kommunikations-, Service- und Vertriebskontext – zu erreichen. Dialogkommunikation ist mit direkten Feedback-Möglichkeiten ausgestattet, die es dem ursprünglichen Empfänger im Kommunikationsprozess (z. B. einem potenziellen Kunden) erlauben, an den ursprünglichen Sender (den Anbieter) eine Anschlussbotschaft im Sinne einer Verstehens- oder Mitteilungshandlung zu senden. Durch diese Rückkopplungsmöglichkeit wird die Grundlage für einen interaktiven Kommunikationsprozess geschaffen (vgl. Auger 2005, 121).

Zentrales Merkmal des Wechsels der kommunikativen Rollen stellt die Simultaneität dar (vgl. McMillan/Hwang 2002, 30; Stromer-Galley 2004, 393). Sie bezieht sich auf die Geschwindigkeit des Rollenwechsels und den Grad der Gleichzeitigkeit mit denen Mitteilungen gesendet und empfangen werden können (vgl. Wu 2006, 89). Die Simultaneität ist dabei ganz erheblich von der Form der direkten Kommunikation abhängig. Im Rahmen von Face-to-Face-Kontakten ist sie beispielsweise besonders stark ausgeprägt. Hier kann der ursprüngliche Sender bereits während seiner Mitteilungshandlung zustimmende bzw. ablehnende (nonverbale) Signale vom Rezipienten im Hinblick auf seine Kommunikationsbotschaft erhalten. Dies ermöglicht ihm noch vor Abschluss des Sendevorgangs den Erfolg seiner Übermittlungshandlung zu beurteilen und eventuelle Veränderungen an der Botschaft vorzunehmen (vgl. Burgoon et al. 2000, 37). Auch beim Telefonkontakt, Chatting oder beim Video-Conferencing (z. B. via Skype) kann eine große Simultaneität erreicht werden. Beim Direktkontakt per E-Mail oder Brief ist die Geschwindigkeit des Rollenwechsels hingegen eingeschränkt. Des Weiteren eignen sich soziale Medien prinzipiell für einen interaktiven Informationsaustausch. Dazu können verschiedene Formen wie z. B. Blogs, Foren und soziale Netzwerke genutzt werden (vgl. Safko/Brake 2009). Die Simultaneität des Rollenwechsels ist hier – gemessen am persönlichen und telefonischen Kontakt – ebenfalls schwächer ausgeprägt.

Der unmittelbare Kontakt des Senders ermöglicht außerdem eine individuelle Gestaltung der Kommunikation gegenüber dem Empfänger, indem er seine Kommunikationsaktivitäten auf die spezifischen Kommunikations- und Informationsbedürfnisse einzelner (potenzieller) Abnehmer ausrichtet (vgl. Kalyanaraman/Sundar 2006, 111). Die Individualisierung der Kommunikation kann sich auf verschiedene Bereiche beziehen, im Wesentlichen sind es der Kommunikationsinhalt, die Form und der Zeitpunkt der (direkten) Kommunikation (vgl. Lischka 2000, 50f.; Reiß/Steffens 2009, 99). Die Individualisierung des Inhalts bezieht sich dabei auf die Einmaligkeit der ausgetauschten Kommunikationsbotschaft, während die Individualisierung der Kommunikationsform den ausgewählten Kommunikationskanal für die Ansprache und Rückkopplung betrifft, über den die Botschaft und die Reaktion vermittelt werden. Die zeitliche Individualisierung der Kommunikation erstreckt sich einerseits auf den Zeitpunkt des Informationsaustauschs und andererseits auf den zeitlichen Abstand zwischen den Kontakten bzw. die Häufigkeit des Informationsaustauschs (z. B. wöchentlich, monatlich, vierteljährlich, halbjährlich, jährlich).

Eine Individualisierung der Kommunikation setzt jedoch voraus, dass der Anbieter über die Erwartungen der Abnehmer informiert ist (vgl. Ardissono et al. 2002, 52; Adomavicius/Tuzhilin 2005, 83). Hier entsteht in der Regel ein Spannungsfeld zwischen den Möglichkeiten der individuellen Ausgestaltung auf der einen Seite sowie den Bedenken des Persönlichkeitsschutzes (Privacy Concerns) und den rechtlichen Einschränkungen des Datenschutzes auf der anderen Seite. Um die Akzeptanz bei den (potenziellen) Kunden für eine direkte und individuelle Ansprache zu fördern, wird bereits seit einiger Zeit – über die rechtlichen Vorgaben hinaus – eine Permission-Orientierung in der direkten Kommunikation mit Abnehmern gefordert. Ziel ist es, bei den Adressaten eine Zustimmung für den (individuellen) Direktkontakt aus Überzeugung zu erreichen. Hierzu ist es u. a. erforderlich, dass Anbieter gegenüber ihren (potenziellen) Kunden den Umgang mit personenbezogenen Daten transparent aufzeigen und sie über den Umfang und Zweck der Datenverarbeitung aus eigenem Antrieb heraus in Kenntnis setzen (vgl. Leith/Morison 2004, 30). Dabei ist zur Vermeidung von Reaktanzen darauf zu achten, dass sich die Empfänger der Dialogkommunikation über den Umgang mit ihren persönlichen Daten gut informiert und nicht hinter das Licht geführt fühlen (vgl. Eggert/Helm 2003, 101).

2.2 Zusammenhänge zwischen Merkmalen direkter Kundenansprache und der Vertrauenswürdigkeit von Anbietern

Betrachtet man die drei o. g. Merkmale der direkten Kommunikation etwas genauer, so lassen sich auf konzeptionell-theoretischer Ebene einige Wirkungseinflüsse auf die wahrgenommene Vertrauenswürdigkeit von Anbietern vermuten. Beispielsweise können interaktive Kommunikationsprozesse aus informationsökonomischer Sicht sowohl zum Signaling als auch zum Screening genutzt werden. Das Signaling bezieht sich auf die bewusste Weitergabe von relevanten Informationen, während das Screening eine gezielte Informationssuche umfasst. Beide Informationsaktivitäten sind darauf ausgerichtet, etwaige Informationsasymmetrien abzubauen, die gerade bei stark immateriellen Dienstleistungsangeboten zu Lasten der Nachfrager bestehen.

Außerdem kann der interaktive Informationsaustausch dazu beitragen, dass Anbieter und Abnehmer im Hinblick auf die Erwartungen, Pläne und Ziele des jeweils anderen Transaktionspartners einen besser Kenntnisstand erhalten (vgl. Mann 2004, 184). Dadurch verringern sich das Konfliktpotenzial und die Wahrscheinlichkeit der Entstehung von Missverständnissen, da Anbieter und Nachfrager ihre Erwartungen miteinander abgleichen und evtl. aufeinander ausrichten können (vgl. Frommeyer 2005, 53; Mann 2008b, 346).

Darüber hinaus hat der Abnehmer bei einer länger andauernden Interaktion oder bereits mehrfach erlebten Interaktionen mit einem Anbieter auch ein bestimmtes

Maß an Erfahrungen im Hinblick auf die Richtigkeit der vermittelten Informationen, was wiederum zur Reduktion von Kaufrisiken beiträgt. So wird ein Dienstleistungsanbieter die oft aufwändige und damit auch teure interaktive Kommunikation mit (potenziellen) Kunden üblicherweise nur durchführen, wenn keine versteckten Absichten (Hidden Intention) vorliegen oder versteckte Informationen (Hidden Information) vorhanden sind. Schließlich muss er bei einem interaktiven Kommunikationsprozess mit entsprechenden Rückfragen des Kunden rechnen, die bei einer wahrheitsgemäßen Beantwortung zur Aufdeckung von Hidden Intention führen würden (vgl. Stetter 2013, 97). Dies ist für die Demonstration von Vertrauenswürdigkeit zentral. Verschiedene Studien bestätigen dementsprechend einen positiven Effekt interaktiver Kommunikationsprozesse auf die Vertrauenswürdigkeit von Anbietern und vor allem auf das Vertrauen von Kunden in Anbieter (vgl. Sanzo et al. 2003, 330).

Ausgehend von diesen Überlegungen lässt sich folgende Hypothese aufstellen:

- H_1: Eine interaktive Kommunikation mit dem Anbieter beeinflusst die von Abnehmern wahrgenommene Anbieter-Vertrauenswürdigkeit positiv.

Neben der Interaktivität kann auch die Individualisierung der Kundenansprache einen positiven Effekt auf die wahrgenommene Vertrauenswürdigkeit ausüben. So kann in Anlehnung an die Transaktionskostentheorie eine individuelle Kommunikation als eine irreversible Investition des Anbieters angesehen werden, da sie sich an spezifischen Informationsbedürfnissen und -anforderungen einzelner Abnehmer ausrichtet (vgl. Stetter 2013, 98). Hierbei entstehen für den Anbieter pagatorische und nicht-monetäre Kosten. So ist für eine individuelle Ansprache spezifisches Wissen im Hinblick auf die Anforderungen und Vorstellungen des Abnehmers erforderlich, das durch Informationsbeschaffungsaktivitäten aufgebaut werden kann. Dementsprechend fallen für den Anbieter hohe Anbahnungskosten für individuelle Kundenkontakte an. Die gesammelten Informationen über die spezifischen Wünsche und Bedürfnisse einzelner Abnehmer sind außerhalb der Transaktionen mit diesen Kunden kaum nutzbar. Gleichzeitig führen individualisierte kommunikative Maßnahmen zu einer Reduktion der Anbahnungs- und Vereinbarungskosten auf Abnehmerseite. Somit haben Kunden aufgrund der kundenspezifisch angepassten Informationen weniger Aufwand für die Informationssuche und -beschaffung (vgl. ebenda).

Die individualisierte Kommunikation stellt infolgedessen eine Form des Signaling dar, die dazu dienen soll, die verhaltensbezogene Unsicherheit des Nachfragers im Hinblick auf den Anbieter zu reduzieren. Sie verursacht bereits im Vorfeld, unabhängig von der Reaktion des Abnehmers, Kosten für den Anbieter. Dieser kann zum Investitionszeitpunkt die Wirkung der individualisierten Kommunikation nicht abschließend einschätzen. Daher kann die individualisierte Kommunikation im Rahmen der Informationsökonomik als exogen teures Signal aufgefasst werden, dessen Einsatz sich lediglich für Anbieter lohnt, welche nicht ausschließlich an der Maximierung ihres eigenen Nutzens interessiert sind (vgl. Koufaris/Hampton-Sosa 2002, 11). Dies kann wiederum dazu beitragen, dass Abnehmer eine verringerte Gefahr für opportunistisches Verhalten beim Anbieter wahrnehmen und eine dispositionale Attribution vornehmen. Dabei nehmen sie – aufgrund der erhöhten Transaktionskosten durch die individualisierte Kommunikation für den Anbieter und der damit verbundenen geringeren Transaktionskosten für sich selbst – ein ernsthaftes Interesse des Anbieters an den Kundenbedürfnissen an und führen dies auf die Vertrauenswürdigkeit des Anbieters zurück. Entsprechend der Theorie der korrespondierenden Schlussfolgerungen stellen die aufgewendete Zeit und die dabei anfallenden Kosten für die Sammlung und Beschaffung von Abnehmerinformationen spezifische Handlungskonsequenzen der individualisierten Kommunikation dar, die als unerwünscht bewertet werden können. Da die individualisierte Kommunikation vom Anbieter zudem beabsichtigt ist, kann der Abnehmer von korrespondierenden Eigenschaften des Anbieters ausgehen und diesem Vertrauenswürdigkeit zuschreiben. In empirischen Studien beispielsweise zur E-Commerce-Nutzung (vgl. ebenda, 25) und von E-Mail-Kampagnen in verschiedenen Branchen (vgl. DuFrene et al. 2005, 72 f.) konnte der Einfluss der Individualisierung auf die wahrgenommene Vertrauenswürdigkeit nachgewiesen werden. Es ist daher zu vermuten, dass dieser Effekt insbesondere auch bei Dienstleistungsanbietern gegeben ist. Somit lässt sich folgende Hypothese formulieren:

- H_2: Eine individualisierte Kommunikation des Anbieters beeinflusst die von Abnehmern wahrgenommene Anbieter-Vertrauenswürdigkeit positiv.

Für die Transparenz des Anbieters, im Hinblick auf die Erhebung und Nutzung von Kundendaten im Rahmen der Dialogkommunikation, wird ausgehend von der Prinzipal-Agenten-Theorie ebenfalls ein positiver Einfluss auf die Vertrauenswürdigkeit erwartet (vgl. Mann 2008a, 343). Die Abnehmer müssen die für eine direkte Kommunikation notwendigen Kontaktdaten (z. B. postalische Adresse, E-Mail-Adresse oder Telefonnummer) sowie relevante spezifische Informationen für die Individualisierung des Kontakts dem Anbieter zur Verfügung stellen. Dabei fallen für sie sowohl monetäre Kosten (z. B. Mediennutzungskosten) als auch sogenannte Alternativkosten an, da beispielsweise die Weitergabe von Kontaktdaten und die Darstellung der eigenen Wünsche und Anforderungen Mühe und Zeit erfordern, die der Kunde anderweitig hätte nutzen können. Dies kann als transaktionsspezifische Investition des Abnehmers (Prinzipals) angesehen werden und das Risiko für einen Holdup durch den Anbieter (Agenten) erhöhen. Der Anbieter kann nämlich die ihm zur Verfügung gestellten Daten – ohne Rücksichtnahme auf die Interessen des Abnehmers – zur Maximierung des eigenen Nutzens – verwenden, indem er die gesammelten Informationen beispielsweise an Dritte verkauft oder vermietet und somit einen monetären Vorteil auf Kosten des Abnehmers erzielen kann (vgl. Stetter 2013, 101). Dies kann zu einer subjektiven Unsicherheit des Abnehmers im Hinblick auf die wahren Motive des Anbieters zur Datensammlung (Hidden Intention) führen. Letztlich kann der Abnehmer das Verhalten des Anbieters beim Umgang mit den ihm anvertrauten Daten nicht abschließend beurteilen. Daher wird der Abnehmer im Vorfeld versuchen, einen vertrauenswürdigen Anbieter auszuwählen, der den impliziten Vertrag, der durch die Annahme der Kundendaten begründet wurde, erfüllen will. Dabei steht der Abnehmer in der Regel vor einem Adverse-Selection-Problem, da grundsätzlich alle Anbieter bestrebt sind, als vertrauenswürdig wahrgenommen zu werden (vgl. Ripperger 1998, 80 f.). Dieses Problem kann durch eine transparente Kommunikation als Signaling-Aktivität vom Anbieter gelöst werden, indem er beispielsweise Richtlinien zum Umgang mit personenbezogenen Daten aufstellt und diese dem Abnehmer anzeigt. Es handelt sich hierbei um ein sogenanntes exogen teures Signal, da sich ein derartiges Vorgehen nur für Anbieter lohnt, die wahrheitsgemäß informieren. Im anderen Fall wären die Kosten, die zur Erarbeitung und Übermittlung von Datenschutzrichtlinien oder eine umfassende Darlegung des Umgangs mit Kundendaten anfallen, unnütz gewesen.

Einen empirischen Beleg für den Zusammenhang zwischen transparenter Kommunikation und Anbieter-Vertrauenswürdigkeit liefert die Studie von Koufaris und Hampton-Sosa (2002, 25). In dieser Untersuchung zeigt sich, dass – verglichen mit anderen Einflussfaktoren wie z. B. Unternehmensgröße und Anbieter-Reputation – ein transparenter Umgang mit persönlichen Daten den stärksten positiven Effekt auf die Anbieter-Vertrauenswürdigkeit hat. Lauer und Deng (2007, 328 f.) können in ihrer empirischen Analyse ebenfalls belegen, dass die wahrgenommene Vertrauenswürdigkeit eines Anbieters von der Existenz entsprechender Richtlinien zum Umgang mit Kundendaten positiv beeinflusst wird.

Ausgehend von den vorstehenden Überlegungen lässt sich somit folgende Hypothese ableiten:

- H_3: Eine transparente Kommunikation des Anbieters im Hinblick auf die Erhebung und Nutzung von Kundendaten fördert die wahrgenommene Anbieter-Vertrauenswürdigkeit positiv.

3 Empirische Untersuchung

3.1 Stichprobe und Methodik der Untersuchung

Ausgangspunkt der empirischen Prüfung der vorstehenden Hypothesen ist eine schriftliche Befragung von erwachsenen Privatpersonen in Deutschland, die in der Jahreswende 2009/2010 durchgeführt wurde. Insgesamt 498 Fragebögen konnten für die Auswertung berücksichtigt werden. Die Rücklaufquote, der aus der Datenbank der Deutschen Post Direkt GmbH zufällig ausgewählten und angeschriebenen Adressen, lag bei 14,8 %. Die Struktur der Stichprobe ist in Tabelle 1 dargestellt (vgl. Stetter 2013, 129-131).

Kriterium	Verteilung
Geschlecht	Frauen: 44,2 % Männer: 55,8 %
Alter	18-29 Jahre: 17,3 % 30-39 Jahre: 15,1 % 40-49 Jahre: 20,3 % 50-59 Jahre: 16,5 % $\geq$ 60 Jahre: 30, 8 %
Familienstatus	in Partnerschaft lebend: 71,6 % getrennt lebend: 7 % verwitwet: 2,6 % ledig: 18,8 %
Schulbildung	Hochschulabschluss: 41,8 % (Fach-)Abitur: 18,9 % Mittlere Reife: 22,0 % Haupt-/Volksschulabschluss: 14,8 % sonstigen Abschluss: 2,1 % keinen Abschluss: 0,4 %
Beruf	Schüler/Auszubildende/Studenten: 5,2 % Angestellte: 43,3 % Arbeiter: 9,7 % Beamte: 7,5 % Selbständige/Freiberufler: 10,4 % Hausfrauen/-männer: 5,0 % Rentner: 16,6 % Zur Zeit ohne Arbeit: 2,3 %

Tabelle 1: Struktur der untersuchten Stichprobe

Die Probanden wurden zum einen danach befragt, wie vertrauenswürdig sie bestimmte Dienstleistungsunternehmen, mit denen sie in letzter Zeit in direktem Kontakt gestanden haben, beurteilen. Zum anderen wurden die Urteile der Probanden hinsichtlich des Ausmaßes der Interaktivität, Individualität und Transparenz der bisherigen Kommunikation mit den betrachteten Unternehmen erhoben. Dabei kamen geschlossene Fragen mit 5-stufigen Rating-Skalen zum Einsatz.

Zur Prüfung des Einflusses der verschiedenen Kommunikationsmerkmale auf die Vertrauenswürdigkeit wurde auf den kovarianzanalytischen Ansatz der Kausalanalyse zurückgegriffen, weil er besonders gut dazu geeignet ist, eine globale Optimierung aller Zusammenhänge des gesamten Hypothesengefüges zu erzielen (vgl. Weiber/Mühlhaus, 2010, 65 u. 68). Die Anwendung des kovarianzanalytischen Verfahrens erfolgt auf Basis des Softwarepakets AMOS 17.0. Die Schätzung der Modellparameter wurde entsprechend der internationalen Forschungsgepflogenheiten mittels der Maximum-Likelihood-Methode vorgenommen. Sie liefert bei Erfüllung der beiden Voraussetzungen, Mindestgröße der Stichprobe und Multi-Normalverteilung der Indikatorvariablen, die präzisesten Schätzer (vgl. Homburg/Sütterlin 1990, 186). Mit dem vorliegenden Rücklauf wird die Mindestgröße für das Modell weit überschritten. Zur Prüfung der univariaten Normalverteilung, die eine notwendige Bedingung für die direkt nur schwierig zu überprüfende Multi-Normalverteilung darstellt, wird in Anlehnung an Kline (2005, 50) von einer substantiellen Abweichung ausgegangen, wenn die Werte für die Schiefe |>3| und die Werte für die Kurtosis |>10| betragen. Es zeigt sich jedoch, dass alle untersuchten Variablen Werte für Schiefe und Kurtosis aufweisen, die erheblich unter den genannten Grenzwerten liegen.

3.2 Konstrukt-Operationalisierungen und Untersuchungsergebnisse

Grundlage für die empirische Überprüfung der Untersuchungshypothesen ist die Operationalisierung der im konzeptionellen Teil beschriebenen Konstrukte (Vertrauenswürdigkeit als abgängige Größe sowie Interaktivität, Individualisierung und Transparenz des Datenumgangs als beeinflussende Größen). Da es sich bei der Individualisierung um ein sehr komplexes Phänomen handelt, wurde eine Unterteilung in inhaltliche, formale/mediale und zeitliche Individualisierung vorgenommen. Während die formale/mediale und zeitliche Individualisierung als Single-Item-Messung erfolgten, wurde die inhaltliche Individualisierung wegen ihrer breiteren semantischen Abdeckung als Multi-Item-Konstrukt konzipiert. Die Variable Interaktivität stellt ebenfalls eine Single-Item-Messung dar. Die Messung als Global-Item wurde hier als ausreichend eingeschätzt, da die Probanden beim Pre-Test des Fragebogens das Merkmal als eindeutig beschrieben angesehen hatten (vgl. Rossiter 2002, 311; Fuchs/Diamantopoulos 2009, 203). Vertrauenswürdigkeit und Transparenz des Datenumgangs stellen Multi-Item-Konstrukte dar, die – wie auch das Konstrukt inhaltliche Individualisierung –

nach Anwendung der C-OAR-SE-Prozedur als reflektiv eingestuft und entsprechend konzipiert wurden (vgl. Rossiter 2002).

Konstrukt	Indikator	Mittelwert (1 = trifft voll und ganz zu; 5 = trifft überhaupt nicht zu)	Standardabweichung	n
Wahrgenommene Vertrauenswürdigkeit	Dieses Dienstleistungsunternehmen ist glaubwürdig	2,1	1,0	487
	Dieses Dienstleistungsunternehmen ist zuverlässig	2,0	1,0	488
	Dieses Dienstleistungsunternehmen ist wohlwollend/ entgegenkommend	2,4	1,1	478
	Dieses Dienstleistungsunternehmen ist kompetent	2,1	1,0	478
Transparenter Datenumgang	Mir ist bekannt, welche Informationen dieses Unternehmen über mich gespeichert hat	2,5	1,4	463
	Mit ist bekannt, für welche Zwecke dieses Unternehmen die über mich gespeicherten Informationen verwendet	2,8	1,4	253
Inhaltliche Individualisierung	Von diesem Unternehmen erhalte ich Informationen, die meine bisherige Beziehung zum Unternehmen berücksichtigen (z. B. Informationen über Preisnachlässe für Stammkunden)	3,0	1,3	478
	Von diesem Unternehmen erhalte ich Informationen über Angebote, die ich häufig nutze	2,9	1,3	482
Formale Individualisierung	Dieses Unternehmen spricht mich nicht über Medien an, gegen die ich in dieser Situation eine Abneigung habe (z. B. telefonische Ansprache zur Information über neue Angebote)	2,7	1,3	462
Zeitliche Individualisierung	Von diesem Unternehmen werde ich zum von mir gewünschten Zeitpunkt kontaktiert	2,4	1,3	486
Interaktivität	Dieses Dienstleistungsunternehmen kommuniziert mit mir in der Regel interaktiv (z. B. im persönlichen Gespräch/am Telefon)	2,0	1,1	491

Tabelle 2: Operationalisierung der untersuchten Konstrukte

Die wahrgenommene Vertrauenswürdigkeit wurde über fünf Indikatoren gemessen. Es handelt sich hierbei um die Kriterien Glaubwürdigkeit, Zuverlässigkeit, Wohlwollen und Kompetenz, die häufig zur Erklärung des Vertrauenswürdigkeitskonstrukts herangezogen werden (vgl. u. a. Blank, 2011, 15; Eberl 2012, 95; Stiglbauer 2011, 45). Die Probanden wurden gefragt, inwieweit diese Kriterien bei einem bestimmten Dienstleistungsunternehmen, mit dem sie in den letzten zwölf Monaten am häufigsten in direktem Kontakt standen, ausgeprägt sind. Dabei konnten die Probanden die Ausprägung der genannten Kriterien auf einer Skala von 1 („trifft voll und ganz zu") bis 5 („trifft überhaupt nicht zu") beurteilen. Die Ausprägungen der Merkmale direkter Kommunikation als Einflussgrößen auf die Vertrauenswürdigkeit wurden mit derselben Skala gemessen. In Tabelle 2 sind die Mittelwerte und Standardabweichungen der einzelnen Kriterien aufgeführt.

Konstrukt	Indikator	Indikator-reliabilität	t-Wert der Faktor–ladung	Faktor-reliabilität	DEV
Partialkriterien					
Vertrauens-würdigkeit	Glaubwürdigkeit	0,679	18,971	0,888	66,50 %
	Zuverlässigkeit	0,704	19,354		
	Wohlwollen	0,592	Referenz-indikator		
	Kompetenz	0,685	19,073		
Transparenter Datenumgang	Umfang gespeicherter Daten	0,690	11,204	0,805	67,41 %
	Verwendungszweck gespeicherter Daten	0,657	Referenz-indikator		
Inhaltliche Individualisie-rung	Kundenstatus	0,650	11,186	0,766	62,05 %
	Häufig genutzte Angebote	0,591	Referenz-indikator		
Formale Indi-vidualisierung*	Keine Ansprache über unerwünschte Medien	(1,000)	k. A.	k. A.	k. A.
Zeitliche Indi-vidualisierung*	Kontaktaufnahme zur gewünschten Zeit	(1,000)	k. A.	k. A.	k. A.
Interaktivität*	Interaktive Kommuni-kation	(1,000)	k. A.	k. A.	k. A.
Globalkriterien					
χ^2 / df = 49,402 / 32 = 1,544		RMSEA = 0,033		SRMR = 0,021	
GFI = 0,982		AGFI = 0,936	IFI = 0,992	CFI = 0,992	

* Für Single-Item-Konstrukte ist die Berechnung der Partialkriterien nicht möglich.

Tabelle 3: Reliabilitätsüberprüfung des Untersuchungsmodells (vgl. Stetter 2013, 190)

Eine Überprüfung der konzeptionellen Struktur der Untersuchungsvariablen auf Basis einer explorativen Faktorenanalyse konnte nachweisen, dass sich die für die Untersuchung zugrunde gelegte Variablen- und Faktorstruktur empirisch eindeutig nachbilden lässt. Zudem konnte mittels eines χ^2-Differenztests eine ausreichende Diskriminanzvalidität der untersuchten Konstrukte festgestellt werden (siehe Ergebnisse im Anhang 1). Darüber hinaus kann bei den Multi-Item-Konstrukten auf Basis klassischer Bewertungskriterien, wie z. B. der erklärten Varianz, dem Cronbach Alpha-Koeffzienten und der Item-to-Total-Correlation eine reliable Messung attestiert werden (siehe Ergebnisse im Anhang 2).

Die Prüfung der Modellstruktur anhand der üblichen Bewertungskriterien für kovarianzbasierte Strukturgleichungsmodelle in Tabelle 3 zeigt, dass alle Mindestanforderungen sowohl bei den Partialkriterien als auch bei den Globalmaßen deutlich überschritten werden. Dies deutet auf eine hohe Reliabilität und Validität des Untersuchungsmodells hin.

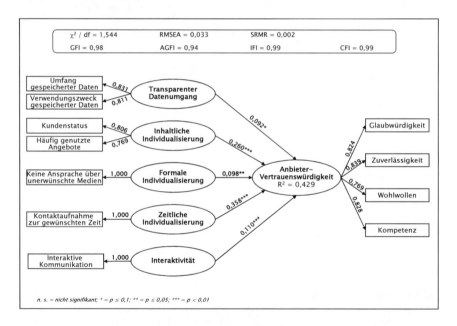

Abbildung 1: Der Einfluss von Gestaltungsmerkmalen der Dialogkommunikation auf die Vertrauenswürdigkeit (Quelle: Stetter 2013, 191)

Bei der Betrachtung des Strukturmodells in Abbildung 1 hinsichtlich der Wirkungen der verschiedenen Merkmale direkter Kommunikationsprozesse auf die Anbieter-Vertrauenswürdigkeit wird ersichtlich, dass alle Merkmale einen signifikanten positiven Einfluss auf die wahrgenommene Anbieter-Vertrauenswürdigkeit haben. Der stärkste Einfluss geht dabei von der zeitlichen Individualisierung mit $\gamma = 0{,}358$ aus. In Relation dazu fällt die positive Wirkung der inhaltlichen Individualisierung auf die wahrgenommene Vertrauenswürdigkeit mit $\gamma = 0{,}260$ schwächer aus. Ein geringerer, aber dennoch signifikanter Einfluss geht von der formalen Individualisierung ($\gamma = 0{,}098$) der Dialogkommunikation sowie dem transparenten Umgang mit personenbezogenen Daten ($\gamma = 0{,}092$) und der interaktiven Kommunikation ($\gamma = 0{,}110$) auf die Wahrnehmung der Anbieter-Vertrauenswürdigkeit aus. Die hier untersuchten Ausprägungen der Dialogkommunikation erklären ca. 43 % der Varianz des Konstrukts Anbieter-Vertrauenswürdigkeit. Damit wird die große Bedeutung der Dialogkommunikation zur Förderung der wahrgenommenen Vertrauenswürdigkeit eines Dienstleistungsanbieters bei seinen (potenziellen) Abnehmern offensichtlich.

4 Fazit

Die Ergebnisse der empirischen Untersuchung zeigen, dass für Dienstleistungsunternehmen eine direkte Kommunikation mit (potenziellen) Kunden in Bezug auf ihre Vertrauenswürdigkeit vorteilhaft ist. Vor allem der inhaltlichen und zeitlichen Individualisierung der Kommunikation kommt dabei eine große Bedeutung zu. Allerdings ist zu bedenken, dass eine individualisierte Kommunikation schnell zu einem Spannungsfeld zwischen Akzeptanz und Reaktanz auf Seiten der Abnehmer führt. Während die Befriedigung individueller Informationsbedürfnisse zumeist positiv gesehen wird, ist die hiermit verbundene Sammlung und Auswertung spezifischer Kundendaten oft mit negativen Reaktionen verknüpft. Anbieter stehen daher vor der Herausforderung, ein entsprechendes Optimum zu finden. Dabei muss beachtet werden, dass verschiedene Abnehmer- bzw. Zielgruppen unterschiedliche Reaktanzschwellen aufweisen.

Eine Möglichkeit zur Reduktion von Reaktanzen stellt – wie die empirischen Befunde belegen – die transparente Kommunikation zum Umgang mit personenbezogenen Daten dar (vgl. Mann 2008b, 350). Dementsprechend sollte jeder Anbieter über eine verständliche und leicht auffindbare Datenschutzerklärung verfügen. Darüber hinaus empfiehlt es sich, die Kunden auf aktuelle oder geplante Veränderungen bei der Verwendung und Speicherung kundenbezogener Daten zeitnah und freiwillig hinzuweisen (vgl. Schweer/Thies 2003, 112). Zudem sollten Anbieter grundsätzlich dazu bereit sein, die Ansichten und Meinungen der

Kunden zur Datensammlung und -verwendung zu verstehen und auf dieser Grundlage ihre Handlungsabsichten zu revidieren, um eine einvernehmliche Klärung vornehmen zu können, welche Daten in welchem Umfang und zu welchen Zwecken gesammelt, verarbeitet und genutzt werden dürfen.

Wenngleich die vorliegende Untersuchung den Einfluss direkter Kommunikationsmerkmale auf die wahrgenommene Vertrauenswürdigkeit im Dienstleistungsbereich nachweist, sind einige Restriktionen der Studie zu berücksichtigen, aus denen weitere Forschungsbedarfe abgeleitet werden können.

Im Rahmen dieser Studie wurde die Wirkung der Dialogkommunikation auf die Anbieter-Vertrauenswürdigkeit in einer isolierten Betrachtung untersucht. Andere Determinanten der Anbieter-Vertrauenswürdigkeit wurden nicht berücksichtigt (vgl. Stetter 2013, 220). Es ist jedoch anzunehmen, dass weitere Konstrukte existieren, die einen Einfluss auf die Vertrauenswürdigkeit von Anbietern ausüben. So sollten in diesem Zusammenhang zentrale Größen der Relationship-Marketing-Forschung, wie z. B. die Kundenzufriedenheit, berücksichtigt werden. Ebenso sollte auch der Einfluss anderer Formen der Kundenansprache (z. B. in sozialen Netzwerken) analysiert werden. Daher wären weitere Forschungsbemühungen wünschenswert, die diese Aspekte einbeziehen, sodass Aussagen über die relative Bedeutung direkter Kommunikation für die abnehmerseitig wahrgenommene Anbieter-Vertrauenswürdigkeit getroffen werden können. Hinzu kommt, dass sich die vorliegende Untersuchung auf die Vermarktung von Dienstleistungen im B2C-Sektor bezieht. Eine Überprüfung der Erkenntnisse im B2B-Bereich wäre interessant, da hier die Kaufentscheidungenprozesse in der Regel anders verlaufen als bei Konsumenten und auch die Erreichbarkeit der Entscheidungsträger im Buying Center der Unternehmen durch Dialogmedien mitunter schwieriger ist.

Ein weiterer Aspekt, der in zukünftigen Forschungsarbeiten vertieft werden sollte, knüpft an das in dieser Untersuchung betrachtete Objekt der Vertrauenswürdigkeit an. In der vorliegenden Untersuchung lag der Fokus auf der Ebene der Organisation, also des Dienstleistungsunternehmens. Eine Erweiterung der Betrachtungsperspektive um die Ebenen der Mitarbeiter, Marken und/oder einzelner Dienstleistungen versprechen einen interessanten Untersuchungsaspekt. Zudem ist auch das Spannungsfeld zwischen der wahrgenommenen Vertrauenswürdigkeit von einzelnen Mitarbeitern/Marken/Produkten und der wahrgenommenen Vertrauenswürdigkeit des Unternehmens eine Analyseoption.

Des Weiteren könnte auch eine differenzierte Betrachtung einzelner Dienstleistungsbranchen zu einem Erkenntnisfortschritt beitragen. So ist es durchaus möglich, dass die Dialogkommunikation von Unternehmen aus der Finanzdienstleistungs- und Telekommunikationsbranche, die hier hauptsächlich betrachtet wurden, eine andere Ausgestaltung für eine vertrauenswürdigkeitsfördernde Wirkung benötigen als die Dialogkommunikation von beispielsweise Transport- und Beratungsunternehmen oder Hilfsorganisationen. So zeigen beispielsweise die vorliegenden Ergebnisse, dass Konsumenten von Finanzdienstleistungen tendenziell eher einen regelmäßigen Kontakt zum Unternehmen erwarten als Konsumenten anderer untersuchter Dienstleistungen (z. B. Telekommunikations- oder Tourismusunternehmen). Ferner belegen weiterführende Auswertungen, dass Konsumenten bei Dienstleistungen aus der Immobilienwirtschaft durchschnittlich eher davon ausgehen, dass auf ihre Fragen und Anregungen bei der Kommunikation mit dem Dienstleister eingegangen wird als Konsumenten anderer Dienstleistungen. Um spezifischere Hinweise für Unternehmen geben zu können, sollten auf Grundlage der hier vorgestellten Erkenntnisse weitere Studien durchgeführt werden (vgl. Stetter 2013, 223).

Literatur

Adomavicius, G./Tuzhilin, A. (2005): Personalization Technologies. A Process-Oriented Perspective, in: Communications of the ACM, Vol. 48, Nr. 10, 83-90.

Ardissono, L. et al. (2002): Personalization in Business-to-Customer Interaction, in: Communications of the ACM, Vol. 45, Nr. 5, 52-53.

Auger, P. (2005): The Impact of Interactivity and Design Sophistication on the Performance of Commercial Websites for Small Businesses, in: Journal of Small Business Management, Vol. 43, Nr. 2, 119-137.

Barney, J. B./Hansen, M. H. (1994): Trustworthiness as a Source of Competitive Advantage, in: Strategic Management Journal, Vol. 15, Nr. 8, 175-190.

Blank, N. (2011): Vertrauenskultur, Gabler, Wiesbaden.

Bliemel, F./Eggert, A. (1998): Kundenbindung – die neue Sollstrategie?, in: Marketing – Zeitschrift für Forschung und Praxis, 20. Jg., Nr. 1, 37-46.

Büttner, O. B./Göritz, A. S. (2008): Perceived Trustworthiness of Online Shops, in: Journal of Consumer Behaviour, Vol. 7, Nr. 1, 35-50.

Burgoon, J. K. et al. (2000): Testing the Interactivity Model: Communication Processes, Partner Assessment, and the Quality of Collaborative Work, in: Journal of Management Information Systems, Vol. 16, Nr. 3, 33-56.

Decker, R./Neuhaus, S. (2006): Vertrauen im Dienstleistungsmarketing: Stellenwert und Implikationen für das strategische Handeln, in: Bauer, H. H. et al. (Hrsg.): Konsumentenvertrauen, Vahlen, München, 181-192.

Dirks, K. T./Skarlicki, D. P. (2009): The Relationship Between Being Perceived as Trustworthy by Coworkers and Individual Performance, in: Journal of Management Information Systems, Vol. 35, Nr. 1, 136-157.

DuFrene, D. D. et al. (2005): Changes in Consumer Attitudes Resulting from Participation in Permission E-mail Campaign, in: Journal of Current Issues and Research in Advertising, Vol. 27, Nr. 1, 65-77.
Eberl, P. (2012): Vertrauen und Kontrolle in Organisationen, in: Möller, H. (Hrsg.), Vertrauen in Organisationen, Springer Fachmedien, Wiesbaden, 93-110.
Eggert, A./Helm, S. (2003): Exploring the Impact of Relationship Transparency on Business Relationships. A Cross-Sectional Study among Purchasing Managers in Germany, in: Industrial Marketing Management, Vol. 32, Nr. 2, 101-108.
Friedrich, C. (2005): Determinanten der Einschätzung vertrauenswürdigen Verhaltens von Transaktionspartnern, Gabler, Wiesbaden.
Frommeyer, A. (2005): Kommunikationsqualität in persönlichen Kundenbeziehungen, Gabler, Wiesbaden.
Fuchs, C./Diamantopoulos, A. (2009): Using Single-item Measurement for Construct Measurement in Management Research: in: Die Betriebswirtschaft, Vol. 69, Nr. 2, 195-210.
Gillespie, N./Dietz, G. (2009): Trust Repair After an Organization-Level Failure, in: Academy of Management Review, Vol. 34, Nr. 1, 127-145.
Hardin, R. (2002): Trust and Trustworthiness, Russell Sage Foundation, New York.
Homburg, C./Sütterlin, S. (1990): Kausalmodelle in der Marketingforschung: EQS als Alternative zu LISREL, in: Marketing – Zeitschrift für Forschung und Praxis, 12. Jg., Nr. 3, 181-192.
Kalyanaraman, S./Sundar, S. S. (2006): The Psychological Appeal of Personalized Content in Web Portals: Does Customization Affect Attitudes and Behavior?, in: Journal of Communication, Vol. 56, Nr. 1, 110-132.
Kiyonari, T. et al. (2006): Does Trust Beget Trustworthiness? Trust and Trustworthiness in Two Games and Two Cultures: A Research Note, in: Social Psychology Quarterly, Vol. 69, Nr. 3, 270-283.
Kline, R. B. (2005): Principles and Practice of Structural Equation Modeling, 2. Aufl., The Guilford Press, New York.
Kollmann, T./Herr, C. (2005): Die Vertrauenswürdigkeit von jungen Unternehmen im elektronischen Handel, in: Die Betriebswirtschaft, 65. Jg., Nr. 2, 119-136.
Koufaris, M./Hampton-Sosa, W. (2002): Initial Perceptions of Company Trustworthiness Online: A Comprehensive Model and Empirical Test, CIS Working Paper Series Zicklin School of Business CIS-2002-11.
Lauer, T. W./Deng, X. (2007): Building Online Trust through Privacy Practices, in: International Journal of Information Security, Vol. 6, Nr. 5, 323-331.
Leith, P./Morison, J. (2004): Communication and Dialogue: What Government Websites Might Tell Us About Citizenship and Governance, in: International Review of Law Computers, Vol. 18, Nr. 1, 25-35.
Lischka, A. (2000): Dialogkommunikation im Realtionship Marketing, Gabler, Wiesbaden.
Lorbeer, A. (2003): Vertrauensbildung in Kundenbeziehungen. Ansatzpunkte im Kundenbeziehungsmanagement, Gabler, Wiesbaden.
Mann, A. (2004): Dialogmarketing – Konzeption und empirische Befunde, Gabler, Wiesbaden.

Mann, A. (2008a): Dialogmarketing und Kundenvertrauen, in: Klump, D. et al. (Hrsg.), Informationelles Vertrauen für die Informationsgesellschaft, Springer, Berlin/Heidelberg, 329-346.
Mann, A. (2008b): Kundenvertrauen im Dialogmarketing, in: von Kortzfleisch, H. O./Bohl, O. (Hrsg.), Wissen – Vernetzung – Virtualisierung, Eul, Lohmar, 343-356
McMillan, S. J./Hwang, J.-S. (2002): Measures of Perceived Interactivity: An Exploration of the Role Direction of Communication, User Control, and Time in Shaping Perceptions of Interactivity, in: Journal of Advertising, Vol. 31, Nr. 3, 29-42.
Meffert, H./Bruhn, M. (2012): Dienstleistungsmarketing, 7. Aufl., Gabler, Wiesbaden.
Morgan, R. M./Hunt, S. D. (1994): The Commitment-Trust Theory of Relationship Marketing, in: Journal of Marketing, Vol. 58, Nr. 3, 20-38.
Reiß, M./Steffens, D. (2009): Hybride Medienkonzepte für das interne Marketing, in: Berndt, R. (Hrsg.), Weltwirtschaft 2010, Springer, Berlin et al., 85-102.
Ripperger, T. (1998): Ökonomik des Vertrauens, Mohr, Tübingen.
Rossmann, A. (2010): Vertrauen in Kundenbeziehungen, Gabler, Wiesbaden.
Rositter, J. R. (2002): The C-OAR-Se Procedur for Scale Development in Marketing, in: International Journal of Research in Marketing, Vol. 19, Nr. 4, 305-335.
Safko, L./Brake, D. K. (2009): The Social Media Bible – Tactics, Tools & for Business Success, John Wiley & Sons, Hoboken.
Sanzo, M. J. et al. (2003): The Effect of Market Orientation on Buyer-Seller Relationship Satisfaction, in: Industrial Marketing Management, Vol. 32, Nr. 4, 327-345.
Schulz, S. et al. (2008): Vertrauen und Vertrauenswürdigkeit im Internet am Beispiel von Internetapotheken, in: Gröppel-Klein, A./Germelmann, C. C. (Hrsg.), Medien im Marketing, Gabler, Wiesbaden, 473-492.
Schweer, M./Thies, B. (2003): Vertrauen als Organisationsprinzip, Huber, Bern.
Serva, M. A. et al. (2005): Trustworthiness in B2C E-Commerce: An Examination of Alternative Models, in: The Database for Advances in Information Systems, Vol. 36, Nr. 3, 89-108.
Stetter, T. (2013): Vertrauenswürdigkeit durch Direktkommunikation – Theoretische Fundierung und empirische Analyse am Beispiel des Dienstleistungssektors, Kovač, Hamburg.
Stiglbauer, K. (2011): Vertrauen als Input-/Ouput-Variable in elektronischen Verhandlungen, Springer Fachmedien, Wiesbaden.
Stromer-Galley, J. (2004): Interactivity-as-Product and Interactivity-as-Process, in: The Information Society, Vol. 20, Nr. 5, 391-394.
Weiber, R./Mühlhaus, D. (2010): Strukturgleichungsmodellierung, Springer-Verlag, Berlin et al.
Wu, G. (2006): Conceptualizing and Measuring the Perceived Interactivity of Websites, in: Journal of Current Issues and Research in Advertising, Vol. 28, Nr. 1, 87-104.

Anhang

	Vertrauenswürdigkeit	Transparenter Datenumgang	Inhaltliche Individualisierung	Formale Individualisierung	Zeitliche Individualisierung	Interaktivität
Vertrauenswürdigkeit	---					
Transparenter Datenumgang	68,93	---				
Inhaltliche Individualisierung	64,10	44,02	---			
Formale Individualisierung	89,98	87,68	77,20	---		
Zeitliche Individualisierung	26,12	18,43	26,78	40,94	---	
Interaktivität	96,77	71,46	84,96	117,96	48,04	---

Anhang 1: Diskriminanzvalidität des Untersuchungsmodells nach dem χ^2-Differenztest

Konstrukt	Indikator	Faktorladung	Erklärte Varianz	Cronbach-Alpha-Koeffizient	Item-to-Total-Korrelation
Vertrauenswürdigkeit	Glaubwürdigkeit	0,873	74,8 %	0,886	0,763
	Zuverlässigkeit	0,879			0,774
	Wohlwollen	0,835			0,711
	Kompetenz	0,871			0,761
Transparenter Datenumgang	Umfang gespeicherter Daten	0,915	83,7 %	0,805	0,674
	Verwendungszweck gespeicherter Daten	0,915			0,674
Inhaltliche Individualisierung	Kundenstatus	0,900	81,0 %	0,765	0,620
	Häufig genutzte Angebote	0,900			0,620

Anhang 2: Ergebnisse der Reliabilitätsüberprüfung der Multi-Item-Konstrukte

Die Autoren

Prof. Dr. Andreas Mann ist Inhaber des SVI-Stiftungslehrstuhls für Dialogmarketing und Leiter des DMCC-Dialog Marketing Competence Center an der Universität Kassel.

Dr. Tanja Stetter war wissenschaftliche Assistentin am SVI-Lehrstuhl für Dialogmarketing an der Universität Kassel und leitet heute den Bereich Markforschung bei der G Data Software AG in Bochum.

Kontakt

Prof. Dr. Andreas Mann
Universität Kassel
Mönchebergstr. 1
34109 Kassel
mann@wirtschaft.uni-kassel.de

Social Media – Haben Unternehmen und Nutzer dieselben Erwartungen an eine Facebook-Präsenz?

Heike Jochims

Inhalt

1 Facebook-Präsenz von Unternehmen – treffen die Seiten die Erwartungen der Nutzer?.. 68
2 Bewertung der Facebook-Angebote – Ergebnisse der empirischen Erhebung 70
2.1 Erhebungsdesign 70
2.2 Das Kano-Modell 71
2.3 Ergebnisse 72
3 Fazit 74

Literatur 75
Die Autorin 75
Kontakt 75

Management Summary

Fast jedes Unternehmen betreibt in der heutigen Zeit eine Facebook-Präsenz. Doch treffen die Inhalte die Erwartungen der Nutzer? Die vorliegende Studie beschäftigt sich mit der Bewertung der Eigenschaf-ten von Facebook-Präsenzen aus Nutzersicht anhand des Kano-Modells. Als Ergebnis stellt sich heraus, dass alle Angebote auf Face-book-Seiten wie exklusive Informationen, Rabatte oder Gewinnspiele Begeisterungsmerkmale nach Kano sind, die Angebote also nicht ex-plizit gefordert werden, aber bei Vorhandensein Begeisterung hervor-rufen können. Eine genauere Analyse der User zeigt, dass es verschiedene Nutzer-gruppen gibt: eine große Gruppe der Indifferenten, denen die Angebote von Unternehmen nicht wichtig sind. Daneben gibt es aber auch die „echten Fans", die an exklusiven Informationen und Neuigkeiten über ihr Unternehmen interessiert sind und die auf Marketing-Aktivitäten besonders gut ansprechen. Darüber hinaus gibt es die „Schnäppchenjäger", die vor allem an Vergünstigungen wie Rabat-ten oder Coupons interessiert sind.

1 Facebook-Präsenz von Unternehmen – treffen die Seiten die Erwartungen der Nutzer?

Heutzutage gehört es zum Pflichtprogramm beinahe jedes Unternehmens, eine Facebook-Präsenz zu haben. Weltweit nutzen mehr als 87 % der umsatzstärksten Konzerne mindestens eine Social Media Plattform (Burson-Marsteller, The Global Social Media Check-up 2012, 14), in Deutschland besitzen davon mehr als 90% der Unternehmen eine Facebook-Präsenz (DIM 2012, 6). Die Zielsetzungen, die mit einer Facebook-Präsenz verfolgt werden sind vielfältig, der Schwerpunkt liegt eindeutig auf Marketing-Aktivitäten: Neben der Kundenbindung stehen vor allem Imagebildung und Markenkommunikation im Vordergrund, aber auch die Verkaufsförderung durch Rabatte oder Gewinnspiele, die Einbindung der Nutzer in die Produktentwicklung und das Angebot von zusätzlichen Serviceleistungen stellen wichtige Aspekte aus Marketing-Sicht dar (Bernecker und Beilharz 2011, 39-54). Neben den Chancen, die sich durch die Interaktionsmöglichkeit des Unternehmens mit den Kunden und der Kunden untereinander ergeben, birgt eine Facebook-Präsenz aber auch Risiken. Zum einen bedeutet das Betreiben einer Facebook-Seite eine hohe Bindung personeller Ressourcen, weiterhin besteht die Gefahr negativer Feedbacks, das durch die Transparenz und hohe Reichweite der sozialen Medien deutlich größere Ausmaße annehmen kann (BVDW 2012, 6).

Daher ist es für den Betreiber einer Facebook-Präsenz entscheidend zu wissen, welche Anforderungen an eine Facebook-Seite gestellt werden und wie wichtig sie für den Nutzer sind. Facebook wird in erster Linie dazu genutzt, mit anderen Usern in Kommunikation zu treten: Mit Freunden oder Bekannten zu chatten, Bekannte wiederzufinden, Beiträge zu verfassen oder zu kommentieren (Innofact 2012, vivaki 2012). Der Besuch von Unternehmens- oder Markenpräsenzen spielt nur eine untergeordnete Rolle. Wenn User eine Facebook-Seite einer Marke verfolgen, erwarten Sie neben der Bereitstellung von Informationen auch die Interaktion mit dem Anbieter. Tomorrow Focus Media hat in einer Studie zum Nutzungsverhalten von Facebook herausgefunden, dass an erster Stelle die Erwartung von Informationen und Neuigkeiten über die Marke oder das Produkt stehen, gefolgt von Inhalten, die durch den Anbieter selbst generiert werden. Gegenüber 2010 hat diese Erwartung sogar noch zugenommen. An dritter Stelle stehen der direkte Kontakt und die Interaktion mit dem Anbieter (Tomorrow Focus Media, 2012).

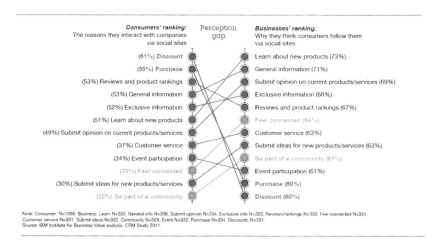

Abbildung 1: Perception Gap zwischen Erwartungen von Nutzern und Unternehmen (Baird/Parasnis 2010, 9).

Stellt man die Erwartungen von Unternehmen und Nutzern gegenüber, ergeben sich Diskrepanzen. Das IBM Institute for Business Value hat in seiner Studie von 2010 die Zielsetzungen von Marketing-Entscheidern und die Erwartungen der Nutzer an einen Social Media Auftritt erhoben und verglichen. Als Ergebnis zeigt sich, dass die Erwartungen in einigen Dimensionen deutlich divergieren. Während Unternehmen die Information über Produkte als am wichtigsten erachten, spielt diese in der IBM Studie bei den Nutzern nur eine untergeordnete Rolle (Baird/Parasnis, 2010).

Die Diskrepanz macht deutlich, dass vielen Unternehmen die Relevanz ihrer Angebote auf Facebook-Seiten nicht oder nur unzureichend bewusst sind. Aus diesem Grund wurde an der FH Wedel eine Studie mit der Zielsetzung durchgeführt, die Bedeutung der verschiedenen Angebote zu erfassen.

2 Bewertung der Facebook-Angebote – Ergebnisse der empirischen Erhebung

2.1 Erhebungsdesign

Um zunächst die Diskrepanz in der Wahrnehmung erklären zu können, wurden in einem ersten qualitativen Forschungsschritt Tiefeninterviews mit Facebook Nutzern und Experteninterviews mit Marketing-Entscheidern durchgeführt. Insgesamt wurden acht Marketing-Entscheider aus dem Bereich FMCG und Dienstleistungen zu ihren Zielsetzungen und Erwartungen an den Facebook-Auftritt ihrer Marke interviewt. Parallel wurden zehn Facebook-Nutzer, die bereits Fan von Unternehmens- oder Markenauftritten sind, anhand eines halbstrukturierten Leitfadens über die Motivation zur Nutzung von Facebook-Seiten befragt.

Auf Basis der Ergebnisse der Interviews wurden im Anschluss die Angebote auf Facebook-Präsenzen in einer quantitativen Erhebung mit Hilfe des Kano-Modells hinsichtlich ihrer Bedeutung bewertet. Die Befragung wurde als Online-Befragung mit einem standardisierten Fragebogen im Juni und Juli 2013 durchgeführt. Die Bewertung der Anforderungen wurde mit Hilfe des Kano-Modells vorgenommen. Insgesamt nahmen 275 Facebook-Nutzer im Alter von 15 bis 57 Jahren teil.

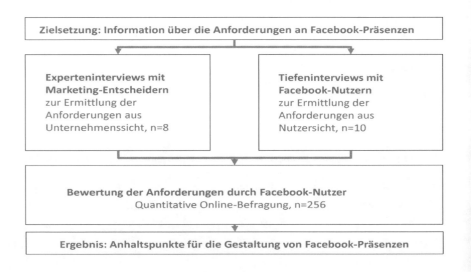

Abbildung 2: Erhebungsdesign der empirischen Studie

2.2 Das Kano-Modell

Dem Kano-Modell liegt die Motivationstheorie von Herzberg zugrunde, die zwischen Hygienefaktoren zur Beseitigung von Unzufriedenheit und Motivationsfaktoren zur Herstellung von Zufriedenheit unterscheidet. Kano unterscheidet zur Bedeutung von Leistungsanforderungen fünf Merkmale (Kano et al. 1984, Bailon et al. 1996):

- Basis-Merkmale: Kriterien, die grundlegend sind und bei Nichtvorhandensein zu Unzufriedenheit führen, bei Vorhandensein allerdings die Zufriedenheit nicht steigern (beim Auto beispielsweise der Außenspiegel)
- Leistungs-Merkmale: Eigenschaften, deren Vorhandensein die Zufriedenheit proportional steigen lässt (beim Auto beispielsweise die Motorleistung
- Begeisterungs-Merkmale: Eigenschaften, die nicht erwartet werden und durch ihr Vorhandensein besondere Begeisterung hervorrufen (beim Auto beispielsweise ein beheiztes Lenkrad)
- Indifferenz-Merkmale: Eigenschaften, die unwesentlich sind und durch ihr Vorhandensein weder Zufriedenheit noch Unzufriedenheit auslösen (beim Auto z. B. der Aschenbecher für Nichtraucher)
- Rückweisungs-Merkmale: Merkmale, die bei Vorhandensein zu Unzufriedenheit führen, bei Vorhandensein aber nicht zu Zufriedenheit (beim Auto beispielsweise Rost).

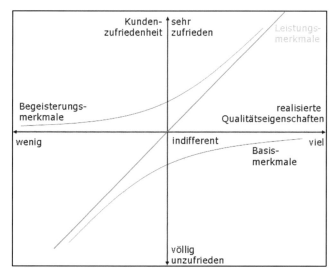

Abbildung 3: Das Kano-Modell (Trappatoni 2008)

Kano hat eine Befragungstechnik entwickelt, mit der jede Eigenschaft einem Merkmal zugeordnet werden kann. Dazu wird jeder Befragte aufgefordert, eine Eigenschaft zweimal zu bewerten, einmal in Hinsicht auf das Vorhandensein der Eigenschaft, einmal auf das Nichtvorhandensein (Kano et al. 1994).

2.3 Ergebnisse

Die explorative Vorstufe in Form der Tiefeninterviews ergibt zunächst, dass die Vorstellungen der Unternehmen und der Nutzer nicht so stark divergieren wie in der IBM-Studie von 2010. Allgemeine, aber auch exklusive Informationen über Produkte und Unternehmen stehen sowohl bei Unternehmen als auch bei Nutzern an erster Stelle. Die Begründung der Facebook-Nutzer für das Interesse an Informationen liegt vor allem darin, dass viel Zeit auf Facebook verbracht wird und daher Informationen leicht zugänglich sind. Ein wichtiger Aspekt für das Interesse an neuen Informationen ist auch der direkte Austausch mit Freunden und Bekannten über Neuigkeiten. Ebenfalls von Bedeutung ist die Benachrichtigung über Promotions und Events. Gegenüber der IBM-Studie hat sich das Bewusstsein von Unternehmen für die Bedeutung von Rabatten, Coupons und Sonderangeboten gesteigert. Hier spielt für die Nutzer eine wichtige Rolle, dass Preisnachlässe exklusiv für Nutzer der Facebook-Seite gewährt werden. Zusätzliche Serviceleistungen wie Beratung oder Beschwerdemanagement haben eher untergeordnete Bedeutung und werden auch teilweise kritisch beurteilt, weil sie häufig nicht gut umgesetzt werden.

Aus der qualitativen Forschungsstufe werden als wichtigste Eigenschaften von Facebook-Präsenzen ermittelt:

- Allgemeine Informationen über Unternehmen und Marke
- Information über Produkte und Services
- Gewinnspiele
- Rabatte und Coupons
- Information über Events
- Kundenservice

Diese sechs Eigenschaften werden mit Hilfe der Kano-Befragung im Rahmen der quantitativen Online-Befragung bewertet. Anhand des Kundenzufriedenheitskoeffizienten beziehungsweise Unzufriedenheitskoeffizienten werden die Eigenschaften in der folgenden Matrix dargestellt (Berger 1993). Anhand der Positionierung ergibt sich die Zuordnung zu den verschiedenen Kano-Merkmalen. Die

Größe der Kreise repräsentiert in Abbildung 4 die Wichtigkeit der Eigenschaften, die von den Teilnehmern zusätzlich direkt abgefragt wurde.

Es ist zunächst zu erkennen, dass alle Eigenschaften den Begeisterungsmerkmalen zugeordnet sind. Dieser Sachverhalt lässt sich damit erklären, dass keine Unzufriedenheit entsteht, wenn Merkmale nicht vorliegen, beispielsweise keine Gewinnspiele angeboten werden, es die Zufriedenheit aber erheblich steigern kann, wenn sie angeboten werden.

Da eine Differenzierung der verschiedenen Eigenschaften anhand der Ergebnisse nicht möglich ist, werden mit Hilfe einer hierarchischen Clusteranalyse verschiedener Nutzer-Type von Facebook-Präsenzen ermittelt. Als Ergebnis zeigen sich vier verschiedene Typen, die in Abbildung 5 dargestellt sind.

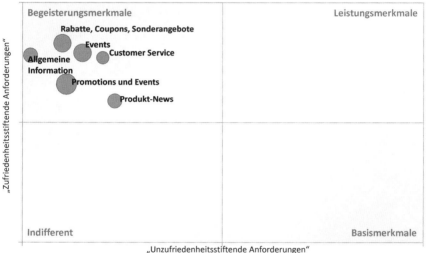

Abbildung 4: Positionierung der Eigenschaften nach ihrem Beitrag zur Kundenzufriedenheit (eigene Darstellung)

Die größte Nutzergruppe sind die „Indifferenten", die keine der Eigenschaften als zufriedenheitssteigernd ansehen und ausschließlich und mit geringer Ausprägung an Informationen zu den Unternehmen interessiert sind. Diese Gruppe wird mit Facebook-Aktivitäten schwer zu erreichen sein. Eine weitere Nutzergruppe sind die „echten Fans", die sowohl allgemeine Informationen als auch produktspezifische Informationen zu den Begeisterungsmerkmalen zählen. Eine für die Unternehmen interessante Gruppe sind die Begeisterten, die alle Angebote als echten Mehrwert ansehen und auf Marketing-Aktivitäten gut reagieren. Die „Schnäppchenjäger" hingegen sind ausschließlich an Discounts und Rabatten interessiert und mit weiteren Marketing-Aktivitäten nicht zu gewinnen.

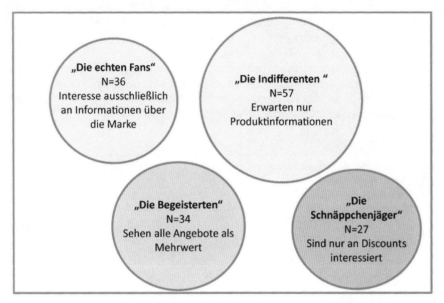

Abbildung 5: Nutzertypen von Facebook-Seiten (eigene Darstellung)

3 Fazit

Als Ergebnis der Studie ist festzuhalten, dass Angebote auf Facebook-Präsenzen von Unternehmen generell keine Standardanforderungen darstellen, Unternehmen aber mit dem Angebot auf Facebook Begeisterung auslösen können. Ein wichtiger Aspekt dabei ist, dass Nutzer sich nicht nur informieren, sondern auch austauschen möchten, die Interaktion sollte also nicht nur zum Unternehmen, sondern auch unter den Nutzern ermöglicht und stimuliert werden. Weiterhin ist bei der Bereitstellung von Informationen von Bedeutung, dass auf der Facebook-Präsenz auch exklusive Informationen zur Verfügung gestellt werden. Die ermittelten Nutzertypen können je nach Zielsetzung der Facebook-Seite mit unterschiedlichen Angeboten gewonnen werden. Insgesamt zeigen die Ergebnisse der Studie, dass die Erwartungen der Nutzer und der Marketing-Entscheider sich bereits stark angenähert haben. Auf dieser Basis können mit weiteren Social-Media-Aktivitäten dem Nutzer Mehrwerte für eine stärkere Kundenbindung aufgebaut werden.

Literatur

Bailon, F./Hinterhuber, H./Matzler, K./Sauerwein, E. (1996): Das Kano-Modell der Kundenzufriedenheit, Marketing ZFP, Nr. 2, 117-126.
Baird, C./Parasnis, G. (2010): From social media to Social CRM, IBM Institute for Business Value, Somers, N.Y.
Berger, C./Blauth, C. R./Boger, D. (1993): Kano's Model for Understanding Customer-defined Quality, Center for Quality Management Journal, Special Issue, Vol. 4, No. 2, 3-35.
Bernecker, M./Beilharz, F. (2011): Social Media Marketing, Köln: Johanna-Verlag.
Burson-Marsteller (2012): The Global Social Media Check-up, http://sites.bursonmarsteller.com/social/Presentation.aspxDIM, abgerufen am 31.10.2013.
BVDW: Einsatz von Social Media in Unternehmen – 2. Erhebungswelle (2012).
DIM – Deutsches Institut für Marketing (2012): Social Media Marketing in Unternehmen, http://www.marketinginstitut.biz/media/studie_dim_-_social_media_marketing_in_unternehmen_2012_121121.pdf, abgerufen am 31.10.2013.
Kano, N./Seraku, N./Takahashi, F./Tsuji, S. (1984): Attractive Quality and Must-Be Quality, The Journal of Jaoanese Society for Quality Control, April 1984, 39-48.
Modjbafan, S. (2013): Expectations on Facebook Fan Pages, Master Thesis, FH Wedel.
Trappatoni (2008): Kano-Modell, http://de.wikipedia.org/wiki/Datei:Kano_Modell_allgemein.png, abgerufen am 31.10.2013.

Die Autorin

Dr. Heike Jochims (bis zum Erscheinungstermin voraussichtlich Prof. Dr. Heike Jochims, der Professorentitel wurde im November beim Kultusministerium beantragt) ist Dozentin für Marketing an der Fachhochschule Wedel. Vor der Übernahme der Marketing-Professur im Oktober 2012 war sie mehrere Jahre im Konsumgütermarketing, in der Marktforschung und der Marketing-Beratung tätig.

Kontakt

Dr. Heike Jochims
FH Wedel Gemeinnützige Schulgesellschaft mbH
Feldstraße 143
22880 Wedel
hjo@fh-wedel.de

Identifikation von Meinungsführern in Social Media
Konzeption eines Matching- und Automatisierungsansatzes zur Meinungsführeridentifikation in Social Media

Anke Hauptmann

Inhalt

1	Word of Mouth und Social Media	78
2	Identifikation von Communities	79
3	Identifikation von Meinungsführern	80
3.1	Eigenschaften von Meinungsführern	80
4	Ansatz eines Matchings von Indikatoren	87
4.1	Anwendung des Matchings am Beispiel „Runtastic"	89
4.2	Auswertung des Matchingansatzes	91
5	Konzept zur Semi-Automatisierung	91
5.1	Betrachtung der Kennzahlen zur Meinungsführer- und Community-Identifikation in Bezug auf mögliche Semi-Automatisierung	91
5.2	Semi-Automatisierung des vorgeschlagenen Matching-Konzepts zur Meinungsführer- und Community-Identifikation	93
6	Zusammenfassung und Ausblick	95

Literatur ... 96
Anlagen ... 99
Die Autorin ... 103
Kontakt ... 103

Management Summary

> Meinungsführer spielen eine entscheidende Rolle bei der Informationsdiffusion. Daher ist eine gezielte Ansprache von Meinungsführern und demnach auch deren Identifikation erstrebenswert. Der vorliegende Beitrag geht auf dieses Thema näher ein. Es wird ein Matchingansatz vorgestellt, welcher Community- mit Meinungsführer-Identifikation verbindet. Zudem werden mögliche Automatisierungen der Identifikationsprozesse vorgestellt.

1 Word of Mouth und Social Media

Word-of-Mouth[1] hat erwiesenermaßen einen großen Einfluss auf das Konsumentenverhalten. (vgl. Bayus, 1985 und Fong/Burton, 2006) Auch online in Social Media[2] spielt Word-of-Mouth eine große Rolle. So werden zahlreiche Informationen in Netzwerken, wie beispielsweise Facebook, verbreitet und Einfluss auf das Konsumentenverhalten genommen. Auch in kleineren Gruppen, den Online-Communities, ist dieser Einfluss zu beobachten (vgl. Ghosh/Lerman, 2010, S. 22-23). In sozialen Netzwerken und in Communities gibt es einzelne Nutzer, die einen größeren Einfluss auf andere nehmen. Diese Nutzer werden als Meinungsführer bezeichnet (vgl. Lyons/Henderson, 2005, S. 320), welcher durch die Two-Step-Flow-Theorie von Lazarsfeld[3] begründet wurde (vgl. Rossmann/Sonntag, 2013, S. 162). Meinungsführerschaft ist aber keine Eigenschaft sondern vielmehr eine graduell ausgeprägte Verhaltensform, welche durch Kommunikationsprozesse initiiert wird (vgl. Dressler/Telle, 2009, S. 13). Auch Meinungssuchende spielen dabei eine große Rolle (vgl. Dressler/Telle, 2009, S. 63).

Aus betriebswirtschaftlicher Sicht kann durch die gezielte Ansprache von Meinungsführern und Communities ein großer Mehrwert generiert werden. So könnten Informationen und Werbung effektiv und kostengünstig verbreitet werden (vgl. Cha/Haddadi/Benevenuto/Gummandi, 2010, S. 15) sowie das Wissen über die Nutzung eines Produktes oder Services von Meinungsführern und Communities in die Wertschöpfungsprozesse mit einbezogen werden (vgl. Heidemann, 2010: S. 268-269).

---

1   Word-of-Mouth: Austausch von Informationen durch direkte Kommunikation zwischen Individuen (vgl. Bayus, 1985, S. 31)
2   Social Media [Soziale Medien]: internetbasierte Anwendung zur Erstellung und Austausch von Inhalten (vgl. Atzmueller, 2012, S. 132)
3   Two-Step-Flow-Theorie: Informationen werden durch Massenmedien an einzelne Personen und durch diese, an deren Netzwerk verbreitet.

Im Folgenden werden kurz das Community- und eingehend das Meinungsführerkonzept vorgestellt. Da bisher die Identifikation von Meinungsführern und Communities getrennt betrachtet wurde, was aufgrund des Big-Data-Problems uneffektiv erscheint, wird anschließend eine übergreifende Identifikation mittels eines Matchings vorgestellt. Zudem sind einige Identifikationsprozesse nur manuell durchführbar, was einen hohen Zeitaufwand zur Folge hat. Daher wird auch auf mögliche Automatisierungen eingegangen.

2 Identifikation von Communities

Da zur Identifikation von Communities, eine genaue Definition erforderlich ist, variieren die Methoden und Kennzahlen zur Lokalisierung der Communities stark (vgl. Budak/Agrawal/Abbadi, 2010, S. 3-4). Es existieren zahlreiche Community-Definitionen. Hier wird unter einer Community eine dicht verbunden Gruppe innerhalb eines sozialen Netzwerkes verstanden, welche durch ähnliche Interessen, Bedürfnisse und Ziele entsteht (vgl. Atzmueller, 2012, S. 133).

Eigenschaften von Communities

Zu den Eigenschaften von Communities zählen neben einem gemeinsamen Interesse, ein gemeinsames Ziels oder eine gemeinsame Aktivität der Mitglieder (vgl. Atzmueller, 2012, S. 133), eine hohe Interaktion (vgl. Reichelt, 2013, S. 57) sowie eine hohe Beziehungsstärke zwischen den Mitgliedern (vgl. Reichelt, 2013, S. 57-60). Größe, welche geringer ist als die eines Netzwerkes, (vgl. Reichelt, 2013, S. 57-60), Dichte (vgl. Atzmueller, 2012, S. 133) sowie Gruppendynamik (vgl. Shen, 2013, S. 11) zählen auch zu den wesentlichen Charakteristiken. Weitere Merkmale einer Community sind Skalenfreiheit (vgl. Heidemann, 2010, S. 265), eine Zugangsbarriere, welche verschiedene Formen haben kann (vgl. Mühlenbeck/ Skibicki, 2008, Systematisierung von Communities), einen Grad der Zentralität (vgl. Reichelt, 2013, S. 60 und Huffaker, 2010, S. 596), Transparenz (vgl. Heidemann, 2010, S. 265), Anonymität der Nutzer (vgl. Stieglitz, 2008, S. 73), Regeln, gesetzlicher, formeller (vgl. Stieglitz, 2008, S. 74) sowie informeller Natur (vgl. Reichelt, 2013, S. 62-63), Formen der technischen Instrumente, die in der Plattform integriert sind (vgl. Reichelt, 2013, S. 59), sowie Ausprägung von Kommerzialität, Professionalität und sozialer Orientierung (vgl. Stieglitz, 2008, S. 77-82).

Kennzahlen zur Community-Identifikation und –Analyse

Es gibt zahlreiche Ansätze verschiedener Forschungsrichtungen, das Problem der Community-Identifikation zu lösen (vgl. Shen, 2013, S. 19). Hierbei wurde sich aber zumeist auf eine statische Netzwerkstrukturen bezogen (vgl. Shen, 2013, S. 10). Wesentliche Kennzahlen der Community-Identifikation sind Größe (vgl. Reichelt, 2013, S. 59), Inclusiveness (vgl. Scott, 2012, S. 43), Randic Connectivity (vgl. Bodendorf/Kaiser, 2010, S. 127-128), der Clustering-Koeffizient (vgl. Goldberg/Kelley/Magdon-Ismail/Mertsalov/Wallace, 2010, S. 43), Dichte (Density) (vgl. Scott, 2012, S. 39), Zentralität (vgl. Scott, 2012, S. 44) und Closeness Zentralisation (vgl. Bodendorf/Kaiser, 2010, S. 127-128).

3 Identifikation von Meinungsführern

Um Meinungsführer in sozialen Netzwerken identifizieren zu können, wurde eine Vielzahl von Kennzahlen entwickelt, welche sich auf deren spezifische Eigenschaften beziehen und unterschiedlich in ihrer Effizienz und Aussagekraft sind. Bevor jedoch die Kennzahlen von Meinungsführerschaft betrachtet werden können, müssen zunächst die Eigenschaften von Meinungsführern ermittelt werden.

3.1 Eigenschaften von Meinungsführern

Meinungsführerschaft wird durch den bewirkten Einfluss definiert. Dieser Einflussreichtum ist jedoch stark abhängig vom sozialen Umfeld und den Eigenschaften, die einer Person eine Meinungsführerschaft ermöglichen. (vgl. Dressler/Telle, 2009, S. 58-59) Da ein Meinungsführer als eine glaubwürdige Informationsquelle angesehen wird, (vgl. Dressler/Telle, 2009, S. 60) ist ein gewisser Grad an Expertise eine entscheidende Eigenschaft. Diese Expertise steht aber nicht im Zusammenhang mit einem tatsächlich hohen Wissensstand, (vgl. Trepte/Boecking, 2009, S. 456-457) vielmehr wird dieser vom Meinungsführer selbst (vgl. Trepte/ Boecking, 2009, S. 448) und seinem Umfeld angenommen (vgl. Weimann/Tustin/van Vuuren/Joubert, 2007, S. 176). Um Expertise erfolgreich zu suggerieren oder um tatsächlich Experte auf einem Gebiet zu sein, ist ein Interesse für dieses Gebiet (vgl. Shah/Scheufele, 2006, S. 4) sowie eine Informiertheit zum betreffenden Thema (vgl. Dressler/Telle, 2009, S. 133) elementar. Häufig weisen Meinungsführer auch ein langfristiges Involvement auf, (vgl. Schenk, 2007, S. 383) was dazu führt, dass sie eine erhöhte Bereitschaft haben, das Wissen hinsichtlich dieses Themas zu vertiefen und es zu verbreiten (vgl. Trommsdorff, 2002, S. 36).

Zudem führt ein hohes Involvement auch zu einer systematischeren Informationssuche und einer tieferen Informationsverarbeitung (vgl. Dressler/Telle, 2009, S. 132). In manchen Bereichen, beispielsweise für kulturelle Dienstleistungen, ist Erfahrung eine essenzielle Eigenschaft (vgl. Dressler/Telle, 2009, S. 53). Um als kompetente Ratgeber wahrgenommen werden zu können, weisen Meinungsführer Hilfsbereitschaft (vgl. Dressler/Telle, 2009, S. 23), Glaubwürdigkeit (vgl. Dressler/Telle, 2009, S. 138) und Vertrauenswürdigkeit (vgl. Huffaker, 2010, S. 596) auf. Die wahrgenommene Expertise sowie die Glaubwürdigkeit eines Meinungsführers hängen stark von seinen Sprachfertigkeiten ab. Daher sind Meinungsführer meist sehr sprachgewandt, was sich beispielsweise in einem reichen Wortschatz und einer ausdrucksstarken Sprache äußert (vgl. Huffaker, 2010, S. 598).

Ein weiteres wesentliches Merkmal von Meinungsführern, auf welches sich zahlreiche Kennzahlen stützen, ist ihre Aktivität. Meinungsführer sind sozial aktiver als andere, was sich in einer höheren Präsenz und Erreichbarkeit, (vgl. Dressler/Telle, 2009, S. 130) aber auch in einer höheren Beteiligung an sozialen Projekten äußert (vgl. Weimann/Tustin/van Vuuren/Joubert, 2007, S. 176). Eigenschaften von Meinungsführern, die mit dieser sozialen Aktivität im Zusammenhang stehen, sind Kommunikationsfreude, Geselligkeit und Soziabilität (vgl. Huffaker, 2010, S. 595). Diese sozialen Kompetenzen führen unter anderem dazu, dass Meinungsführer beliebter sind als andere Nutzer, also mehr Kontakte haben (vgl. Huffaker, 2010, S. 596) und zentraler in der Community bzw. dem Netzwerk positioniert sind (vgl. Kim, 2007, S. 18-20). Sie erhalten viel Anerkennung (vgl. Asur/Galuba/Huberman/Romero, 2010, S. 1), haben eine starke Ausstrahlung (vgl. Dressler/Telle, 2009, S. 23) und erlangen so das Prestige (vgl. Li/Du, 2011, S. 190) eines Meinungsführers. Außerdem sind Meinungsführer persönlichkeitsstark, was impliziert, dass sie durchsetzungsfähig, selbstsicher bzw. selbstbewusst und verantwortungsbewusst sind. Es wurde nachgewiesen, dass Personen mit ausgeprägter Persönlichkeitsstärke ebenso emotional stabiler sind als andere. Desweiteren verfügen sie über eine optimistische Lebenseinstellung und persönliche Zufriedenheit. (vgl. Dressler/Telle, 2009, S. 141-142)

Kerneigenschaft von Meinungsführerschaft ist auch die Neigung zur öffentlichen Individuation. Das bedeutet, dass sich der Meinungsführer differenzierter sieht und sich abheben möchte. Durch die Neigung zur öffentlichen Individuation ist es dem Meinungsführer möglich, seine Ansichten und Meinungen zu vertreten trotz Angst vor einer möglichen Isolation (vgl. Dressler/Telle, 2009, S. 141). Darüber hinaus sind Meinungsführer meist innovativer als andere (vgl. Kim, 2007, S. 18-20), was durch Neugier und zeitiges Adoptionsverhalten geprägt sein kann (vgl. Lyons/Henderson, 2005, S. 325). Zudem sind Meinungsführer abenteuerlustiger, risikoaffiner, weniger dogmatisch (vgl. Dressler/Telle, 2009, S. 141-142) und kosmopolitischer als andere (vgl. Chan/Misra, 1990, S. 55). Alle Eigenschaften variieren in ihrer Ausprägung, abhängig von der Gruppe und dem Bereich der Meinungsführerschaft. Besonders stark variiert die Ausprägung der Eigenschaften in Bezug auf öffentliche Individuation, Innovationsfreude und zeitiges Adoptionsverhalten, da diese in hohem Ausmaß von der Gruppennorm beeinflusst sind. So wird beispielsweise in traditionellen Gruppen nur ein geringer Grad dieser Eigenschaften geduldet. Es ist demnach entscheidend, dass ein Meinungsführer sich normenkonform in einer Gruppe verhält, um Einfluss in dieser zu haben (vgl. Dressler/Telle, 2009, S. 139-140). In solchen Gruppen werden Personen wahrscheinlicher zu Meinungsführern, wenn sie der Gruppennorm überdurchschnittlich stark entsprechen, da die Meinungsführerposition abhängig vom Grad der Integration in die Gruppe ist (vgl. Dressler/Telle, 2009, S. 140).

Viele Forschungen belegen, dass Meinungsführern keine spezifischen soziodemographischen Eigenschaften zugeschrieben werden können (vgl. Dressler/Telle, 2009, S. 129). Dennoch gibt es vereinzelt Nachweise dafür, dass bei spezialisierter Meinungsführerschaft in manchen Themengebieten soziodemographische Tendenzen, wie Geschlecht, Status, Bildungsstand und Alter, identifiziert werden können (vgl. Chan/Misra, 1990, S. 55). Ebenso wie demographische Faktoren zwischen Meinungsführern stark variieren können, sind auch in allen sozialen Schichten (vgl. Dressler/Telle, 2009, S. 146) sowie bei unterschiedlichem sozialen Status Meinungsführer zu finden. Dabei ist jedoch der soziale Status meist höher als der der Meinungssuchenden (vgl. Kim, 2007, S. 18-20). Die Einflusswirkung von Meinungsführern verläuft meist horizontal in einer Schicht (vgl. Schenk, 2007, S. 383-384). Ein vertikaler Einflussverlauf tritt eher selten auf und findet vorwiegend bei spezialisierter Meinungsführerschaft statt (vgl. Dressler/Telle, 2009, S. 67). Durch das häufig auftretende Statusgefälle zwischen Meinungsführern und Meinungssuchenden verläuft hier der Einfluss zumeist vertikal (vgl. Dressler/Telle, 2009, S. 131).

Kennzahlen zur Identifikation von Meinungsführern

Die Kennzahlen zur Meinungsführeridentifikation kann man in quantitative und qualitative Kennzahlen einteilen, wobei quantitative Kennzahlen mathematisch berechnet und qualitative Kennzahlen durch Beschreibung und Befragung erfasst werden müssen. Im Folgenden werden verbreitete quantitative und qualitative Kennzahlen aufgeführt.

Quantitative Kennzahlen zur Meinungsführeridentifikation

Die meisten quantitativen Kennzahlen beziehen sich auf einige wenige Eigenschaften von Meinungsführerschaft: Aktivität, Beliebtheit, Einfluss, Expertise und Netzwerk- bzw. Communityposition.

Im Zusammenhang mit der Aktivität eines Nutzers sind die Kennzahlen Anzahl von Logins in einem Zeitintervall und Onlinezeit weit verbreitet. Meinungsführer loggen sich häufiger auf ihr Profil ein und sind länger online als andere Nutzer (vgl. Lyons/Henderson, 2005, S. 325). Ebenso bekannt ist die Anzahl von Posts bzw. Artikeln (vgl. Agarwal/Liu/Tang/Yu, 2008, S. 209) und die Anzahl von gesendeten Nachrichten, welche auch Outdegree-Zentralität genannt wird. Eine hohe Outdegree-Zentralität eines Nutzers impliziert auch, dass dieser öfter Gelegenheit hat, Einfluss zu nehmen (vgl. Afrasiabi Rad/ Benyoucef, 2011, S. 232). Wird die Outdegree-Zentralität mit der Indegree-Zentralität, also der Anzahl aller eingehenden Aktionen anderer Nutzer, kombiniert, ergibt sich die Degree-Zentralität (vgl. Bodendorf/Kaiser, 2010, S. 127) oder auch der Connected Degree (vgl. Ning/Yijun/Ruya/Qianqian, 2012, S. 485), mit deren Hilfe Aussagen über das Ausmaß der Aktivitäten eines Nutzers getroffen werden können (vgl. Bodendorf/Kaiser, 2010, S. 127 und Ning/Yijun/Ruya/Qianqian, 2012, S. 485). Mitunter wird unter der Degree-Zentralität aber auch eine andere Kennzahl angeführt, die sich auf die Beliebtheit eines Nutzers bezieht (vgl. Jonnalagadda/Peeler/Topham, 2012, S. 7). Indirekt durch die Degree-Zentralität (vgl. Vilpponen/Winter/Sundquist, 2006, S. 66-67) oder direkt mittels der Anzahl von Logins in einem Zeitraum kann das Aktivitätslevel eines Nutzers berechnet werden (vgl. Trusov/Bodapati/Bucklin, 2010, S. 644), welches ebenso ein Indikator für Meinungsführerschaft sein kann. In Communities ist der Beteiligungszeitraum eines Nutzers ein Indikator für hohe Interaktion. Dieser wird durch die erste und letzte Nachricht an eine Gruppe in Tagen gemessen (vgl. Huffaker, 2010, S. 601). Ein langer Beteiligungszeitraum mit einer hohen Anzahl von Posts kann Meinungsführerschaft bedeuten.

Zu den bekanntesten Kennzahlen in sozialen Netzwerken gehört die Anzahl von Followern oder auch Freunden. Sie bezieht sich auf die Beliebtheit eines Nutzers (vgl. Hajian/White, 2011, S. 498-499). In Bezug auf das Netzwerk Twitter ist diese Kennzahl als Indegree-Influence bekannt. Daneben wurden auch die Retweet-Influence zur Messung der Popularität eines Nutzers auf Twitter entwickelt. Diese misst die Anzahl der Retweets, die den Namen eines Nutzers enthalten. Die Mention-Influence, ermittelt die Anzahl der Erwähnungen des Namens eines Nutzers in Posts anderer Nutzer (vgl. Cha/Haddadi/Benevenuto/Gummadi, 2010, S. 12). Die Degree-Zentralität, welche hierbei durch die Anzahl aller Nutzer, welche direkt mit einem Nutzer verbunden sind, berechnet wird, ist ebenso eine häufig genutzte Kennzahl, um beliebte Nutzer zu identifizieren (vgl. Jonnalagadda/Peeler/Topham, 2012, S. 7). Zur Bestimmung der Beliebtheit eines Blogs oder einer Webseite, kann die Anzahl der Aufrufe bzw. Klicks und Anzahl von Kommentaren ermittelt werden (vgl. Li/Du, 2011, S. 193). Eine weitere Möglichkeit zur Bestimmung der Popularität einer Seite oder eines Blogs ist die Kennzahl Blog- bzw. Seitenpräferenz, welche beispielsweise durch die Anzahl von Freunden oder Followern gemessen werden kann (vgl. Li/Du, 2011, S. 191-192). Wesentlich bekannter ist jedoch die Methode und Popularitätskennzahl PageRank, welche von Page et al. entwickelt wurde. Mittels dieser Methode werden Seiten anhand der Verlinkungen zu dieser Seite und der Popularität dieser Webseiten klassifiziert (vgl. Zhang/Ackermann/Adamic, 2007, S. 224). Der PageRank-Algorhithmus wurde bereits oft modifiziert, wie beispielsweise bei der Methode GlobalPR zur Bestimmung eines Meinungsführerwerts. Hierbei wird die Anzahl von Followern und deren Beliebtheit berechnet (vgl. Zhongwu/Hua/Peifa, 2008, S. 399). Da Beliebtheit nicht mit Einfluss korreliert, geben diese Kennzahlen lediglich Auskunft über den Bekanntheitsgrad eines Nutzers und nicht über eine Meinungsführerschaft (vgl. Hajian/White, 2011, S. 498-499). Demnach müssen Meinungsführer nicht zwangsläufig einen hohen Grad an Beliebtheit innehaben. Jedoch ist es für Marketingmanager effizienter, wenn sie sich an Meinungsführer mit einem hohen Bekanntheitsgrad und somit einer hohen Reichweite wenden (vgl. Cha/Haddadi/Benevenuto/Gummadi, 2010, S. 15).

Der Einflussreichtum kann unter anderem durch die Anzahl von Inlinks ermittelt werden. Inlinks sind Links oder Erwähnungen eines Posts in anderen Posts (vgl. Agarwal/Liu/Tang/Yu, 2008, S. 209). Bildet man die Differenz von der Anzahl der Inlinks und der Anzahl von Outlinks, also der Menge an Links oder Erwähnungen anderer Posts in einem Post (vgl. Agarwal/Liu/Tang/Yu, 2008, S. 209), so ermittelt man die Kennzahl InfluenceFlow. Je höher hierbei die Anzahl von Inlinks ist, desto einflussreicher ist der Post bzw. dessen Autor. Ist aber die Anzahl von Outlinks hoch, so sind die Neuartigkeit und der Einfluss eines Posts gering (vgl. Agarwal/Liu/Tang/Yu, 2008, S. 210). Der modifizierte Hirsch-Index berechnet den Einfluss eines Nutzers in Twitter, indem die Anzahl aller retweeteten Posts ins Verhältnis zu allen Retweets dieser Posts gesetzt wird. Eine weitere Modifizierung ist die Ermittlung des Opinion Rank Scores. Es handelt sich um eine Modifizierung des PageRank-Algorithmus, welcher hier OpinionRank genannt wird und Nutzer anhand ihres Einflusses klassifiziert (vgl. Zhou/Zeng/Zhang, 2009, S. 267). Die Kennzahl Influence-Rank bemisst sich durch die Anzahl von Kontakten zu anderen einflussreichen Nutzern. Der Nutzer, welcher den höchsten Influence-Rank innehat, wird als Meinungsführer angesehen (vgl. Hajian/White, 2011, S. 499-500). Eine weitere Kennzahl, die den Einflussreichtum eines Nutzers bestimmt, ist der Beeinflussbarkeitsscore. Es wird davon ausgegangen, dass Nutzer, welche sehr beeinflussbar sind, selbst nur einen geringen Einflussreichtum aufweisen. Die Berechnung des Beeinflussbarkeitsscores erfolgt durch das Verhältnis von beeinflussten Aktivitäten eines Nutzers zu allen Aktivitäten eines Nutzers. Meinungsführer weisen einen geringen Beeinflussbarkeitsscore auf (vgl. Goyal/Bonchi/Lakshmanan, 2008, S. 4). Die Beeinflussbarkeit kann aber auch durch die Anzahl von Outlinks bestimmt werden (vgl. Budak/Agrawal/Abbadi, 2010, S. 5).

Der Expertise-Rank, eine Modifizierung des PageRank-Algorithmus, ordnet Nutzern eine gewisse Expertise zu und klassifiziert sie danach. Der Expertise-Rank basiert auf der Annahme, dass, wenn ein Nutzer B in der Lage ist, eine Frage von Nutzer A zu beantworten und Nutzer C eine Frage von Nutzer B beantworten kann, Nutzer C dann den höchsten Grad an Expertise aufweist (vgl. Zhang/Ackermann/Adamic, 2007, S. 225). Dieser Mechanismus schnitt bei Effizienztests am besten ab (vgl. Zhang/Ackermann/Adamic, 2007, S. 229). Der Leader-Rank basiert ebenfalls auf dem PageRank-Algorithmus, welcher neben einer ähnlichen Annahme wie beim Expertise-Rank auch die Attitüde der Nutzer betrachtet. Zudem handelt es sich um einen interessenbasierten PageRank-Algorithmus (vgl. Xiao/Xia, 2010, S. 1066). Eine weitere Möglichkeit Experten zu identifizieren, bietet die HITS-Methode (HITS = Hypertext Induced Topic Selection). Diese Methode ermittelt Experten anhand der Kennzahlen Autoritätsscore und Hubscore. Der Autoritätsscore wird hierbei durch die Anzahl von Nutzern ermittelt, denen ein Nutzer geholfen hat. Der Hubscore hingegen besteht aus der Anzahl von Nutzern, die einem Nutzer geholfen haben (vgl. Zhang/Ackermann/Adamic, 2007, S. 225). Der Z-Score ist eine ebenso effiziente Variante Experten zu identifizieren (vgl. Zhang/Ackermann/Adamic, 2007, S. 229). Er stellt ein Verhältnis zwischen der Anzahl an Antworten zur Anzahl an Fragen her, welches zusammen mit dem wahrscheinlichen Postverhalten des Standardzufallsnutzers einen Richtwert ergibt. Der berechnete Z-Score eines Nutzers gibt an, inwiefern der Nutzer vom Verhalten des Standardzufallsnutzers abweicht. Diese Kennzahl kann durch die Integration der Anzahl an Nutzern, denen ein Nutzer geantwortet hat, sowie der Anzahl von Nutzern, die einem Nutzer geantwortet haben, ergänzt werden (vgl. Zhang/Ackermann/Adamic, 2007, S. 224).

Die bekanntesten Kennzahlen zur Identifizierung von Meinungsführern, die sich auf deren Netzwerkposition beziehen, sind die Zentralitätskennzahlen Betweenness-Zentralität, Closeness-Zentralität, Eigenvektor-Zentralität und Informations-Zentralität (vgl. Borgatti, 2005, S. 56). Die Betweenness-Zentralität beschreibt die Wichtigkeit eines Nutzers als Verbindungspunkt für das Netzwerk (vgl. Jonnalagadda/Peeler/Topham, 2012, S. 7) und gibt an, inwieweit er durch seine

Position im Netzwerk Kontrolle auf den Informationsfluss ausüben kann (vgl. Huffaker, 2010, S. 601). Faktisch determiniert eine hohe Betweenness-Zentralität, dass der Nutzer eine Brückenfunktion im Netzwerk hat und die Verbindung zwischen zwei Gruppen bildet (vgl. Huffaker, 2010, S. 597, S. 601). Die Closeness-Zentralität beschreibt hingegen die Nähe eines Nutzers zu allen anderen Nutzern anhand der Weglängen (vgl. Bodendorf/Kaiser, 2010, S. 127). Dieser Wert gibt demnach an, inwieweit sich ein Nutzer im Zentrum eines Netzwerkes befindet und zeigt somit auch die Wichtigkeit eines Nutzers für seine Community (vgl. Jonnalagadda/Peeler/Topham, 2012, S. 7). Meinungsführer weisen daher meist eine hohe Closeness-Zentralität auf. Sowohl Betweenness-Zentralität als auch Closeness-Zentralität sind aber bezüglich der tatsächlich ablaufenden Kommunikationsprozesse nicht aussagekräftig (vgl. Bodendorf/Kaiser, 2010, S. 127). Die Eigenvektor-Zentralität betrachtet die Anzahl der Kontakte und deren Menge an Kontakten in Form von direkten Verbindungen wie Freunden oder Followern. Somit beschreibt diese Zentralitätskennzahl die Wichtigkeit eines Nutzers für das Netzwerk am besten. Unter den Zentralitätskennzahlen ist die Informations-Zentralität diejenige, welche am deutlichsten die Wichtigkeit eines Nutzers für die Kommunikationsprozesse eines Netzwerkes umreißt (vgl. Latora/Marchiori, 2007). Eine weitere Netzwerk- und Community-Kennzahl ist der Clustering-Wert. Dieser beschreibt die Nähe eines Nutzers zu anderen Nutzern im Netzwerk und bezieht dabei die tatsächlichen Kommunikationsprozesse mit ein. Er wird unterteilt in einen eingehenden und einen ausgehenden Clustering-Wert. Ersterer wird durch die Anzahl von Nachrichten bestimmt, die einem Nutzer übermittelt werden, letzterer ermittelt dementsprechend die Anzahl von Nachrichten, die ein Nutzer an andere Nutzer sendet. Folglich impliziert ein hoher ausgehender Clustering-Wert eine gesteigerte Aktivität eines Nutzers und somit auch ein erhöhtes Potenzial Einfluss zu nehmen (vgl. Afrasiabi Rad/ Benyoucef, 2011, S. 232-233). Die Verbindung zwischen zwei Nutzern kann durch die Verbindungsstärke (link strength) beschrieben werden und somit eine Freundschaft ermitteln. Hierfür werden alle Zwei-Weg-Interaktionen berechnet. Diese Kennzahl kann durch die Einbeziehung der Indegree- und Outdegree-Zentralität verbessert werden (vgl. Afrasiabi Rad/ Benyoucef, 2011, S. 232).

Qualitative Kennzahlen zur Meinungsführeridentifikation

Die Beziehung zwischen zwei Nutzern wird durch die Bindungsstärke (tie strength) und die Homophilie, also deren Ähnlichkeit, ermittelt. Beide Kennzahlen können sowohl quantitativ (vgl. Li/Du, 2011. S. 192-193) als auch qualitativ ermittelt werden. Zur qualitativen Ermittlung werden beide Nutzer um eine Beziehungseinschätzung verschiedener Attribute auf einer Skala mit fünf Einteilungen von schwach zu stark gebeten (vgl. Vilpponen/Winter/Sundquist, 2006, S. 69-70). Indirekt über die Analyse der Sprachfertigkeit können auch Rückschlüsse auf die Expertise und Blogqualität gezogen werden. Dazu werden die Kennzahlen Lesefluss, rhetorische Fähigkeiten und Vokabelnutzung verwendet (vgl. Agarwal/Liu/Tang/Yu, 2008, S. 210). Hierbei werden alle drei Kennzahlen durch eine Bewertung ermittelt und eingestuft.

Um das Adaptionsverhalten eines Nutzers zu analysieren, wird die Kennzahl Adaptionshistorie ermittelt. Diese kann Aufschluss über zeitige Adaption sowie indirekt über Innovationsfreude eines Nutzers geben (vgl. Lyons/Henderson, 2005, S. 325). Die Persönlichkeitsstärke eines Nutzers, welche Eigenschaften wie Durchsetzungsfähigkeit, Selbstsicherheit, Selbstbewusstsein und Verantwortungsbewusstsein beinhaltet (vgl. Dressler/Telle, 2009, S. 141-142), kann mittels einer Befragung untersucht werden. Dabei werden die Fragen entsprechend gewichtet. Der aus den Antworten resultierende Zahlenwert beschreibt die Persönlichkeitsstärke einer Person und das daraus entstehende Potenzial einer Meinungsführerschaft (vgl. Weimann/Tustin/van Vuuren/Joubert, 2007, S. 178-179). Es wurde allerdings herausgefunden, dass diese Methode nur in westlichen, modernen Communities anwendbar ist (vgl. Weimann/Tustin/van Vuuren/Joubert, 2007, S. 183).

4 Ansatz eines Matchings von Indikatoren

Das Matching, also die Verknüpfung der Indikatoren für Meinungsführerschaft und für Communities, ist ein wesentlicher Schritt, um effektiv Meinungsführer und Communities zu identifizieren. Es gibt viele Möglichkeiten, die Kennzahlen miteinander zu matchen. Eine Möglichkeit wäre beispielsweise ein Matching der relevanten Kennzahlen der Community- und Meinungsführeridentifikation mit gleichen Variablen, sodass der Datenumfang deutlich geringer ist und damit auch eine schnellere Berechnung und Auswertung möglich wäre.

Es ist sinnvoll, das Matching an die jeweilige Problemstellung anzupassen. Eine betriebswirtschaftliche Problemstellung könnte sein, ein Produkt oder eine Marke innerhalb einer Community über Meinungsführer zu verbreiten. Das Produkt oder die Marke weisen Eigenschaften auf, aus denen es zuerst eine Zielgruppe zu ermitteln gilt. Ausgehend von den Eigenschaften dieser Zielgruppe können dann die relevanten Merkmale der interessanten Meinungsführer und Communities bestimmt werden. Zudem muss ein Matching der Eigenschaften von Communities mit denen der Meinungsführer durchgeführt werden. Anhand dieses Eigenschaften-Matchings könnten dynamisch je nach Art des Produktes oder der Marke wesentliche Eigenschaften identifiziert werden. Daraufhin können Kennzahlen, welche Indikatoren für jene festgelegten Eigenschaften sind, zur Identifikation von geeigneten Meinungsführern und geeigneten Communities gefunden, berechnet und ausgewertet werden. Die ermittelten Kennzahlen sollten für die Beschreibung der identifizierten Eigenschaften im jeweiligen Anwendungsfall besonders geeignet sein und auch aus betriebswirtschaftlicher Sicht besondere Bedeutung haben. Zum Beispiel könnten dies Kennzahlen mit großer Reichweite sein, die durch ein Matching nicht wegfallen dürfen. Diese Methode soll am Beispiel der Vermarktung einer neuartigen Applikation für mobile Geräte zur Messung einer gelaufenen Strecke demonstriert werden. Dafür wurde die Anwendung „Runtastic" (Runtastic) ausgewählt. Im Folgenden werden zunächst die einzelnen Matching-Schritte aufgeführt und dann diese am Beispiel durchgeführt.

Matching der Eigenschaften von Meinungsführern und Communities

Die Verknüpfung der Eigenschaften von Meinungsführern und von Communities erfolgte anhand ihrer wechselseitigen Abhängigkeit. Dabei wurde zwischen einer direkten, starken Abhängigkeit und einer schwächeren Abhängigkeit, welche nicht in jedem Fall Auswirkungen zeigt, unterschieden. Während des Matchings fiel auf, dass nicht allen Eigenschaften von Communities auch Eigenschaften von Meinungsführern und umgekehrt zugeordnet werden konnten. Diese unabhängigen Eigenschaften sind beispielsweise für Communities die Größe sowie die Gruppendynamik und für Meinungsführer die emotionale Stabilität sowie die optimistische Einstellung. Die vollständige Übersicht zu diesem Matching befindet sich in Anlage 1.

Matching der Eigenschaften und Kennzahlen von Meinungsführern

Um die geeigneten Kennzahlen mittels der relevanten Eigenschaften zu identifizieren, wurde ein Matching der Eigenschaften und der Kennzahlen von Meinungsführerschaft durchgeführt. Bei der Analyse der Zusammenhänge konnte zahlreichen Eigenschaften keine Kennzahlen zugeordnet werden. Die vollständige Matching-Übersicht befindet sich in Anlage 2.

Matching der Eigenschaften und Kennzahlen von Communities

Hier wurde auch ein Matching der Eigenschaften und Kennzahlen zur Community-Identifikation anhand der Indikatoren vorgenommen. Dabei wurden den Eigenschaften Kennzahlen zugeordnet, mit denen sie ermittelt werden können. Es gibt einige Eigenschaften, für welche bisher keine Kennzahlen existieren.

Manche Eigenschaften von Communities, wie beispielsweise Nutzeranonymität oder Transparenz des Beziehungsnetzwerkes sind grundsätzlich gegeben. Die formalen und gesetzlichen Community-Regeln, technischen Funktionen und die Zugangsbarrieren müssen ebenso nicht mit Kennzahlen bestimmt werden, da diese bei der Bearbeitung der Plattform, in welche eine Community eingebettet ist, identifiziert werden. Allerdings gibt es auch keine Kennzahlen für die Eigenschaften, welche den Community-Typen bestimmen. Dies könnte daran liegen, dass es viele verschiedene Möglichkeiten gibt, Communities zu kategorisieren (vgl. Mühlenbeck/Skibicki, 2008, Systematisierung von Communities). Das vollständige Matching ist in Anlage 3 zu finden.

Identifikation von betriebswirtschaftlich relevanten Kennzahlen

Aus einer betriebswirtschaftlichen Sicht ist es sinnvoll, Meinungsführer und Communities anzusprechen, welche eine möglichst große Reichweite haben. Zudem sind auch Diffusionsgeschwindigkeit und Einflussdiffusion relevant, um eine hohe Effizienz zu gewährleisten. Daher sind in Bezug auf die zu wählende Community Kennzahlen wie Größe (gibt Auskunft über die mögliche Reichweite) und Dichte (steht im Zusammenhang mit der Diffusionsgeschwindigkeit) besonders wichtig (vgl. Shoham/Heber, 2012, S. 18).

Kennzahlen zur Reichweite der Meinungsführerschaft stehen im Zusammenhang mit Beliebtheit, also beispielsweise der Anzahl der Freunde, und der Community-Position. Eine solche Kennzahl ist z.B. die Zentralität. Zur Bestimmung der Einflussdiffusion die von einem Meinungsführer ausgeht, sind Kennzahlen relevant, die den Einflussreichtum eines Meinungsführers berechnen.

In Abhängigkeit der gegebenen Community-Plattform sollten einige wenige Indikatoren je Eigenschaft ausgewählt werden, um der Untersuchung zum Einen einen Rahmen zu geben und zum Anderen eine gewisse Treffgenauigkeit zu gewährleisten.

4.1 Anwendung des Matchings am Beispiel „Runtastic"

Das Produkt „Runtastic" ist eine Anwendung für mobile Geräte die den Anwender beim sportlichen Training unterstützen soll. Mittels dieser Applikation werden beim Joggen oder anderen Outdoor-Aktivitäten Route, Geschwindigkeit und Kalorienverbrauch aufgezeichnet. Die Umgebungsbedingungen und die subjektive Einschätzung des Leistungsvermögens können protokolliert werden. Die erzielten Erfolge können in sozialen Netzwerken wie Facebook mitgeteilt werden. Zusätzlich zu dieser App gibt es neben einer „GOLD-Mitgliedschaft", welche weitere Funktionen freischaltet, auch zahlreiche Zusatzangebote wie die Bestellung eines angepassten Trainingsplans und Pulsmesser (vgl. Runtastic).

Die Zielgruppe scheint aus Erwachsenen zu bestehen, welchen Fitness und körperliche Gesundheit sehr wichtig sind oder welche abnehmen wollen. Daraus lässt sich ableiten, dass diese Personen sich an einen Meinungsführer wenden würden, der auch ein hohes Interesse an Fitness und ein hohes Involvement in diesem Bereich hat. Dementsprechend wäre der Meinungsführer auch gut informiert über das Thema. Er sollte selbst sportlich aktiv sein, über genügend Wissen zu Fitness und Gesundheit verfügen und Erfahrungen mit Applikationen und mit Fitness im Allgemeinen haben. Zudem sollte er innovationsfreudig und neugierig sein, da er der neuartigen Anwendung gegenüber aufgeschlossen sein und diese auch Nutzen sollte. Weitere Merkmale könnten Selbstsicherheit, Vertrauens- und Glaubwürdigkeit sowie Hilfsbereitschaft sein.

Communities, in denen Personen wie dieser Meinungsführer und die Zielgruppe als Meinungssuchende unterwegs sind, sind eher sozial orientiert und es werden besonders Themen wie körperliche Gesundheit und Sport diskutiert. Aufgrund der Relevanz der Reichweite und Diffusionsgeschwindigkeit sollte die entsprechende Community relativ groß sein, eine hohe Dichte aufweisen, zentral orientiert sein und aktive Mitglieder haben.

Aus diesen Feststellungen lassen sich nun anhand des Matchings der Eigenschaften von Meinungsführern und Communities die relevanten Eigenschaften ableiten. Hierbei reduzieren sich die Eigenschaften für die Meinungsführerschaft um Informiertheit, Innovationsfreude, Neugier, Normenkonformität und Selbstbewusstsein. Bei der Community bleiben alle Eigenschaften erhalten.

Die übrig gebliebenen Eigenschaften werden jeweils auf das Matching der Eigenschaften und Kennzahlen von Meinungsführerschaft und Community übertragen. Es sind nun 57 Kennzahlen zur Bestimmung von Meinungsführern und 22 Kennzahlen für die Community-Bestimmung identifiziert worden. Die nun entstandene Liste der Kennzahlen kann, beispielsweise durch ein weiteres Matching anhand der Variablen, weiter eingeschränkt werden. Anschließend können nun die passenden Meinungsführer und Communities identifiziert, überprüft und zur Informationsverbreitung angesprochen werden.

Identifikation von Meinungsführern in Social Media 91

4.2 Auswertung des Matchingansatzes

Durch diesen Matchingansatz kann die Anzahl an Kennzahlen zur Meinungsführeridentifikation sinnvoll reduziert werden. In Bezug auf Communities können die Kennzahlen allerdings nur sehr schwer reduziert werden, da diese nicht viele Eigenschaften haben. Allerdings gibt es auch eine deutlich geringere Anzahl an Kennzahlen im Vergleich zur Meinungsführerschaft.

Ein großes Problem stellen die fehlenden Kennzahlen zur näheren Charakterisierung der Community-Form dar. Anhand des Beispiels kann man sehen, dass keinerlei Kennzahlen übrig bleiben, welche identifizieren, dass es sich bei der gefundenen Community tatsächlich um eine „Fitness"-Community handelt. An dieser Stelle besteht ein klarer Verbesserungsbedarf. Dennoch ist diese Matching-Variante ein guter Ansatz, um die Kennzahlen für Meinungsführer- und Community-Identifikation sinnvoll zu wählen und dabei auf die relevanten betriebswirtschaftlichen Aspekte einzugehen.

5 Konzept zur Semi-Automatisierung

Bei der Analyse von Communities und der Ermittlung der Meinungsführerschaft ist es nötig, sehr große Datenmengen auszuwerten. Der damit verbundene Aufwand wäre allein mit manuellen Verfahren kaum vertretbar. Die alleinige Auswertung der Daten mit vollautomatischen Routinen kann jedoch zu erheblichen Fehleinschätzungen führen. Daher ist es sinnvoll die Effektivität der Analyseprozesse durch eine Semi-Automatisierung zu steigern.

5.1 Betrachtung der Kennzahlen zur Meinungsführer- und Community-Identifikation in Bezug auf mögliche Semi-Automatisierung

Die meisten Kennzahlen zur Identifikation von Meinungsführern sind quantitativ, das bedeutet, dass diese Kennzahlen vollständig automatisierbar sind. Elf dieser Kennzahlen bestehen aber aus mehreren Teilkennzahlen. Hier könnte man eine manuelle Kontrolle der Daten einführen, indem auch die Werte der jeweiligen Zwischenschritte angezeigt werden. Dies ist besonders wichtig für die Auswertung der Daten, da so klarer definiert werden kann, was die ausgegebenen Werte bedeuten. Ein Beispiel hierfür ist die Kennzahl InfluenceFlow. Diese wird durch die Differenz der Anzahl von Inlinks und Outlinks berechnet und gibt den Einfluss, den ein Nutzer hat, wieder. Nimmt man aber die Anzahl von Inlinks und von Outlinks für sich, kann man auch Aussagen über die Anerkennung und die Innovationsfreude eines Nutzers treffen (vgl. Agarwal/Liu/Tang/Yu, 2008, S. 210). Demzufolge ist es von Bedeutung, dass beim Auswertungsprozess auch diese Kennzahlen betrachtet werden und gleichzeitig etwas mehr Kontrollmöglichkeiten geschaffen werden.

Quantitative Kennzahlen zur Meinungsführeridentifikation, wie beispielsweise die Persönlichkeitsstärke oder der Lesefluss, werden entweder über Befragung oder über eine manuelle Textinhaltsanalyse ermittelt. Für Befragungen zur Persönlichkeitsstärke werden häufig einige Ja-Nein-Fragen gestellt, welche jeweils eine Eigenschaft wie beispielsweise das Selbstvertrauen identifizieren sollen. Je nach Antwort werden Zahlenwerte gewichtet zugeordnet, da einige der erfragten Eigenschaften relevanter für die Kennzahl sind als andere. Anschließend werden die Antwortwerte addiert und die Resultate aller Teilnehmer verglichen (vgl. Weimann/Tustin/van Vuuren/Joubert, 2007, S. 178-182). Diese Prozesse könnten semi-automatisiert werden. Je nach Kennzahl gibt es eine Reihe von möglichen und sinnvollen Fragen. Da sich bei jeder Befragung die Situation ändern könnte, ist es sinnvoll den Fragebogen bzw. die Fragen dynamisch zu gestalten. Das bedeutet, dass es bei der Erstellung der Befragung die Eingabemöglichkeit gibt, welche Kriterien in welchem Ausmaß abgefragt werden und wie die Fragen gewichtet werden sollten. Daraufhin könnte ein Fragebogen automatisiert erstellt werden. Dieser müsste manuell kontrolliert und somit an die entsprechenden Interviewpartner geschickt werden. Die Auswertung der Daten könnte wiederum automatisiert erfolgen.

Bei der Textinhaltsanalyse ist die Automatisierung schwieriger, da es bisher keinerlei Möglichkeiten gibt, Programme auf Kennzahlen wie Lesefluss oder rhetorische Fähigkeiten auszurichten, da hierbei das Gefühl beim Lesen entscheidend ist und auch von verschiedenen Personen unterschiedlich bewertet werden kann. Eine Automatisierung könnte hier lediglich beim Auffinden der relevanten Textpassagen hilfreich sein. Ein anderes Bild ergibt sich bei der Kennzahl Vokabelnutzung. Darunter kann man sowohl die Vokabelvielfalt als auch die Art der Verwendung (z.B. die häufige Verwendung von oft absoluten Adverbien) verstehen. Bei der Vokabelvielfalt könnte die Type-Token-Relation zur Automatisierung eingesetzt werden. Diese Kennzahl bzw. Methode misst die Anzahl einmalig vorkommender Wörter in einem Text (vgl. Huffaker, 2010, S. 601-602). Um eine vollkommene Automatisierung zu vermeiden und Fehler gering zu halten, könnte eine manuelle Kontrolle erfolgen. Das heißt, dass alle einmalig verwendeten Worte angezeigt werden, um auszuschließen, dass es sich nicht lediglich um einen sehr kurzen Text handelt, wodurch normalerweise häufig verwendete Worte einmalig auftauchen. Bei der Art der verwendeten Worte oder der Feststellung des Themas eines Posts kann zur Automatisierung die Methode des LIWC-Scores (Linguistic Inquiry and Word Count) eingesetzt werden. Hierbei wird eine Word-Frequenz-Analyse mit Hilfe von verschiedenen Wörterbüchern, wie beispielsweise das der absoluten Adverbien, durchgeführt (vgl. Huffaker, 2010, S. 601-602). Mittels dieser Methode und entsprechender Wörterbücher, könnten beispielsweise Emotionswörter, absolute Adverbien oder Unsicherheits-Worte wie „hm" aber auch themenbezogene Worte ermittelt werden. Die Semi-Automatisierung könnte hier die Auswahl der Wörterbücher umfassen, sowie auch die Kontrolle ob die Auswertung sinnvoll ist.

Die Kennzahlen zur Community-Identifikation werden weitgehend automatisch ermittelt, da es kaum qualitative Kennzahlen gibt und die quantitativen Kennzahlen direkt ermittelt werden können.

5.2 Semi-Automatisierung des vorgeschlagenen Matching-Konzepts zur Meinungsführer- und Community-Identifikation

Die Prozessabläufe beim Matching bieten einigen Raum für die Automatisierung, da hier Vergleichsroutinen abgerufen werden und mehrere Schritte aufeinander folgen. Die Vergleichsroutinen können automatisch ablaufen. Kontrolle und Anpassung der Abläufe sollten jedoch manuell erfolgen. Eine Kontrolle wäre in zwei Punkten möglich: Einerseits könnte bei einem Problem, z.B. Mehrdeutigkeit, ein Fehler angezeigt und dann manuell entschieden werden, wie damit umzugehen ist. Hierbei könnte auch eine Lernfähigkeit des Programmes einbaut werden.

Die Anpassung der Abläufe könnte bereits beim Start der Analyse geschehen, indem man aus mehreren Möglichkeiten des Ablaufs, der Kriterien oder der Parameter wählen kann. Hierfür sollten aber mehrere Faktoren ausgewählt werden können, damit das Ergebnis exakter ist. Ein Beispiel hierfür kann auch die Erstellung eines Fragebogens sein. Die Gewichtung der einzelnen Fragen sollte manuell einstellbar sein, Verteilung und Berechnung jedoch sollten automatisiert sein, um Zeit zu sparen. Sinnvollerweise sollte es auch automatisch erstellte Vorschläge geben, aber die tatsächliche Entscheidung über die Gewichtung sollte manuell erfolgen, um Fehlinterpretationen des Ergebnisses zu vermeiden. Bei einem Prozess mit mehreren Schritten ist es sinnvoll, nach jedem Schritt die Möglichkeit zu geben, die weiteren Prozesse manuell anzupassen. Anhand der Zwischenwerte könnten Optimierungsvorschläge für weitere Analysen gemacht werden. Zum Beispiel könnte sich bei der Betrachtung der Zwischenergebnisse herausstellen, dass nun ein vorher unbedachtes Kriterium oder eine unbedachte Facette des Ergebnisses hinzukommen oder wegfallen könnte.

Um die Möglichkeiten der Semi-Automatisierung eines Prozesses genauer umreißen zu können, wird im Folgenden eine Semi-Automatisierung des Prozesses der Meinungsführer- und Community-Identifikation mittels des Matching-Ansatzes aus Abschnitt 4 erläutert.

Bei dem dargestellten Matching-Prozess gibt es bereits ein Produkt, eine Dienstleistung oder eine Marke, welche effizient implementiert werden soll. Normalerweise steht die Zielgruppe bereits vor der Produktentwicklung fest oder wird während dieser bestimmt, um beispielsweise das Design auf die Zielgruppe und deren Vorlieben und Bedürfnisse abzustimmen. Dies ist ein manueller Prozess, da hier das Einfühlungsvermögen in den Kunden eine große Rolle spielt. Anschließend muss bestimmt werden, wie eine Community aussähe, in der sich potentielle Kunden über produktrelevante Themen austauschen würden. Da hier wieder das Einfühlungsvermögen sehr wichtig ist, wird auch dieser Schritt manuell durchgeführt. Ebenfalls der Schritt der Identifikation der Eigenschaften eines potentiellen Meinungsführers im Hinblick auf die Zielgruppe und das Produkt wird manuell durchgeführt.

Im Anschluss daran können die Ergebnisse, also die ermittelten Eigenschaften eines geeigneten Meinungsführers und einer geeigneten Community, in eine automatisierte Softwarelösung eingespeist werden. Diese übernimmt nun das Matching der Eigenschaften. Hierbei werden automatisch Eigenschaften, welche in keiner Verbindung zu Community-relevanten Eigenschaften stehen, eliminiert und anschließend die Kennzahlen zu den verbliebenen Eigenschaften ausgegeben. Hier kann nun eine manuelle Kontrolle der Ergebnisse stattfinden. Ebenso muss manuell entschieden werden, welche Kennzahlen zur Meinungsführer- und Community-Identifikation genutzt werden. Dies ist ein sehr wichtiger Schritt, da so die Geschwindigkeit der Berechnungen durch diese Reduktion erhöht wird. Es ist sinnvoll, hierbei nicht bis auf eine einzelne Kennzahl je Eigenschaft zu reduzieren, sondern auf zwei bis drei, da unterschiedliche Kennzahlen neben der Haupteigenschaft auch andere Eigenschaften implizieren können. Manche Kennzahlen sind auch für sich genommen nicht aussagekräftig genug und müssen mit anderen Kennzahlen kombiniert werden.

Neben der Auswahl der möglichen Kennzahlen sollten auch betriebswirtschaftlich relevante Kennzahlen wie die Community-Größe oder die Community-Dichte mit ausgewählt werden. Dies sollte auch semi-automatisiert geschehen. Nach einer automatisierten Ausgabe der relevanten Kennzahlen wird manuell entschieden, welche Kennzahlen konkret genutzt werden.

Die Berechnung der ausgewählten quantitativen Kennzahlen sollte nun wieder automatisch erfolgen. Bei den qualitativen Kennzahlen müssen im Folgeschritt nun noch eventuelle Fragebögen erstellt werden. Wie unter 5.1 geschildert, kann dies auch semi-automatisch erfolgen.

Die Ergebnisse der Kennzahlenanalyse können im quantitativen Bereich automatisch ausgewertet werden. Das heißt, dass bei Zentralitätskennzahlen neben den Werten und den identifizierten Nutzern auch eine Deutungsmöglichkeit angegeben wird. Dennoch sollte die Interpretation und somit die Auswertung der Ergebnisse hauptsächlich manuell erfolgen, da hierbei sogenannte weiche Faktoren eine größere Rolle spielen könnten als die, welche vom Wert her eine größere Bedeutung haben. Nutzerklassifikationen sollten allerdings zumeist automatisch erfolgen, da der Zeitaufwand einer manuellen Bearbeitung zu hoch wäre.

Da an dieser Stelle ein oder mehrere Meinungsführer und entsprechende Communities identifiziert worden sind, müssen die Ergebnisse auch überprüft werden. Dies sollte manuell erfolgen. Wichtig ist, dass hier in Bezug auf die Communities auf eine mögliche Überlappung geachtet werden sollte, da bisherige Methoden diese nicht immer mit einbeziehen. Auch sollte die Community-Dynamik untersucht werden, da durch eine hohe Dynamik ein identifizierter Meinungsführer schnell weggefallen sein könnte. Dies kann anhand der Zeitdaten von Posts erfolgen.

6   Zusammenfassung und Ausblick

Nach einer Übersicht über die Eigenschaften und Kennzahlen von Meinungsführern und Communities wurde ein Matchingansatz zur Identifikation von Meinungsführern und Communities vorgestellt. Mögliche Semi-Automatisierungen bei der Ermittlung der Kennzahlen und der Herstellung von Matchings wurden erörtert. Es sind jedoch zahlreiche Fragen offen geblieben: So sind beispielsweise die uneinheitlichen Definition von Communities in der Literatur zu bemängeln. Ferner gibt es noch viel Forschungsbedarf in Bezug auf Eigenschaften und Kennzahlen von Communities. Sowohl die Dynamik als auch die Überlappung von Communities sollte stärker beachtet werden.

In Bezug auf die Meinungsführerforschung gibt es großes Potenzial im Bereich der qualitativen Kennzahlen. Zudem sollten auch Kennzahlen für vermeintlich unwichtige Eigenschaften von Meinungsführern, wie beispielsweise die Erfahrung, gefunden werden, um Meinungsführer genauer beschreiben und so gezielter ansprechen zu können.

Literatur

Afrasiabi Rad, Amir; Benyoucef, Morad (2011): Towards Detecting Influential Users in Social Networks. In: Barbin, Gilbert; Stanoevska-Slabeva, Katarina; Kropf, Peter (Hrsg.): E-Technologies Transformation in a Connected World. Heidelberg: Springer-Verlag, 227-240.

Agarwal, Nitin; Liu, Huan; Tang, Lei; Yu, Philip S. (2008): Identifying the Influential Bloggers in a Communit. In: Najork, Marc A. (Hrsg.): Proceedings of the ACM International Conference on Web Search & Data Mining. New York: Association for Computing Machinery, 207-218.

Asur, Sitaram; Galuba, Wojciech; Huberman, Bernardo A.; Romero, Daniel M. (2010): Influence and Passivity in Social Media. In: ACM Proceedings (2010). URL: http://www.hpl.hp.com/research/scl/papers/influence/influence.pdf, Stand: 11.04.2013.

Atzmueller, Martin (2012): Mining Social Media. In: Informatik Spektrum. Vol. 35 (2), 132-135.

Bayus, Barry L. (1985): Word of Mouth: The Indirect Effects of Marketing Efforts. In: Journal of Advertising Research. Vol. 25 (3), 31-40.

Bodendorf, Freimut; Kaiser, Carolin (2010): Detecting Opinion Leaders and Trends in Online Communities. In: Berntzen, Lasse; Bodendorf, Freimut; Lawrence, Elaine; Perry, Mars; Smedberg, Asa (Hrsg.): Fourth International Conference on Digital Society 2010. St. Maarten: CPS, 124-129.

Borgatti, Stephen P. (2005): Centrality and network flow. In: Social Networks. Vol. 27(1), 55-71.

Budak, Ceren; Agrawal, Divyakant; Abbadi, Amr E. (2010): Where The Blogs Tip: Connectors, Mavens, Salesmen and Translators of the Blogosphere. URL: http://snap.stanford.edu/soma2010/papers/soma2010_15.pdf, Stand: 13.04.2013.

Cha, Meeyoung; Haddadi, Hamed; Benevenuto, Fabrício; Gummadi, Krishna P. (2010): Measuring user influence in twitter: The million follower fallacy. In: Cohen, W. W.; Gosling, S. (Hrsg.): Proceedings of the Fourth International Conference on Weblogs and Social Media. Washington, 10-17.

Chan, Kenny K.; Misra, Shekhar (1990): Characteristics of Opinion Leader: A New Dimension. In: Journal of Advertising Research. Vol. 19 (3), 53-60.

Dressler, Matthias; Telle, Gina (2009): Meinungsführer in der interdisziplinären Forschung: Bestandsaufnahme und kritische Würdigung. Aufl. 1, Wiesbaden: Gabler Verlag.

Fong, John; Burton, Suzan (2006): Electronic Word-of-Mouth: A Comparison of Stated and Revealed Behavior on Electronic Discussion Boards. In: Journal of Interactive Advertising Research. Vol. 6 (2), 53-62.

Ghosh, Rumi; Lerman, Kristina (2010): Community Detection Using a Measure of Global Influence. In: Giles, Lee; Smith, Marc; Yen, John; Zhang, Haizheng (Hrsg.): Advances in Social Network Mining and Analysis. Berlin Heidelberg: Springer-Verlag, 20-35.

Goldberg, Mark; Kelley, Stephen; Magdon-Ismail, Malik; Mertsalov, Konstantin; Wallace, William A. (2010): Communication Dynamics of Blog Networks. In: Giles, Lee; Smith, Marc; Yen, John; Zhang, Haizheng (Hrsg.): Advances in Social Network Mining and Analysis. Berlin Heidelberg: Springer-Verlag, 36-54.

Goyal, Amit; Bonchi, Francesco; Lakshmanan, Laks V. S. (2008): Discovering Leaders from Community Actions. In: Shanahan, James G. (Hrsg.): Conference on Information and Knowledge Management 2008. New York: ACM, 499-508.
Hajian, Behnam; White, Tony (2011): Modelling influence in a social network: Metrics and evaluation. In: IEEE Third International Conference on Privacy, Security, Risk and Trust (PASSAT). Pscataway: NJ IEEE, 497-500.
Heidemann, Julia (2010): Online Social Networks – Ein sozialer und technischer Überblick. In: Informatik Spektrum. Vol. 33 (3), 262-271.
Huffaker, David (2010): Dimensions of leadership and social influence in online communities. In: Human Communication Research. Vol. 36, 593-617.
Jonnalagadda, Siddhartha; Peeler, Ryan; Topham, Philip (2012): Discovering opinion leaders for medical topics using news articles. In: Journal of Biomedical Semantics. Vol. 3 (2), 1-13.
Kim, Do K. (2007): Identifying Opinion Leaders by Using Social network Analysis: A Synthesis of Opinion Leadership Data Collection Methods & Instruments.
Latora, V.; Marchiori, M. (2007): A measure of centrality based on network efficiency. URL: http://iopscience.iop.org/1367-2630/9/6/188/fulltext/, Stand: 23.04.2013.
Li, Feng; Du, Timon C. (2011): Who is talking? An ontology-based opinion leader identification framework for word-of-mouth marketing in online social blogs. In: Decision Support Systems (DSS). Vol. 51 (1), 190-197.
Lyons, Barbara; Henderson, Kenneth (2005): Opinion Leadership in a Computer-Mediated Environment. In: Journal of Consumer Behavior. Vol. 4 (5), 319-329.
Mühlenbeck, Frank; Skibicki, Klemens (2008): Community marketing management: Wie man Online-Communities im Internet-Zeitalter des Web 2.0 zum Erfolg führt. 2. Aufl., Norderstedt: Books on Demand.
Mühlenbeck, Frank; Skibicki, Klemens (2008): Systematisierung von Communities – Ein Versuch | Social Media Blog by Brain Injection. URL: http://braininjection.wordpress. com/2008/03/27/systematisierung-von-communities-ein-versuch/, Stand: 13.05.2013.
Ning, Ma; Yijun, Liu; Ruya, Tian; Qianqian, Li (2012): Recognition of Online Opinion Leaders Based on Social Network Analysis. In: Huang, Runhe; Ghorbani, Ali A.; Pasi, Gabriella; Yamaguchi, Takahira; Yen, Neil Y.; Jin, Beijing (Hrsg.): Active Media Technology. Berlin Heidelberg: Springer-Verlag, 483–492.
Reichelt, Jonas (2013): Informationssuche und Online Word-of-Mouth: Eine empirische Analyse anhand von Diskussionsforen. Wiesbaden: Springer Gabler.
Rossmann, Alexander; Sonntag, Ralph (2013): Social Commerce - Der Einfluss interaktiver Online-Medien auf das Kaufverhalten von Kunden. In: Deutscher Direktmarketing Verband e.V. (Hrsg.): Dialogmarketing Perspektiven 2012/2013. Wiesbaden: Springer-Verlag, 149-178.
Runtastic GmbH (o. J.): Runtastic: Makes Sports Fantastic. URL: http://www.runtastic. com/, Stand: 01.08.2013.
Schenk, Michael (2007): Medienwirkungsforschung. 3. Aufl., Tübingen: Mohr Siebeck.
Scott, John (2012): What is social network analysis? New York: Bloomsbury Academic.
Shah, Dhavan V.; Scheufele, Dietram A. (2006): Explicating Opinion Leadership: Nonpolitical Dispositions, Information Consumption, and Civic Participation. In: Political Communication. Vol. 23 (1), 1-22.

Shen, Hua-Wei (2013): Community structure of complex networks. Berlin Heidelberg: Springer-Verlag.

Shoham, Snunith; Heber, Meital (2012): Characteristics of a virtual community for individuals who are d/deaf and hard of hearing. In: Am Ann Deaf. Vol. 157 (3), 251-263.

Stieglitz, Stefan (2008): Steuerung virtueller Communities: Instrumente Mechanismen Wirkungszusammenhänge. Wiesbaden: Gabler Verlag.

Trepte, Sabine; Boecking, Benjamin (2009): Was wissen die Meinungsführer? Die Validierung des Konstrukts Meinungsführerschaft im Hinblick auf die Variable Wissen. In: M&K Medien & Kommunikationswissenschaft. Vol. 4 (57), 443-463.

Trommsdorff, Volker (2002): Konsumentenverhalten. 4. überarb. und erw. Aufl., Stuttgart: Kohlhammer.

Trusov, Michael; Bodapati, Anand V.; Bucklin, Randolph E. (2010): Determining Influential Users in Internet Social Networks. In: Journal of Marketing Research. Vol. 47, 643-658.

Vilpponen, Antti; Winter, Susanna; Sundquist, Sanna (2006): Electronic word-of-mouth in online enviroments: exploring referal network structure and adoption behavior. In: Journal of Interactive Advertising Research. Vol. 6 (2), 63-77.

Weimann, Gabriel; Tustin, Deon H.; van Vuuren, Daan; Joubert, J. P. R. (2007): Looking for opinion leaders: Traditional vs. modern measures in traditional societies. In: International Journal of Public Opinion Research. Vol. 19 (2), 173-190.

Xiao, Yu; Xia, Lin (2010): Understanding opinion leaders in bulletin board systems: Structures and algorithms. In: Local Computer Networks 2010, IEEE 35th Conference on Local Computer Networks. Denver, 1062-1067.

Zhang, Jun; Ackermann, Mark S.; Adamic, Lada (2007): Expertise networks in online communitis: Structure and algorithms. In: WWW 2007. 221-230.

Zhongwu, Zhai; Hua, Xu; Peifa, Jia (2008): Identifying Opinon Leaders in BBS. In: Web Intelligence/IAT Workshops. 398-401.

Zhou, Hengmin; Zeng, Daniel; Zhang, Changli (2009): Finding Leaders from Opinion Networks. In: Kuhlen, Rainer (Hrsg.): Information Droge: Ware oder Commons? Wertschöpfungs- und Transformationsprozesse auf den Informationsmärkten. Boizenburg: VWH, 266-268.

Anlagen

Anlage 1: Matching der Eigenschaften von Meinungsführerschaft und Community

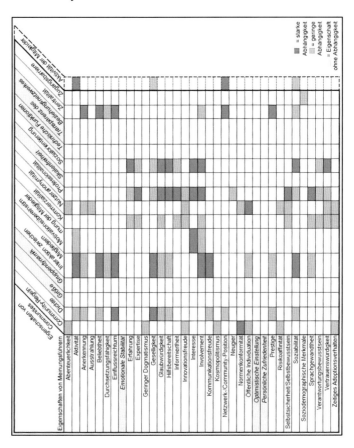

Anlage 2: Matching der Eigenschaften und der Kennzahlen von Meinungsführerschaft

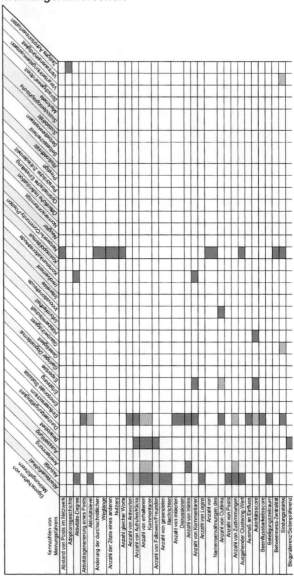

Quelle: Eigene Darstellung.

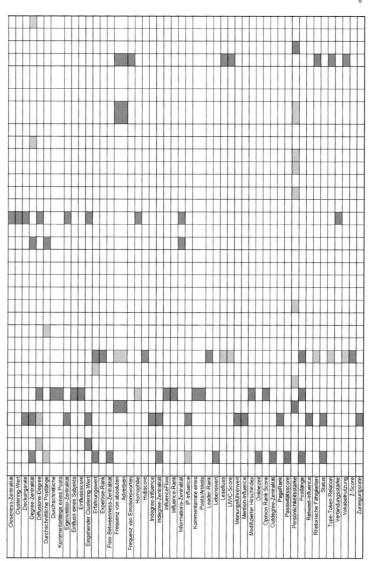

Quelle: Eigene Darstellung.

Anlage 3: Matching der Eigenschaften und Kennzahlen von Communities

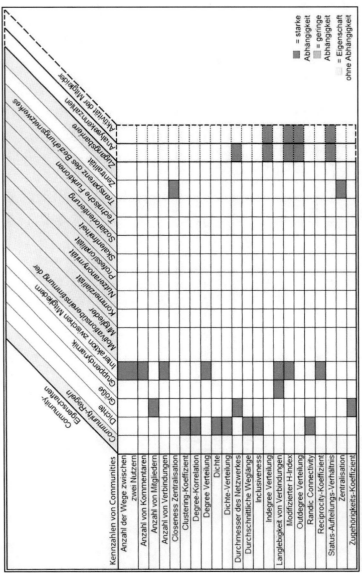

Quelle: Eigene Darstellung.

Die Autorin

Anke Hauptmann absolviert ihr Masterstudium im Bereich Marketing Intelligence an der Reichsuniversität Groningen in den Niederlanden. Während ihres Bachelorstudiums der Betriebswirtschaft an der Hochschule für Technik und Wirtschaft Dresden hat sie als Praktikantin und studentische Hilfskraft beim dortigen Forschungsprojekt UCIT mitgearbeitet.

Kontakt

Anke Hauptmann
d.anke.hauptmann@web.de

Social CRM – Umsetzungsmöglichkeiten in der Praxis

Robin Grässel / Jakob Weinberg

Inhalt

1	Social CRM Grundlagen	106
1.1	Die Veränderungen durch Social Media	107
1.2	Customer Relationship Management (CRM)	108
1.3	Social Customer Relationship Management (Social CRM)	109
1.3.1	Content	110
1.3.2	Organisation	111
1.3.3	Steuerung	111
1.3.4	Realität der Praxis	112
2	Umsetzung von Social CRM	113
2.1	Pre Sales	113
2.2	Sales	115
2.3	After Sales	115
3	Systemunterstützung im Social CRM	117
3.1	Social CRM-Softwarelösungen	118
3.2	Funktionale Anwendungsbeispiele	121

Literatur 124
Die Autoren 125
Kontakt 125

Management Summary

Social Customer Relationship Management (Social CRM), die Integration der sozialen Medien in das Kundenbeziehungsmanagement, bietet große Chancen und Potentiale, stellt die Unternehmen aber auch vor große Herausforderungen. Die Nutzung von Social Media eröffnet vielfältige Möglichkeiten einer intensiveren, ausgeweiteten Kommunikation und Interaktion sowie eine umfassende, die Beschränkungen des Unternehmenskontexts überwindende Informationsgewinnung. Um hierdurch eine effizientere und effektivere Zielerreichung zu realisieren, ist jedoch eine Weiterentwicklung der CRM-Strategie erforderlich, welche die Spielregeln und Erscheinungsformen des Social Web aufgreift und integriert.

Eine erfolgreiche Umsetzung in der Praxis erfordert die organisatorische und technische Erweiterung des klassischen CRM. Inhalte, Organisation und Steuerung müssen grundlegend verändert werden, um die neuen Kommunikations- und Interaktionserfordernisse einzubeziehen. Das artenreiche, pulsierende Ökosystem der sozialen Medien muss aufgrund der Vielfalt an Informationen und Verbindungen zudem automatisiert verarbeitet und mit der bestehenden CRM-Infrastruktur verbunden werden. Anhand möglicher Systemlösungen wird beispielhaft aufgezeigt, wie die Komplexität der Aufgaben bewältigt werden kann.

1 Social CRM Grundlagen

Social Media, Angebote sozialer Interaktion, die auf den technischen Möglichkeiten des Web 2.0 basieren, werden nicht zuletzt aufgrund des großen Erfolges bei Nutzern vermehrt von Unternehmen aufgegriffen und in Marketing, PR und Unternehmenskommunikation integriert (vgl. BVDW 2012, 1). Die Nutzung sozialer Medien für das Customer Relationship Management, die nicht isoliert erfolgen darf und eine enge Integration in die bestehenden Zielsetzungen und Strategien erfordert, stellt die Unternehmen jedoch vor große Herausforderungen.[1] Im Folgenden werden die Grundlagen, Potenziale und Anforderungen für den praktischen Einsatz diskutiert.

---

1 Siehe hierzu die Ergebnisse und das Fazit der aktuellen DDV-Umfrage zu Social CRM: „Strategische und operative Umsetzung noch am Anfang" (DDV e. V., 2013, 30.05.2013) sowie die Ergebnisse eines von den Autoren im Jahr 2013 geleiteten studentischen Forschungsprojektes an der Wiesbaden Business School, in dem 35 in Social Media aktive Unternehmen der Rhein/Main Region zu ihren Social CRM Aktivitäten befragt wurden (Grässel/Weinberg, 2013a).

1.1 Die Veränderungen durch Social Media

Die technologischen Entwicklungen und gestalterischen Möglichkeiten der letzten Jahre, die mit den Begriffen Web 2.0 und Social Media verbunden werden, haben zu einem grundlegenden Nutzungswandel des Internets geführt. Die Rolle der Internetnutzer erweiterte sich von der eines vorwiegend passiv Konsumierenden verfügbarer Informationen zu der eines gleichberechtigten „Produzenten" und lässt ihn zum hybriden „Prosumer" werden (vgl. Bulander 2011, 89).

Diese partizipative Erstellung der Inhalte im Social Web führt zu grundlegenden Veränderungen in der Unternehmenskommunikation. Der Internetnutzer ist nicht mehr nur Empfänger der Botschaften, sondern wird selbst zum Gestalter sowie Verteiler von Inhalten und kann sogar die Meinungsführerschaft erringen (vgl. Grabs/Bannour 2011, 43). Entsprechend besetzen Unternehmen in sozialen Medien nicht mehr allein die Senderrolle, sondern werden zu Empfängern oder sogar lediglich zu Zuschauern. Die Nutzung der sich hieraus ergebenden Potenziale (Social Media Marketing) kann durch eine weite Bandbreite von Marketinginstrumenten erfolgen. Beispielsweise lassen sich Social-Media-Plattformen, wie Facebook, YouTube oder Foren, umfangreich als Werbeträger nutzen. Blogs und Communities erlauben einen gezielten Kundendialog, der sowohl einzelne Phasen als auch den gesamten Kundenlebenszyklus umfasst.

Eine Analyse der Kostenstrukturen zeigt jedoch, dass Social-Media-Kommunikation aufgrund eines tendenziell progressiven Kostenverlaufs mit zunehmender Nutzung unwirtschaftlich und somit für eine Massendurchdringung ungeeignet werden kann (vgl. Grässel/Weinberg 2013, 123-125). Eine Konzentration auf werthaltige Kontakte stellt eine Lösungsmöglichkeit dar, die sowohl an der Nutzen- als auch Kostenseite ansetzt.

Die Verbindung des Social Web mit dem Customer Relationship Management durch Integration der sozialen Medien in die CRM-Systeme bietet große Potenziale. Soziale Netzwerke und rasante technische Entwicklung gepaart mit Veränderungen im Nutzer- und Nutzungsverhalten des Internets stellen jedoch Unternehmen wie Softwareanbieter bei der Übertragung, Umsetzung und Anwendung von Konzepten und Aufgaben des Customer Relationship Managements auch vor große neuartige Herausforderungen.

1.2 Customer Relationship Management (CRM)

Customer Relationship Management (CRM) stellt mit seinem Fokus auf das Beziehungsmarketing einen ganzheitlichen strategischen Ansatz der Unternehmensführung dar, der sich in der Theorie weitgehend etabliert hat und auch von Unternehmen als sehr wichtig eingestuft wird. So wird beispielsweise in einer aktuellen Studie, *Swiss CRM 2013* (Hannich et al. 2013, 12), die Bedeutung von CRM so hoch wie noch nie eingestuft.[2]

Die erfolgreiche Umsetzung in die Praxis hingegen beinhaltet besondere Herausforderungen, die nicht immer von Erfolg gekrönt sind. Seit Jahren werden in Studien Erfolgsquoten von lediglich ca. 50 % ermittelt, d. h. etwa die Hälfte der CRM-Projekte scheitert zunächst. Auch in der oben erwähnten Studie beurteilen nur knapp 60 % der befragten Unternehmen ihre CRM-Anstrengungen als erfolgreich.

Neben einer stringenten, in die Unternehmensziele und Strategien eingebetteten Konzeption ist ein integriertes operatives Umsetzungskonzept erforderlich, das auf der Grundlage einer Datenbank und eines Softwaresystems abteilungsübergreifend alle kundenbezogenen Prozesse in den Unternehmensbereichen Marketing, Vertrieb und Service sowie Kundendienst optimiert. Besonderes Augenmerk erfordert die kommunikative Komponente, die alle Schnittstellen zum Kunden (Touch-Points) umfasst. Hinzu kommt mit dem analytischen CRM eine Komponente, die basierend auf dem systematisch aufbereiteten Wissen über die Kunden die kundenzentrierten Aufgaben, wie Kundengewinnung, Kundenbindung oder Steigerung des Kundenwertes, durch möglichst individuelle Informationen und Handlungsempfehlungen unterstützt.

Dieser Gesamtkomplex aus strategischer Ausrichtung und operativer Umsetzung mittels IT-Systeme umfasst den gesamten Kundenlebenszyklus.

Für die in der Praxis essenzielle operative Umsetzung ist es hilfreich, die CRM-Prozesskette in den Mittelpunkt zu stellen und eine Differenzierung des Kundenbeziehungsprozesses in mehrere Phasen vorzunehmen (vgl. Wirtz 2013, 589). Im Mittelpunkt steht der Verkaufsprozess: *Kontaktprozess* (Awareness), *Auftragsgewinnungsprozess* (Consideration), *Kaufprozess* (Purchase), *Nutzungsprozess* (Consumption). Für den gesamten Kundenlebenszyklus werden darüber hinaus weitere Prozesse einbezogen: *Neuauftragsgewinnungsprozess* (Reconsideration),

---

2 Von den befragten Unternehmen schätzten über 90 % CRM als wichtig ein (74,8 % „sehr wichtig"; 16,9 % „eher wichtig").

Abwanderungsprozess (Dissatisfaction) und *Rückgewinnungsprozess* (Reconsideration). Eine Beschreibung der Prozesse und Aufgaben findet sich in Abb. 3.

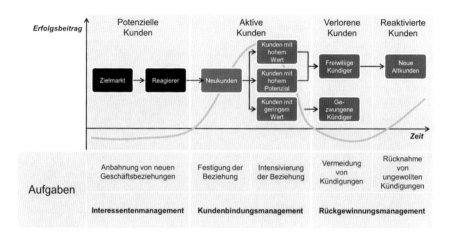

Abbildung 1: Kundenlebenszyklus (vgl. Stauss/Seidel, 2007, 26)

Im Idealfall eines vollständigen Social CRM werden sämtliche Phasen und Prozesse der Kundenbeziehung durch soziale Medien unterstützt, die nahtlos in die operativen, kommunikativen und analytischen Komponenten des CRM-Systems integriert werden. Dies stellt neben den Unternehmen auch die Anbieter von CRM-Lösungen vor eine große integrationstechnische Herausforderung.

In einem ersten Schritt kann es sinnvoll sein keine vollständige Implementierung eines Social CRM, d. h. Integration aller relevanten sozialen Medien in sämtliche Prozessschritte, vorzunehmen, sondern sich auf das Wesentliche zu konzentrieren.

1.3 Social Customer Relationship Management (Social CRM)

Der Begriff *Social CRM* beinhaltet zwei Komponenten: Zum einen eine neue Philosophie und Strategie, die auf die „neue Machtverteilung" in sozialen Medien reagiert. Der Verlust der „Kommunikationshoheit" wird durch eine vertrauensvolle und offene Zusammenarbeit kompensiert, die im Ergebnis zu einem gegenseitigen Nutzen führt (vgl. Greenberg 2010, 34 oder Greve 2011, 268). Andererseits erfordert die praktische Umsetzung eine organisatorische und technische Erweiterung des klassischen CRM durch den Einbezug der sozialen Medien: Integration sämtlicher moderner Kommunikations- und Informationstechnologien zum Sammeln und Auswerten aller kundenbezogenen Informationen und zum aktiven Austausch mit Kunden und Interessenten (vgl. Greve 2011, 283).

Um die Vielzahl der sich ergebenden Möglichkeiten und Risiken zu strukturieren, ist es hilfreich die Herausforderungen in drei Bereiche einzuteilen:

- *Content*
  Inhaltliche und gestalterische Möglichkeiten und Risiken der möglichen Kommunikationsmaßnahmen in den spezifischen Medien
- *Organisation*
  Operationalisierung der Umsetzung durch Festlegung von Zuständigkeiten, Reaktions- und Eskalationspfaden sowie Rahmenbedingungen (z. B. Reaktionszeiten, Tonalität)
- *Steuerung*
  Analyse mittels relevanter Kennzahlen, Ableitung von Optimierungsmaßnahmen und Sicherstellung wettbewerbsfähiger Kosten-Nutzen-Relationen

1.3.1 Content

Neben kulturellen Anforderungen, wie eines partnerschaftlichen Umgangs und entsprechender Umgangsformen, müssen nicht nur die kommunikativen Bedürfnisse der Kunden mit dem Unternehmen aufgegriffen werden, sondern auch Themen, die Kunden untereinander oder mit Dritten ansprechen und diskutieren, um Lösungen bereitzustellen und Zufriedenheit zu erzeugen. Durch eine aktive, erfolgreich stimulierende Teilhabe an der Kommunikation in sozialen Medien können zudem über Mundpropaganda Multiplikatoreffekte erzielt werden.

Andererseits ist zu berücksichtigen, dass durch die öffentliche Kommunikation Inhalte gegebenenfalls in „falsche Ohren" kommen und negative Einzelfälle, wie unadäquate Reaktionen von Unternehmen, eine nicht zu unterschätzende Breitenwirkung haben.

Ergänzend sind durch die Öffentlichkeit und die genutzten Plattformen zusätzliche Rahmenbedingungen einzuhalten, wie Nutzungs- und Werberichtlinien, mögliche Medienformate sowie technische Darstellungsmöglichkeiten (z. B. PC, Tablet oder Smartphone). Daneben gilt es auch die zunehmende mobile Nutzung und die damit verbundene Ortsunabhängigkeit zu berücksichtigen.

1.3.2 Organisation

In sozialen Medien gelten die Spielregeln der Nutzer. Die Organisation im Unternehmen muss in der Lage sein, deren Erwartungen zur Zufriedenheit zu erfüllen, beispielsweise hinsichtlich Reaktionszeiten, Ansprechbarkeit von Fachpersonal oder Übermittlung von Unterlagen. So kann in manchen Situationen nicht nur die inhaltliche Qualität, sondern auch der Zeitpunkt der Bereitstellung ausschlaggebend sein (vgl. Kollmann 2013, 115).

Zu regeln sind unter anderem die organisatorische Verankerung des Social CRM im Unternehmen, Anzahl und Fachwissen der Mitarbeiter oder Richtlinien und Regeln zur Gestaltung und Ablauf der Social CRM Prozesse.

Ein Einstieg in soziale Medien, beispielsweise durch eine Fanpage, lässt sich technisch leicht realisieren, erfordert jedoch für ein Social CRM umfangreiche begleitende Maßnahmen. Aus Kundensicht wird gleichzeitig eine zentrale Anlaufstelle im Sinne einer One-Stop-Agency geschaffen, für die dedizierte Ansprechpartner eingebunden werden müssen, um in akzeptabler Reaktionszeit befriedigende fachliche und sachliche Antworten bereitzustellen.

1.3.3 Steuerung

Im Gegensatz zu klassischen Kommunikationswegen bietet die Interaktion über das Internet umfangreiche Möglichkeiten zur automatischen Messung, die über unterschiedlichste Metriken zu einer Vielzahl von Kennzahlen verdichtet werden können.

Neben der Festlegung und Ermittlung dieser Kennzahlen, wie Zielgruppenattraktivität, Reichweite, Tonalität oder Engagement, müssen diese auch zur Optimierung des Social CRM genutzt werden. Proaktive Analysen können beispielsweise zum Risikomanagement oder zur Konkurrenzanalyse/Benchmarking und den daraus abzuleitenden Maßnahmen genutzt werden. Für den praktischen Einsatz im Unternehmen ist es wegen der umfangreichen Anzahl an Kennzahlen wichtig, deren Relevanz und Aussagekraft beurteilen zu können.

Weiterhin lassen sich leichter denn je Marktbeobachtungen und Wettbewerbsanalysen durchführen, deren Ergebnisse zur Optimierung des eigenen Angebots herangezogen werden sollten.

1.3.4 Realität der Praxis

Eine im Jahr 2013 im Rhein-Main-Gebiet durchgeführte, nicht repräsentative Unternehmensbefragung[3] zum Einsatz von Social Media lässt aufgrund der deutlichen Ergebnisse in Bezug auf diese Anforderungen des Kundenbeziehungsmanagements noch erheblichen Nachholbedarf vermuten (siehe Grässel/Weinberg 2013a).

Nur etwas mehr als die Hälfte (54 %) der befragten Unternehmen nutzte Social Media explizit zu (Teil-)Aspekten des CRM, meist jedoch ohne explizite Social-Media-Strategie, hierunter auch große Unternehmen, die nach „Bauchgefühl" entscheiden. Auch langfristige Ziele haben nur 20 % der Unternehmen definiert.

Inhaltliche Schwerpunkte liegen bei Image/Reputation (31 %), Recruiting/Employer Branding (23 %) sowie Service/Mehrwertleistungen und Informationsbereitstellung (je 20%).

Die Pflege der Social-Media-Aktivitäten findet organisatorisch meistens in der Marketing- oder Kommunikationsabteilung statt. Die Ausnahmen haben entweder eigenständige Teams oder spezialisierte Zielsetzungen, wie Recruiting (HR-Abteilung). Bei etwa einem Drittel der Unternehmen werden kommunizierte Beschwerden oder Anregungen an Beschwerdemanagement, QM oder Produktentwicklung weitergeleitet. Richtlinien zur Organisation oder Gestaltung finden sich bei etwa der Hälfte der Unternehmen.

Zur Steuerung werden zwar bei fast allen Unternehmen Tools eingesetzt oder Statistiken erhoben, erstaunlicher Weise werden die Ergebnisse aber nur bei etwa einem Drittel genutzt (34 %) und nur knapp 20 % der Unternehmen können Erfolgskriterien nennen.

Etwa zwei Drittel der Unternehmen sehen konkrete Risiken, am häufigsten die Gefahr eines „Shitstorm" (40 %) gefolgt von Datenschutzproblemen (20 %) und einem Kontrollverlust (10 %).

---

3   Im Rahmen eines studentischen Forschungsprojektes an der Wiesbaden Business School wurden 35 Unternehmen unterschiedlicher Größe aus 5 Branchen befragt, die eine nennenswerte Facebook-Präsenz betreiben.

2 Umsetzung von Social CRM

Für den praktischen Einsatz sind nicht nur die im vorigen Abschnitt diskutierten, generellen Anforderungen zu erfüllen, sondern es muss die erfolgreiche operative Umsetzung erfolgen. Der CRM-Prozesskette folgend gilt es die Zielsetzung zu unterstützen, erfolgreiche Verkaufstransaktionen zu generieren und zu perpetuieren.

Abbildung 2: Phasen des Verkaufsprozess

Im Folgenden wird die mögliche Umsetzung anhand der in 1.2 dargestellten Phasen der CRM-Prozesskette diskutiert und beispielhaft am derzeit dominierenden sozialen Netzwerk *Facebook* ausgeführt. Die Ergebnisse sind in Abb. 3 zusammengefasst, die zusätzlich auch die weiteren Prozesse Neuauftragsgewinnung, Abwanderungsmanagement und Rückgewinnung darstellt.

2.1 Pre Sales

Der Kontaktprozess zur Neukundengewinnung umfasst insbesondere die Aufgaben potenzielle Kunden zu identifizieren sowie die Produkte im Markt und bei den potentiellen Kunden zu positionieren. Hierzu können beispielsweise die Werbemöglichkeiten bei Facebook (Facebook Ads und Facebook Promoted Posts) oder eine Vielzahl anderer Instrumente des Social Media Marketings, wie YouTube-Videos genutzt werden. Durch Targeting können Streuverluste verkleinert und eine deutliche Wirkungsverstärkung erreicht werden (vgl. Eichsteller/Seitz 2012, 26-29). Über Real-Time Auswertungen und Optimierung kann zudem, wie im Performance Marketing, die Effektivität weiter erhöht werden.

Zur Auftragsgewinnung gilt es dann bei den interessierten, potenziellen Kunden über aufgezeigte Vorzüge eine Präferenz und einen Kaufanreiz zu erzeugen. In sozialen Netzwerken wie Facebook oder Portalen, sind bevorzugt persönliche Empfehlungen und „Likes" anzustreben, da sie eine hohe Vertrauenswürdigkeit

Kontaktprozess	Auftrag-gewinnungs-prozess	Kaufprozess	Nutzungs-prozess	Neuauftrag-gewinnungs-prozess	Abwanderung-prozess	Rück-gewinnungs-prozess
Aufgaben/Herausforderungen						
• Produkt bei potenziellen Käufern bekannt machen • Produkt im Markt positionieren • Potenzielle Kunden erkennen	• Präferenz erzeugen • Produktvorzüge aufzeigen • Interessierte Kunden erkennen	• Kaufzeitpunkt erkennen • Angebot erstellen • Produkt bereitstellen	• Verhinderung kognitiver Dissonanz • Service-leistungen • Zufriedenheit erzeugen	• Präferenz erhalten • Information über Produkt-verbesserungen • Kaufzeitpunkt erkennen • Angebot erstellen • Produkt bereitstellen	• Verhinderung der Kunden-abwanderung • Analyse der Abwanderungs-gründe • Beschwerde-management optimieren • Verbesserung der Leistungs-lücken	• Auswahl der Rück-gewinnungs-targets • Kundenvertrauen wiederherstellen • Gezielte/individualisierte Leistungs-optimierung • Gewährung von Rückgewinnungs-anreizen
SCRM- Einsatzmöglichkeiten						
• Facebook Ads • Facebook Promoted Posts	• Facebook Pages • Facebook Promotion • Couponing • Recommen-dations • Likes	• Facebook Commerce	• Facebook Pages • Facebook Direct Messages	• Facebook Pages • Facebook Ads • Facebook Promotion	• Facebook Pages • Facebook Surveys	• Facebook Pages • Facebook Promotion

Abbildung 3: Kundenbeziehungsprozess (vgl. Wirtz, 2013, S. 589) ergänzt um Social CRM-Einsatzmöglichkeiten

bei den Adressaten besitzen.[4] Ergänzend könnten Facebook Pages mit Promotions, Gewinnspielen oder Coupons eingesetzt werden.

2.2 Sales

Der Kaufprozess selbst muss in den meisten Fällen technisch innerhalb des Warenwirtschafts-/Auftragsabwicklungssystems vonstatten gehen, damit alle wettbewerbswichtigen Vorteile und Anforderungen, wie Verfügbarkeits-/Bonitätsprüfung, Fulfillment, Inkasso, etc., effizient zu erfüllen sind.

Dies stellt jedoch keine wesentliche Einschränkung dar, wenn – wie bei Facebook – externe Webseiten als Inlineframe (IFrame) integrierbar sind und somit ein Web-Shop in die Social Media Plattform eingebettet werden kann. Jedoch sind Layout-Restriktionen der Plattform zu beachten, die eine zusätzliche, angepasste Webpräsenz als Frontend erfordern können. Ein zusätzlicher Aufwand wird auch immer dann entstehen, wenn die Darstellung und Bedienbarkeit auf mobilen Geräten (Mobile Commerce) angestrebt wird.

Derzeit realisieren in Deutschland erst wenige Händler einen Facebook-Shop. Noch seltener wird das volle Potential der Social-Media-Plattform genutzt und wie bei Deichmann oder Thalia über mögliches „Teilen", „Liken" und Kommentieren aktiv die Ausstrahlung in die Pre-Sales-Phase angeregt oder eine verstärkte Kundenbindung aufgebaut.

Es ist zu erwarten, dass in naher Zukunft auch in Deutschland Transaktionen über Facebook einen höheren Stellenwert einnehmen werden, da die bei der Umsetzung von Facebook-Commerce (F-Commerce) ggf. noch bestehenden, meist rechtlichen Unsicherheiten zunehmend gelöst werden.

2.3 After Sales

Nach abgeschlossenem Kauf bieten sich die Instrumente des Social CRM besonders an, um zum Zeitpunkt der Nutzung, dem *Second-Moment-of-Truth*, eine kognitive Dissonanz zu verhindern, die beim eCommerce stets die Gefahr in sich birgt, einen Widerruf oder eine Rücksendung zu initiieren. Insbesondere dann, wenn die Dissonanz erst durch verunsichernde Kommentare oder Bewertungen im Social Web entstehen und auf diese individuell reagiert werden kann.

---

4   Eine detaillierte Darstellung der Wirkungsdynamik von Social Media im Einkaufsprozess findet sich bei Rossmann/Sonntag: Social Commerce (Rossmann/Sonntag 2012, Kap. 3)

Die sozialen Medien eignen sich zudem gut als Service- und Supportkanal, um den Kunden eine direkte, unkomplizierte Kontaktaufnahme (One-Stop-Agency) zu ermöglichen und mittels kurzer Reaktions- und Bearbeitungszeit die Zufriedenheit zu erhalten oder wiederherzustellen.

Die inhaltliche Kompetenz muss allerdings ebenso gewährleistet sein, wie auch die in 1.3 diskutierten Anforderungen an die Organisation und Steuerung. Neben der angestrebten individuellen Zufriedenheit ist zu berücksichtigen, dass das Feedback in sozialen Medien öffentlich ist und bei einem unprofessionellen Auftreten ein Kontrollverlust über die Kommunikation bis hin zum gefürchteten „Shitstorm" eintreten kann.

#	Brand Name	Fans	Response Time	Response Rate	Answered minus Ignored Questions
1	DB Bahn	265 571	61 Min	94.62 %	3 817
2	Telekom-hilft	43 689	150 Min	97.58 %	2 434
3	o2 Deutschland	189 177	108 Min	95.29 %	1 788
4	DHL Paket	36 161	467 Min	95.53 %	1 651
5	dm-drogerie markt Deutschland	1 298 936	193 Min	84.60 %	1 524
6	Rossmann	942 442	619 Min	97.12 %	948
7	Vodafone Deutschland	711 108	676 Min	64.40 %	811
8	maxdome	16 751	97 Min	93.79 %	734
9	stylefruits	2 443 547	151 Min	96.36 %	713

Abbildung 4: Hitliste der Reaktionszeiten deutscher Unternehmen Q3/2013
Quelle: http://sociallydevoted.socialbakers.com/ (23.10.2013)

Auswertungstools wie „Socially Devoted" des Social Media Monitoring Anbieters Socialbakers können helfen, die eigene Leistungsfähigkeit absolut und im Vergleich mit anderen Unternehmen zu beurteilen (vgl. Abb. 4). Im Beispiel zeigen Unternehmen wie die Deutsche Bahn oder die Drogeriemarktkette DM, dass auch bei einem hohen Aufkommen von Anfragen kurze Reaktionszeiten und eine hohe Responsequote möglich sind.

3 Systemunterstützung im Social CRM

Marktetablierte Softwareanbieter von CRM-Lösungen greifen seit einigen Jahren die kommunikationstechnischen Veränderungen auf, die durch soziale Medien und Netzwerke ermöglicht werden (z. B. wurde Microsoft Dynamics 2009 um den Social Networking Accelerator erweitert).

Wie im Abschnitt 1.2 gezeigt, werden im Idealfall alle kundenbezogenen Prozesse integriert und unterstützt. Mit diesen Integrationsherausforderungen in das CRM sind Unternehmen wie Systemhersteller seit Aufkommen des Konzeptes konfrontiert. Die Vielfalt der neuen sozialen Kommunikationskanäle und deren Spezifika erweitern die Komplexität dieses Aufgabenbereichs zusätzlich.

Unternehmen, die in der Vergangenheit bereits umfangreiche Investitionen in CRM-Systeme geleistet haben, erwarten Investitionsschutz auch im Zeitalter von Social CRM. Aus Unternehmenssicht wird daher gefordert, dass die CRM-Systeme ganzheitlich auch die neuen sozialen Interaktionsmöglichkeiten abdecken und nahtlos integrieren. Zudem widerspräche eine parallel betriebene systemtechnische Social-CRM-Infrastruktur dem Konzept einer konsequenten Nachverfolgung von Interaktionen über alle Kanäle wie dem einer vollständigen 360-Grad-Ansicht auf den Kunden.

In jüngerer Vergangenheit reagierten etablierte Hersteller von CRM-Lösungen auf diese Entwicklung oftmals mit Übernahmen von Spezialisten oder Nischenanbietern. Mit dem „Einkauf" von externem Know-how konnten die operativen und kommunikativen CRM-Module um aktuelle Anforderungen im Rahmen der Nutzung und Verbreitung sozialer Netzwerke ausgebaut und auf zukünftige Erweiterungen vorbereitet werden. Darüber hinaus wurden häufig Spezialisten von Analysetechniken übernommen, um auch den Teilbereich des analytischen CRM an die neuen Bedürfnisse anzupassen, wie beispielsweise die Übernahme des Schweizer Social-Media-Analytics-Spezialisten Netbreeze durch Microsoft.

Betrachtet man die Lösungsangebote und Systembeschreibungen etablierter CRM-Hersteller, so scheint Social CRM bereits im Anwendungs- und Funktionsspektrum angekommen und integriert zu sein. Salesforce bietet beispielsweise im Rahmen seiner *Service Cloud* die Integration von Facebook und Twitter an; bei Oracle kann diese über den *Oracle Social Media Manager* realisiert werden. In diesem Jahr wurde die *Oracle Enterprise Social Management Suite* angekündigt. SAP bietet ein ähnliches Lösungsportfolio mit der *SAP Cloud for Social Engagement* an. Der österreichische Anbieter update meldete im Oktober 2013 die Erweiterung um Anwendungsbereiche der sozialen Integration und Analyse. Die bloße Anbindung von sozialen Netzwerken reicht jedoch im Sinne eines integrierten, ganzheitlichen CRM-Ansatzes nicht aus. Es ist daher stets im Detail zu prüfen, ob und in welchem Umfang neben einer reinen Kanalerweiterung auch die erforderliche Daten-, Prozess- und Anwendungsintegration umgesetzt wird.

Große Probleme bereitet z. B. die Schwierigkeit, die bereits vorhandenen (klassischen) Kundenprofile den sozialen Netzwerkprofilen zuzuordnen, um die Vielzahl an zusätzlichen wertvollen Kundendaten im Unternehmen nutzen zu können. Dies kann zwar ggf. aufwendig durch manuelles Abgleichen erfolgen, eine automatisierte Zuordnung ist derzeit aber nur in Ausnahmefällen möglich, da in sozialen Netzwerken häufig andere Nutzernamen und/oder Mailadressen verwendet werden.

Technische Lösungsmöglichkeiten für diese Problematik gibt es zumindest für künftige Kunden. Die Neuregistrierung, beispielsweise auf einem Webshop, kann unter Verwendung eines bereits vorhandenen Profils bei einem sozialen Netzwerk erfolgen. Beispielsweise erlaubt das Plug-In „Facebook Connect" die Integration einer Registrierung mittels Facebook-Profil. Da aus Kundensicht das oftmals als störend empfundene Anlegen eines weiteren Profils im Sinne eines Single-Sign-on entfällt, wird die hierdurch gleichzeitig erfolgende Freigabe für die Nutzung von privaten Informationen häufiger akzeptiert und ermöglicht es dem Unternehmen, die Profildaten weitgehend auszulesen und mit dem Kundenprofil zu verbinden.

Die Verbindung von Social-Media-Informationen mit den Kundenprofilen führt zu datenschutzrechtlichen Bedenken und kann Konflikte oder Reaktanzen auslösen. Es ist zu erwarten, dass das Thema „gläserner Kunde" im Rahmen von Social CRM und der Entwicklung von „Big Data" verstärkt diskutiert werden wird. Daher bleibt zu beobachten, inwieweit wachsende Datensensibilität auf Kundenseite eine Datenintegration begrenzen kann.

3.1 Social CRM-Softwarelösungen

In den Definitionen der Literatur zu Social CRM werden zwar überwiegend nur die Anbindung externer Kanäle und deren Management diskutier, das Begriffsver-

Social CRM – Umsetzungsmöglichkeiten in der Praxis 119

ständnis der Softwareanbieter geht aber darüber hinaus und beinhaltet einen weiteren wichtigen Teilaspekt. In den Lösungsbeschreibungen der CRM-Systeme nahezu aller wesentlichen Marktteilnehmer finden sich auch Komponenten, die funktionstechnisch auf unternehmensinterne Strukturen, also soziale Netzwerke zwischen Mitarbeitern und/oder weiteren Geschäftspartnern, ausgerichtet sind.

Für einen Überblick erscheint es notwendig, den Markt für Social-CRM-Lösungen zu differenzieren. Aktuell lassen sich drei Bereiche von Lösungsangeboten zu Social CRM klassifizieren (siehe Abb. 5).

Integrierte Anwendungen	Lösung	Erweiterung klassischer CRM-Systeme um Schnittstellen zur Anbindung von Facebook, Twitter, etc.
	Fokus	Kunden-Kanalerweiterung, Prozessintegration
	Kompetenz	Hohe Kompetenz in allen Belangen klassischer CRM-Prozesse, Zukäufe
Spezielle Anwendungen	Lösung	Social CRM-Systeme als Insellösungen, begrenzter Funktionsumfang und hoher Spezialisierung
	Fokus	Paralleles Management unterschiedlicher sozialer Netzwerke im Rahmen der Kundenkommunikation
	Kompetenz	Hohe Kompetenz in sozialen Netzwerken, häufig auch im Anwendungsgebiet der Analyse
Interne Anwendungen	Lösung	Erweiterung klassischer CRM-Systeme um Möglichkeiten zur internen Netzwerk-Kommunikation
	Fokus	Abstimmung, Nachverfolgung, Wissensmanagement
	Kompetenz	Oftmals Akquisition etablierter Spezialisten mit hoher Kompetenz in sozialer Netzwerkorganisation

Abbildung 5: Klassifikation von Social CRM Anwendungen

Klassische Anbieter ganzheitlicher Lösungen erweitern das Funktionsspektrum in neueren Releases und stellen Integrationsschnittstellen und Analysemöglichkeiten für die Abbildung sozialer Interaktionen in den CRM-Prozessen bereit. Umfang und Vollständigkeit variieren dabei. Für bestehende Softwarelandschaften kann eine Erweiterung relevanter Funktionen häufig durch bereitgestellte Zusatzmodule (Accelerator, Plug-In, etc.) erfolgen.

Den Anbietern ganzheitlicher Lösungen mit umfangreichem Funktionsspektrum stehen Nischenanbieter (Best-of-Breed) gegenüber, die sich auf ausgewählte

Schwerpunkte bei der Unterstützung von Social CRM konzentrieren und als Insellösung fungieren. Dabei handelt es sich häufig um Unternehmen, die erst seit einigen Jahren am Markt teilnehmen und deren Markteintritt eng mit Aufkommen und Verbreitung sozialer Netzwerke verbunden ist.

Den dritten Bereich umfassen Lösungsangebote, die eine soziale Netzwerkstruktur für die unternehmensinterne Nutzung bereitstellen (Enterprise Social Network). Solche Lösungen ähneln stark den Funktionalitäten öffentlicher sozialer Netzwerke und ermöglichen Mitarbeitern eine neue Art der synchronen und asynchronen Kommunikation, beispielsweise durch kleine Kurznachrichten (Micro-Blogging). Damit können Schwächen bisheriger Interaktionsformen (z. B. E-Mail) überwunden und gleichzeitig mobile Einsatzbereiche berücksichtigt werden. Im Vergleich zu E-Mail kann ein passives „Verfolgen" relevanter Kurznachrichten (Feeds) zu unterschiedlichen Topics erfolgen, wobei diese nicht nur Themengebiete, sondern auch Geschäftsobjekte, wie beispielsweise Aufträge oder Verkaufschancen, sein können. Auch die Kürze der Nachrichten ist hilfreich und lässt diese weniger störend oder unterbrechend wirken.

Das Anwendungsspektrum solcher internen, „sozialen" Lösungen ist dabei nicht notwendigerweise an CRM-Prozesse oder den Einsatz von CRM-Modulen gebunden. Beispielsweise bietet SAP mit der Lösung *Jam* auch eine CRM-unabhängige Cloud-basierte Lösung.

Hersteller von CRM-Systemen waren jedoch oftmals Vorreiter und „Enabler" für den Einsatz unternehmensinterner sozialer Medien (Enterprise Social Networks) indem sie Spezialisten von sozialen Plattformen akquirierten, und ebenfalls unter dem Stichwort Social CRM integrierten. Beispielhaft sei hier die Übernahme von *Yammer* im Jahr 2012 durch *Microsoft* genannt oder mehrere Übernahmen von *Salesforce* zur Erweiterung der internen Netzwerkplattform *Chatter*.

Auch wenn die unternehmensinterne soziale Kommunikation unabhängig von den externen CRM-Prozessen betrieben werden kann, so erscheint eine Kombination dennoch naheliegend, um eine vorteilhafte umfassende Abbildung kundenbezogener Bearbeitungsvorgänge zu ermöglichen. Zur Vermeidung parallel betriebener Systeme und zur Sicherstellung einer vollständigen Nachverfolgung der Kundenbearbeitung ist die Einbettung in CRM-Systeme aus Gesichtspunkten der Effizienz und Effektivität sinnvoll.

3.2 Funktionale Anwendungsbeispiele

Für Unternehmen kann neben der Einrichtung einer Fanpage auch der Parallelbetrieb einer Vielzahl solcher sozialer Präsenzen auf der gleichen oder auf unterschiedlichen Plattformen erforderlich sein. Denkbar ist dies beispielsweise bei Herstellern von Konsumgütern oder Lebensmitteln, die nicht den allgemeinen Unternehmensauftritt fokussieren wollen, sondern anstreben Social CRM verstärkt im Rahmen der Markenpflege zu nutzen und das Brand Marketing in Richtung Brand Community zu erweitern. Ein derartiges Szenario, das die erforderlichen Mitarbeiter berücksichtigt, die unterschiedliche Inhalte gleichzeitig auf mehreren sozialen Plattformen bereitstellen, stellt ein komplexes Netzwerk aus Kanälen, Eskalationspfaden, Schnittstellen und Aufgaben dar (siehe Abb. 6).

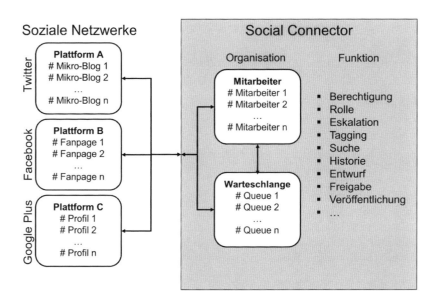

Abbildung 6: Plattformübergreifende Bearbeitung mit Social Connector (Grässel/Weinberg 2013, 131)

Im Folgenden wird exemplarisch anhand von drei Softwarelösungen dargestellt, wie derartige Problematiken und Strukturen inhaltlich und organisatorisch gelöst werden können

Social Connector der Firma BuzzRank ermöglicht den bidirektionalen Austausch von Posts und Tweets aus den unterschiedlichen Plattformen Twitter, Facebook und Google Plus. Das System bietet im Rahmen der Nutzerverwaltung ein Berechtigungsmanagement, welches über Rollenzuweisung die Rechte zum Sichten, Anlegen, Ändern, Vorbereiten oder Veröffentlichen auf Nutzerebene steuert.

Die Bearbeitung einzelner sozialer Kanäle durch dedizierte Mitarbeiter wird hiermit ebenso ermöglicht wie eine kanalübergreifende Betreuung spezieller Thematiken oder Marken. Damit lässt sich beispielsweise im After-Sales-Service ein Eskalationsmanagement abbilden, welches ein umfangreiches Kommunikationsaufkommen mittels Warteschlangen (Queues) zeitlich ordnen und priorisieren kann, um unterschiedliche Service-Levels abbilden zu können.

Zusätzlich bietet die Verschlagwortung (Tagging), Bewertung, Nachverfolgung oder Kommentierung einzelner Posts eine Bearbeitungsform, die einem Ticket-System im Support ähnelt. Die Historie des Kommunikationsverkehrs kann zudem nach unterschiedlichen Kriterien aufgearbeitet werden und ermöglicht es, Kunden auch kanalübergreifend zur gleichen Thematik zu betreuen.

AnalyticsPro ist eine cloudbasierte Analysesoftware aus dem Hause SocialBakers, die neben dem Monitoring der eigenen sozialen Präsenz auf Facebook, Twitter und Youtube auch die Analyse relevanter Wettbewerber erlaubt. Die soziale Interaktion von Mitbewerbern kann im Sinne einer Marktbeobachtung zusammengefasst und mittels Durchschnittwerten gegen das eigene Angebot verglichen werden. Die von Plattformbetreibern, wie beispielsweise Facebook über Facebook Statistics, bereitgestellten Analysen der eigenen sozialen Auftritte können somit durch weitere relevante Kennzahlen umfangreich ergänzt werden. Daneben bildet die Identifikation von Meinungsführern (Key Influencer) eine wichtige Voraussetzung zur Beobachtung und Initiierung positiver oder Vermeidung negativer viraler Verbreitung.

Das ebenfalls cloudbasierte Tool *BuilderPro* bereitet soziale Kundenkommunikation über unterschiedliche Kanäle übersichtlich auf und bildet dabei sogar die Nachrichten von Wettbewerbern ab. Strukturiert dargestellt werden, beispielsweise für die Plattform Facebook, gesendete, eingegangene oder vorbereitete Posts.

Kunden kommunizieren bei Facebook aber nicht nur über öffentliche Posts auf der Chronik-Seite, sondern senden auch häufig nicht-öffentliche Nachrichten an das Unternehmen (direct messages). Das Tool BuilderPro kann auch diese einlesen und gemeinsam mit der öffentlichen Kommunikation strukturiert aufbereiten. Dies ermöglicht eine einheitliche Bewertung, Verwaltung und Zuweisung der gesamten Kundenkommunikation über unterschiedliche soziale Kanäle an einem Ort. Das Management der Kommunikation kann je nach Aufgabenstellung unter unterschiedlichen Gesichtspunkten erfolgen, beispielsweise nach Themen, Kunden oder zeitlicher Reihenfolge. Zudem lassen sich Mitteilungen an Kunden oder in Foren vorab erstellen und im Kalender planen, um automatisiert an bestimmten Tagen und zu bestimmten Uhrzeiten veröffentlicht zu werden. Darüber hinaus können mit BuilderPro auch für die jeweiligen Kanäle die allgemeinen Einstellungen und Darstellungsmöglichkeiten der dazugehörigen sozialen Präsenz verwaltet werden, wie beispielsweise die Anpassung des Profilbildes (Wallpaper) oder beschreibende Informationen, um eine einheitliche Außendarstellung zu gewährleisten.

Die dargestellten Funktionsbeispiele zeigen, dass operative, kommunikative und analytische CRM-Aufgaben auch in Bezug auf soziale Netzwerke sinnvoll unterstützt werden können. Derartige Lösungen können Unternehmen helfen, die Herausforderungen einer unternehmensweiten integrierten Kommunikation zu meistern und ein effektives Cross-Channel-Management zu betreiben.

Für Unternehmen mit bereits umfangreich implementierten und systemgestützten CRM-Prozessen stellt jedoch die Integration derartiger Insellösungen in die bestehenden Systeme und die Vermeidung von ausufernden heterogenen Systemlandschaften eine Herausforderung dar.

Spannend bleibt der Markt für Systemunterstützung im Social CRM vor allem vor dem Hintergrund der prognostizierten künftigen Zunahme des Social Commerce. Neben Kommunikation und Interaktion sind dann auch die Abwicklung rechtsverbindlicher Transaktionen und die Kopplung an die Warenwirtschaftssysteme zu gewährleisten.

Literatur

Bauer, Christoph et al. (Hrsg.) (2011): Online Targeting und Controlling. Wiesbaden: Gabler

BVDW – Bundesverband Digitale Wirtschaft e.V. (2012): 10 Thesen zur Zukunft von Social Media, Düsseldorf, 19. April 2012, http://www.bvdw.org/mybvdw/media/download/bvdw-social-media-thesenpapier.pdf?file=2242 (21.10.2013)

Bulander, Rebecca (2011): Herausforderungen im Social CRM und Mobile Business. In: Deutscher Dialogmarketing Verband e.V. (Hrsg.): Dialogmarketing Perspektiven 2010/2011, Wiesbaden: Gabler

Deutscher Dialogmarketing Verband e.V. (Hrsg.) (2011): Dialogmarketing Perspektiven 2010/2011, Wiesbaden: Gabler

Deutscher Dialogmarketing Verband e.V. (Hrsg.) (2013): Dialogmarketing Perspektiven 2012/2013, Wiesbaden: Gabler

Deutscher Dialogmarketing Verband e.V. (2013): DDV-Umfrage zu Social CRM, http://tinyurl.com/ddv-scrm (21.10.2013)

Eichsteller, Harald/Seitz, Jürgen (2013): Digital Dialog Insights 2012. In: Deutscher Dialogmarketing Verband e.V. (Hrsg.): Dialogmarketing Perspektiven 2012/2013, Wiesbaden: Gabler

Greenberg, Paul (2010): CRM at the Speed of Light, 4th ed., New York: McGraw-Hill

Greve, Goetz (2011): Social CRM – Zielgruppenorientiertes Kundenmanagement mit Social Media, in: Christoph Bauer et al. (Hrsg.): Online Targeting und Controlling. Wiesbaden: Gabler, 261-285

Hofbauer, Günter et al. (Hrsg.) (2013): Marketing in Forschung und Praxis, Berlin: uni-edition

Grässel, Robin/Weinberg, Jakob (2013): Social Media: Promotion oder Marketing? in: Hofbauer, G. et al. (Hrsg.): Marketing in Forschung und Praxis, Berlin: uni-edition, 119-134

Grässel, Robin/Weinberg, Jakob (2013a): Social Media Management – Analyse der Social Media Strategien von Unternehmen der Rhein/Main Region, Wiesbaden: Forschungsbericht (forthcoming)

Grabs, Anne/Bannour, Karim-Patrick (2011): Follow Me! Erfolgreiches Social Media Marketing mit Facebook, Twitter und Co., Bonn: Galileo Press

Kollmann, Tobias (2013): Online-Marketing, 2. Aufl., Stuttgart: Kohlhammer

Rossmann, Alexander/Sonntag, Ralph (2013): Social Commerce – Der Einfluss interaktiver Online-Medien auf das Kaufverhalten. In: Deutscher Dialogmarketing Verband e.V. (Hrsg.): Dialogmarketing Perspektiven 2012/2013, Wiesbaden: Gabler

Stauss, Bernd/Seidel, Wolfgang (2007): Beschwerdemanagement, 4. Aufl., München: Hanser

Wirtz, Bernd W. (2013): Electronic Business, 4. Aufl., Wiesbaden: Gabler

Die Autoren

Robin Grässel, MBA, ist wissenschaftlicher Mitarbeiter der Wiesbaden Business School und unterrichtet in Bachelor- und Masterstudiengängen schwerpunktmäßig Electronic Business. Er ist für unterschiedliche betriebswirtschaftliche Standardsoftwarelösungen der führenden Hersteller zertifiziert und Microsoft Certified Trainer.

Prof. Dr. Jakob Weinberg lehrt eBusiness und Informations- und Kommunikationssysteme im Schwerpunkt Marketing der Wiesbaden Business School der Hochschule RheinMain und ist seit 2001 Direktor des Institutes für Strategische Marktanalysen und Systeme an der Hochschule RheinMain (ISMAS). Seine Interessensschwerpunkte liegen unter anderem in den Bereichen internetbasierte Vertriebs- und Marketingsysteme, Marketinginformationssysteme, Business Intelligence, Business Process Reengineering und eLearning.

Kontakt

Robin Grässel, MBA
Wiesbaden Business School
Hochschule RheinMain
Bleichstraße 44
65183 Wiesbaden
robin.graessel@hs-rm.de

Prof. Dr. Jakob Weinberg
Wiesbaden Business School
Hochschule RheinMain
Bleichstraße 44
65183 Wiesbaden
jakob.weinberg@hs-rm.de

CRM im Spannungsfeld zwischen Theorie und praktischer Umsetzung

Peter Lorscheid

Inhalt

1	Einleitung	128
2	Methodisches Vorgehen	129
3	Kernergebnisse	130
3.1	Ziele des CRM	130
3.2	Analytisches CRM	131
3.3	CRM-Technologie	133
3.4	Kundenbindung und Kundenzufriedenheit	135
3.5	Social Media und kundengeführtes Unternehmen	136
3.6	CRM-Controlling	137
4	Fazit und Empfehlung	138

Literatur 139
Kontakt 139

Management Summary

Die Anforderung an Unternehmen, ihre Aktivitäten an ihren Kunden auszurichten, hat seit der Jahrtausendwende unter dem Begriff Customer Relationship Management (CRM) Einzug in die Marketing-Theorie gehalten. Über die organisatorische, prozessuale und inhaltliche Verankerung des CRM im Unternehmen wurde seitdem ein umfangreicher Erkenntnisschatz aufgebaut. Doch was ist davon tatsächlich in der Unternehmenspraxis angekommen? In einer Befragung von Marketing-Entscheidern hat das Siegfried Vögele Institut den aktuellen Umsetzungsstand des CRM in deutschen Unternehmen untersucht und den theoretischen Empfehlungen gegenüber gestellt. Insbesondere bei der Kundenbewertung, dem Multi-Channel-Management und dem CRM-Controlling klaffen zwischen Theorie und Praxis noch große Umsetzungslücken. Um die größten Lücken zu schließen, sollten Unternehmen eine Standortbestimmung durchführen und auf dieser Basis die zu ergreifenden Maßnahmen priorisieren.

1 Einleitung

Durch die Intensivierung des Wettbewerbs rückte der Kunde spätestens seit den 1990er Jahren unter dem Begriff der Kundenorientierung in den Mittelpunkt des Interesses der Unternehmen. Etwa um die Jahrtausendwende wurde die zunächst allgemeine Kundenorientierung zielgerichteter: Die Marketingtheorie entwickelte unter dem neuen Begriff des „Customer Relationship Management" (CRM) die Kundenorientierung zur Kundenwertorientierung weiter (vgl. Bruhn 2012, 2). Konkret bedeutet dies, alle unternehmerischen Strukturen, Prozesse und Aktivitäten an den individuellen Kundenanforderungen auszurichten. CRM verfolgt damit das Ziel, „profitable Kundenbeziehungen zu identifizieren, zu begründen, zu intensivieren und bei nicht mehr gegebener Vorteilhaftigkeit zu beendigen" (Krafft/Götz 2003, 340). Damit ist das gesamte CRM am Wert der Kunden für das Unternehmen auszurichten – der ausgefeilten Theorie des Kundenwerts stehen in der Praxis aber meist eher simpel gehaltene Umsetzungen gegenüber.

Diesem Grundproblem, dass zwischen theoretischer Fundierung und praktischer Umsetzung des CRM eine bisweilen größere Lücke klafft, ist das Siegfried Vögele Institut gemeinsam mit dem Centrum für interaktives Marketing und Medienmanagement (CiM) an der Universität Münster erstmals im Rahmen einer qualitativen Studie nachgegangen (Blacha et al. 2012). Im Rahmen von Experteninterviews mit Marketingentscheidern wurden Unterschiede zwischen Theorie und Praxis beim CRM in vielerlei Hinsicht deutlich: vom Verständnis des Begriffs CRM über den Umgang mit dem Konstrukt des Kundenwerts bis hin zur Integration unterschiedlicher Kommunikationskanäle. Diese qualitative Momentaufnahme wurde nun durch das Siegfried Vögele Institut mit Hilfe einer quantitativen Studie untermauert. Unternehmen erfahren hieraus, wie sie in der CRM-Praxis im Vergleich zu anderen Unternehmen stehen und in welchen Punkten für sie der dringlichste Nachholbedarf bestehen könnte.

Die repräsentative Studie unter Marketingentscheidern zeigt, dass weniger als die Hälfte der Befragten mit dem Thema CRM vertraut sind und im beruflichen Alltag mit CRM-Informationen zu tun haben. Kernziel des CRM ist in den Unternehmen die Verbesserung der Kundenbindung. Bei kundenspezifischen Aktivitäten sind diese außer an Kundensegmenten auch am Kundenwert ausgerichtet. Die methodische Berechnung der Kundenwerte ist allerdings in den meisten Fällen eher einfacher Art: Vorherrschend ist hier nach wie vor die ABC-Analyse nach Umsatz. Das primäre Ziel der Kundenbindung versuchen die Unternehmen vor allem über Veranstaltungen, Gutscheine und Bonusprogramme zu erreichen. Auch soziale Medien werden von der Mehrheit zum Kundenkontakt genutzt, auch wenn den meisten bis zu einer vollständigen Integration dieser Aktivitäten in das CRM noch ein weiter Weg bevorsteht. Das Controlling der CRM-Aktivitäten gehen die meisten Unternehmen auf einfache Weise an: Umsätze und Responsequoten stehen hier im Vordergrund.

2 Methodisches Vorgehen

Um belastbare Zahlen zur CRM-Praxis zu gewinnen, lud das SVI über ein Online-Panel Marketing-Entscheider in deutschen Unternehmen zur Teilnahme an der Studie ein. Insgesamt haben 475 Personen im Juli 2013 an der Befragung teilgenommen, von denen jedoch nur 204 die Screening-Kriterien für die weitere Befragung erfüllten (vgl. Abbildung 1). Die Befragten mussten nach eigener Einschätzung mindestens durchschnittlich mit dem Thema CRM vertraut sein; dies war bei 54 % der Fall. Zudem mussten sie direkt oder indirekt (als Datennutzer oder -zulieferer) im beruflichen Alltag mit CRM zu tun haben. Dieses Kriterium erfüllten 51 % der Befragten; schwerpunktmäßig hatten diese im Alltag direkt mit dem Thema CRM zu tun. Insgesamt wiesen damit nur 43 % der zur Befragung eingeladenen Marketingentscheider durch ihren Berufsalltag und ihr Hintergrundwissen eine für die weitere Befragung als ausreichend angesehene Nähe zum Thema CRM auf.

Screening der Befragung				
Screening-Kriterien		Mindestens durchschnittlich mit dem Thema CRM vertraut		Brutto-stichprobe
		nein	ja	
Beschäftigung mit dem Thema CRM im beruflichen Alltag	Nein	38%	11%	49%
	ja	8%	**43% (=Netto-stichprobe)**	51%
Bruttostichprobe		46%	54%	100%

Abbildung 1: Screening-Kriterien der Expertenbefragung

Der typische Befragte der Studie lässt sich wie folgt charakterisieren: Die nach dem Screening verbleibenden 204 Befragten sind in den verschiedensten Branchen beheimatet – die häufigste Branche ist mit gut 9 % Einzelhandel/Konsumgüter. Über die Hälfte arbeitet in mittelständisch geprägten Unternehmen mit weniger als 500 Mitarbeitern. Viele der Befragten sind im B2B-Umfeld mit persönlich geprägten Kundenkontakten (59 %) tätig, aber auch der Distanzhandel/Webshop (33 %) und der Kundenkontakt am POS (29 %) kommen bei vielen der Befragten vor. Die Befragten verfügen als (Mit-)Eigentümer, Geschäftsführer, Bereichsleiter oder Abteilungsleiter (insgesamt 76 %) über ausgesprochene Entscheidungskompetenz und sind i. d. R. 30-50 Jahre alt und zu zwei Dritteln männlich. Die befragten Entscheider arbeiten bevorzugt in der Geschäftsleitung/im Management (24 %), außerdem wurden Marketing (18 %), IT-Abteilung (10 %), Verkauf/Vertrieb (8 %) sowie die CRM-Abteilung (7 %) häufiger genannt.

3 Kernergebnisse

3.1 Ziele des CRM

Die Befragten sollten zu Beginn der Befragung Auskunft über ihr Verständnis des Begriffes „Customer Relationship Management" geben. Die überwiegende Mehrheit der Antworten auf diese offene Frage geht dahin, im CRM eine ganzheitliche Sicht auf die Kundenbeziehung zu sehen. Manche nennen auch das stehende IT-System als CRM-Tool, eine reduzierte reine IT-Sicht auf das Thema nehmen aber nur wenige der Befragten ein. Auf der anderen Seite nehmen auch die sehr weit reichende Position, im CRM eine Unternehmensphilosophie zu sehen, nur wenige Befragte ein. Insgesamt ist damit das CRM-Verständnis homogener, als die qualitativen Interviews im Jahr 2012 erwarten ließen. Es deckt sich zudem recht gut mit typischen Definitionen in der Literatur: Customer Relationship Management beschäftigt sich mit der Ausgestaltung der Beziehungen von Unternehmen zu Kunden mit dem Ziel, den Wert der Kunden für das Unternehmen zu optimieren (vgl. Krafft/Götz 2003, 340; Neckel/Knobloch 2005, 5-7; Helm/Günter 2006, 10 f.; Kreutzer 2009, 20). Dies geschieht auf Basis einer Kundendatenbank, die die hierfür erforderlichen Informationen zur Kundenbeziehung bereitstellt. Das theoretische Verständnis dessen, was sich hinter dem Begriff CRM verbirgt, scheint somit recht gut bei den Praktikern angekommen zu sein.

Dennoch nennen die Befragten als wichtigstes Ziel ihrer CRM-Aktivitäten die allgemeine Verbesserung der Kundenbindung (73 %, vgl. Abbildung 2). Spezifischer am Kunden und seinem Wert orientierte Ziele wie personalisierte Kundenansprache (56 %), die Verbesserung der Profitabilität der Kundenbeziehung (56 %) oder die Steuerung der Kundenentwicklung (43 %) bleiben demgegenüber deutlich zurück, Dies lässt darauf schließen, dass viele Unternehmen in der Entwicklung ihrer Kommunikation zur 1:1-Kommunikation noch nicht so weit voran geschritten sind, wie es aus theoretischer Sicht empfehlenswert wäre.

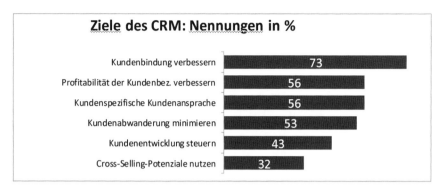

Abbildung 2: Ziele des CRM

Wie sind die Unternehmen aufgestellt, um diese Ziele zu verfolgen? Gleichermaßen genannt werden als organisatorische Verankerung des Themas CRM im Unternehmen die IT-Abteilung (21 %), das Marketing (20 %) und der Vertrieb (19 %). Über eine eigene CRM-Abteilung verfügen nur 17 % der Unternehmen. Immerhin 16 % der Befragten sagen, dass keine Abteilung speziell für das CRM zuständig ist; 2 % geben zu, gar nicht zu wissen, welche Abteilung für das CRM zuständig ist. Es muss allerdings dahin gestellt bleiben, ob diese unklare organisatorische Zuordnung mangelhafter Kommunikation der Zuständigkeiten entspringt oder ob eine bewusste Entscheidung für eine abteilungsübergreifende Verankerung des Themas dahinter steckt. Möglicherweise will man gerade durch diese Art der Organisation der Ganzheitlichkeit des Themas CRM gerecht werden.

3.2 Analytisches CRM

Das CRM sollte darauf ausgerichtet sein, die Ansprache der Kunden möglichst kundenspezifisch vorzunehmen – im Idealfall in Form einer 1:1-Kommunikation (vgl. hierzu z. B. Neckel/Knobloch 2005, 21; Kreutzer 2009, 7 f.; Krafft 2013, 130).

Bei der konkreten Umsetzung stellt sich jedoch die Frage, nach welchen Kriterien die Unternehmen ihre CRM-Aktivitäten ausrichten sollen. Kundensegmente spielen hierbei für 65 % der Unternehmen eine Rolle, fast ebenso bedeutsam ist der Kundenwert (58 %). Klassische RFM-Analysen nach den Kriterien Recency (Letztkauf), Frequency (Kaufhäufigkeit) und Monetary Value (Umsatz) setzen hingegen nur 15 % der Unternehmen ein. Immerhin 16 % der Befragten sagen, dass ihr Unternehmen keine kundenspezifischen Vermarktungsaktivitäten durchführt – ein Verhalten, das dem Sinn des CRM nicht gerecht wird.

Bei der Segmentierung der Kunden gehen die Unternehmen vorwiegend nach der Kundenpräferenz für Kontaktmedien (59 %) vor, daneben auch nach dem Interesse der Kunden für Teilsegmente (48 %). Offen bleibt, inwieweit diese Präferenzen und Interessen aktiv bei den Kunden abgefragt werden oder die Kunden auf Basis ihres Bestell- und Kaufverhaltens entsprechenden Segmenten zugeordnet werden. Nur eine Minderheit der Unternehmen nutzt auch soziodemografische Kriterien wie Alter und Geschlecht zur Segmentierung.

Unter den eingesetzten Methoden der Kundenwert-Berechnung überwiegen die eher einfach gehaltenen Methoden, insbesondere die ABC-Analyse nach Umsatz (41 %). Nahezu gleichauf folgen ABC-Analyse nach Deckungsbeitrag (30 %), der Kundenportfolio-Ansatz (30 %), die Kunden-Deckungsbeitragsrechnung (25 %) und Scoring-Modelle bzw. Punktwert-Verfahren (23 %). Dem stehen die theoretischen Anforderungen an den Kundenwert entgegen – nämlich zukunftsgerichtet den zu erwartenden Profit mit dem Kunden zu repräsentieren (vgl. Neckel/Knobloch 2005, 16-18; Helm/Günter 2006, 7; Kreutzer 2009, 36 f.). Diesen Anforderungen werden die überwiegend eingesetzten Methoden nicht gerecht: Entweder ist die Methode nicht zukunftsgerichtet (ABC-Analyse nach Deckungsbeitrag) oder nicht am Profit orientiert (Kundenportfolio-Ansatz) oder gar beides (ABC-Analyse nach Umsatz). Eine echte Berechnung eines an den zukünftigen Erwartungen für die Geschäftsbeziehung orientierten Customer-Lifetime-Values führen hingegen nur 14 % der Unternehmen durch.

Dieses Bild ist auch durch den Softwareeinsatz zur CRM-Analyse geprägt: Am prominentesten ist die Analyse der Daten innerhalb des CRM-Systems (68 %), wobei naturgemäß nur eingeschränkte analytische Funktionalitäten zur Verfügung stehen. Eine spezielle Analyse-Software wie SPSS oder SAS, mit der sich bspw. Regressions-, Cluster- oder Diskriminanzanalysen durchführen lassen, setzt hingegen nur jedes dritte Unternehmen ein. Auf externe Dienstleister mit möglicherweise besonderer Analyse-Kompetenz greift immerhin jeder Achte (12 %) zurück. In dem Punkt Software-Einsatz steckt noch viel Potenzial, das durch geeignete Analyse-Tools genutzt werden könnte (vgl. hierzu Neckel/ Knobloch 2005 83-86). Entscheidend dürfte hier sein, für die Unternehmen den Nutzen verfeinerter Analysen greifbar zu machen und vor allem die möglichst einfache Re-Implementierbarkeit der Analyseergebnisse sicherzustellen.

Ein besonderes Potenzial sehen die Befragten in dem neuen Thema „Big Data". Fast jeder Fünfte behauptet, bereits Big Data-Analysen durchzuführen. Für ein wichtiges Thema, dessen Angang zum Teil auch schon geplant ist, halten „Big Data" weitere 49 % der Befragten. Nur 15 % können mit dem Begriff nichts anfangen; für einen Hype ohne inhaltlichen Neuwert halten „Big Data" 4 % der Befragten. Üblicherweise verbirgt sich hinter dem Begriff „Big Data" eine sehr schnelle Analyse großer Datenmengen aus verschiedenartigen, zum Teil unstrukturierten Datenquellen („Velocity, Volume, Variety", vgl. BITKOM 2012, 19). Vor diesem Hintergrund fällt es allerdings schwer, diesen Antworten Glauben zu schenken: Wer mit der Analyse der strukturierten Kundendaten nicht allzu weit gekommen ist, dürfte mit dieser Art von Analysen erst recht Probleme haben.

3.3 CRM-Technologie

Wichtig für das Verständnis der CRM-Landschaft in deutschen Unternehmen ist auch ein Überblick über die eingesetzte CRM-Software. Bei der Auswahl dieser Software spielen viele Faktoren eine Rolle. Als wichtigstes Entscheidungskriterium nennen die Befragten das Preis-Leistungs-Verhältnis (32 %); Funktionsumfang (27 %) und Bekanntheit bzw. Renommee der Software (25 %) spielen hier ebenfalls eine wichtige Rolle. Unwichtiger bei der Entscheidung für oder gegen eine Software sind das Lizenzmodell (19 %) sowie die Erweiterbarkeit durch Zusatzmodule (16 %).

Unter diesen Rahmenbedingungen setzen knapp 40 % der befragten Unternehmen auf eine CRM-Lösung des Herstellers SAP. Dies mag daran liegen, dass in diesen Unternehmen bereits andere SAP-Software genutzt wird und hierdurch eine gute Integration in die vorhandene Systemlandschaft des Unternehmens möglich ist. Mit knapp 20 % steht die CRM-Lösung von Microsoft (Microsoft Dynamics CRM bzw. Microsoft Dynamics NVA) an zweiter Stelle. Neben den professionellen Softwarelösungen der großen Systemhäuser setzen 3 % der Unternehmen auf Eigenentwicklungen. Auffällig ist zudem, dass bei knapp 15 % der befragten Unternehmen keine professionelle Softwarelösung zur Verwaltung von Kundendaten und anderen CRM-Aktivitäten vorhanden ist. Zahlreiche Unternehmen scheinen also ihre Kundendaten noch „im Handbetrieb" zu verarbeiten, sodass hier noch erhebliches Optimierungspotenzial besteht.

Abbildung 3: Funktionalitäten der CRM-Systeme im Soll-Ist-Vergleich

Bei der – wie erwähnt sehr stark kostengetriebenen – Softwareauswahl verzichten die Unternehmen auf zahlreiche Funktionalitäten, die sie eigentlich für wichtig halten. Dies zeigt der Vergleich zwischen den Funktionen, die ein CRM-System nach Meinung der Befragten abdecken sollte, und denjenigen Funktionen, die das jeweils eingesetzte System tatsächlich abdeckt (vgl. Abbildung 3). Der tatsächlich vorhandene Funktionsumfang liegt durchgängig unterhalb des für wünschenswert gehaltenen – teilweise sind die Unterschiede sehr deutlich. Die geringsten Unterschiede treten bei eher operativen Aktivitäten wie Storno-Management (Soll 33 %, Ist 28 %), Kampagnen-Management (Soll 36 %, Ist 30 %), Kundenkontakt-Management (Soll 48 %, Ist 41 %) und Kündiger-Management (Soll 19 %, Ist 12 %) auf. Demgegenüber treten bei analytisch anspruchsvolleren Funktionen größere Unterschiede im Soll-Ist-Vergleich auf: Zuordnung der Kunden zu Segmenten (Soll 50 %, Ist 38 %), Kundenbewertung/Scoring (Soll 33 %, Ist 23 %), CRM-Controlling (Soll 37 %, Ist 27 %) und CRM-Analysen (Soll 35 %, Ist 23 %). Es zeigt sich also, dass mancher Unterschied zwischen Theorie und Praxis des CRM letztlich auf unzureichende Software-Rahmenbedingungen zurückzuführen ist.

3.4 Kundenbindung und Kundenzufriedenheit

Bezüglich der Kommunikation mit dem Kunden setzen nahezu zwei Drittel der befragten Unternehmen auf den persönlichen Kontakt mit dem Kunden – vor dem Telefonat und dem Mailing mit jeweils 63 %. Jedes zweite Unternehmen setzt zudem den E-Mail Newsletter zur Kundenkommunikation ein.

Der Kundenbindung haben die Unternehmen in den letzten Jahrzehnten viel Aufmerksamkeit gewidmet (vgl. Krafft 2013, 134). Dementsprechend ist sie auch für die Befragten der vorliegenden Studie das wichtigste Ziel ihrer CRM-Aktivitäten. Drei Viertel der Unternehmen setzen auf besondere Maßnahmen, um die Kunden an ihr Unternehmen zu binden. Besonders große Bedeutung haben hier dem persönlichen Kontakt dienende Veranstaltungen sowie Gutscheine, Bonusprogramme und Kundenkarten. Kundenzeitschriften spielen im Vergleich zu diesen eine untergeordnete Rolle. Kundenbindungsinstrumente mit dem Potenzial zur Kundenbegeisterung könnten damit insgesamt noch stärker genutzt werden, als dies in der Unternehmenspraxis derzeit der Fall ist.

Befragungen zur Kundenzufriedenheit werden mittlerweile von sehr vielen Unternehmen durchgeführt. Nur knapp 10 % der Befragten geben an, in ihrem Unternehmen keine Kundenbefragungen durchzuführen. Alle anderen Unternehmen führen entweder regelmäßige Befragungen durch (42 %) oder gelegentliche bzw. bei Bedarf (48 %). Als Anlass für die Befragung gibt die Hälfte der Unternehmen an, die Kundenbefragung zu einem Stichtag bzw. als Querschnittbefragung durchzuführen. Wiederum 44 % der Unternehmen führen die Kundenbefragung unmittelbar im Anschluss an die jeweilige Leistungserbringung durch.

Welche Schlüsse ziehen die Unternehmen aus den gewonnenen Daten? Nahezu 70% der Unternehmen nutzen die Ergebnisse der Kundenbefragung, um einzelne Maßnahmen konkret zu optimieren. Zwei Drittel der Befragten geben an, dass die gewonnen Erkenntnisse in ihren Unternehmen für allgemeine Optimierungen an ihren Produkten und Dienstleistungen zu genutzt werden. Eine Hochrechnung bzw. eine Imputation der gewonnen Informationen in ihre Kundendatenbank führen lediglich 15% der befragten Unternehmen durch.

Als Ziel verfolgen die Unternehmen im Bereich der Kundenzufriedenheit vor allem ein vertrauensvolles Verhältnis zwischen Anbieter und Kunde (sehr wichtig für 65 %), eine als aufrichtig und ehrlich empfundene Kommunikation (61 %) sowie Begeisterung des Kunden für den Anbieter (60 %). Dass der Kunde die Geschäftsbeziehung als besonderes Erlebnis empfindet, ist hingegen für deutlich weniger Unternehmen sehr wichtig. Die unternehmerische Praxis trägt damit nur eingeschränkt der Erkenntnis Rechnung, dass sich Kundenzufriedenheit und damit auch Kundenbindung vor allem durch die Erfüllung von Begeisterungsanforderungen erreichen lässt (vgl. Hartmann/Kreutzer/Kuhfuß 2004, 59).

3.5 Social Media und kundengeführtes Unternehmen

Die Kommunikation mit dem Kunden über Social Media-Kanäle wird in der heutigen Zeit immer wichtiger. Bereits 56 % der befragen Unternehmen nutzen diese Plattformen aktiv, um mit ihren Kunden im Kontakt zu bleiben.

Betrachtet man die genutzten Plattformen, ergibt sich folgendes Bild: Facebook wird von 79 % der Unternehmen genutzt, die Social Media zur Kundenkommunikation einsetzen. Der Kurznachrichtendienst Twitter (37 %), vom Unternehmen selbst betriebene Unternehmensblogs (32 %) und Kundenforen (26 %) folgen mit großem Abstand. Die für Geschäftskommunikation gedachten Plattformen Xing und ihr amerikanisches Pendant LinkedIn werden von 12 % bzw. 2 % der Unternehmen genutzt.

Die in Social Media aktiven Unternehmen müssen die genutzten Kanäle mit Inhalten befüllen, die für Privatnutzer geeignet sind. Hierzu gibt es in knapp 40 % dieser Unternehmen eine eigene Abteilung, welche sich nur um diesen Kommunikationskanal kümmert. In 37 % der Unternehmen wird dieser Kommunikationskanal von einer Person hauptberuflich betreut und in 21 % nebenberuflich von einer einzelnen Person.

Richtig wertvoll werden die Aktivitäten in den sozialen Netzwerken erst, wenn es möglich ist, diese Daten im Sinne von „Big Data" mit den im CRM-System vorhandenen Kundenprofilen zu verknüpfen. Diese Verknüpfung erfolgt über die von den sozialen Netzwerken bereitgestellten API-Zugänge (API = application programming interface; dt.: Programmierschnittstelle). Dabei kann eine 1:1-Verknüpfung naturgemäß nur erfolgen, sofern geeignete Ankervariablen in sozialen Netzwerken und CRM-Daten vorhanden sind, die eine Zuordnung erlauben. Dass dies nicht so einfach ist, wird auch dadurch bestätigt, dass nur 20 % der Befragten sagen, diese Integration von CRM und Social-Media-Aktivitäten gelinge in ihren Unternehmen vollständig. Weitere 52 % geben hingegen an, dass diese Integration zumindest teilweise gelingt.

Soziale Netzwerke ermöglichen den Kunden Kommunikation mit den Unternehmen „auf Augenhöhe" im Sinne eines wirklichen Dialogs. Damit bieten sie den Kunden einen Weg, Einfluss auf die Unternehmen zu nehmen. Dieser neuen Herausforderung des „kundengeführten Unternehmens" müssen sich viele Unternehmen heute stellen (vgl. Kreutzer 2009, 270; Meffert 2012, 8; Wagner 2013, 62 f.). Bei der Produktentwicklung und Produktvermarktung gibt die Hälfte der Befragten an, dass ausgewählte Kunden auf diese Bereiche Einfluss haben sollten. Immerhin ein Drittel gibt sogar an, dass auf diese Bereiche durch alle Kunden offen Einfluss genommen werden sollte. Im Bereich Produktvertrieb sowie bei anderen Themen wie Personal oder Finanzen zeigt sich eine deutlich konservativere Haltung der Unternehmen. Hier geben 39 % (Produktvertrieb) und 53 % (andere Unternehmensbereiche) der Unternehmen an, dass der Kunde auf diese Themen keinerlei Einfluss haben sollte.

Das Zukunftsbild, in dem der Kunde breiten Einfluss auf das Unternehmen nimmt, wird zumeist noch nicht der Realität in den Unternehmen entsprechen. Aus Sicht des CRM ergibt sich die Herausforderung, diese Einflussnahmen des Kunden auch im CRM-System abzubilden und somit für die Kundenbewertung, -segmentierung und -ansprache nutzbar zu machen.

3.6 CRM-Controlling

Die Erfolgsmessung der CRM-Aktivitäten erfolgt auch heute noch weitgehend nach Umsätzen (66 % der Befragten) bzw. durch Responsequoten (40 %). Wesentlich seltener genannt werden die Kostenseite berücksichtigende Kriterien wie Deckungsbeiträge (30 %), die Kosten pro Bestellung (CpO, 26 %) sowie der Return on Investment (ROI, 24 %). Tiefere Einsichten in die Wirkung ihrer Kampagnen verschaffen sich zudem 24 % der Unternehmen durch kampagnenbegleitende Marktforschungen. Hiermit lassen sich beispielsweise Informationen zur Wahrnehmung, Imagewirkung und Aktivierungsleistung der Medien gewinnen.

Neben den oben aufgeführten Kriterien des Dialog-Controllings sollten im CRM vor allem kundenbezogene Erfolgsmessungen von Interesse sein. Hierbei steht weniger im Fokus, ob eine Kampagne insgesamt von Erfolg gekrönt war, sondern vielmehr, für welche Kundentypen, -segmente oder -werte dies der Fall war – und für welche eben nicht. Auch hier sind kundenbezogene Umsätze (60 %) und Responseanalysen (43 %) weitaus stärker verbreitet als adäquatere Methoden wie kundenbezogene Deckungsbeiträge (31 %) oder Kundenwert-Analysen (32 %), wobei letztere ja wie bereits gesehen selbst sehr oft nur auf Umsätzen basieren.

Insgesamt ist das Controlling der CRM-Aktivitäten noch sehr stark umsatz- bzw. responselastig und damit – verglichen mit den Empfehlungen der Theorie – zu eindimensional aufgestellt. Der Mehrdimensionalität des CRM-Controllings könnte z. B. mit Balanced Scorecards Rechnung getragen werden (vgl. Warschburger et al. 2003, 29-31; Link/Grandjot 2013, 255-258). Bei der Implementierung umfassenderer Kennzahlensysteme wäre es möglicherweise hilfreich, verstärkt auf externe Dienstleister zu setzen. Auf derartige Unterstützung vertrauen derzeit nur knapp 30 % der Unternehmen.

4 Fazit und Empfehlung

Die Untersuchung konnte weiter konkretisieren, an welchen Stellen in der Praxis noch Umsetzungsprobleme der CRM-Theorie bestehen. Unternehmen, die sich bewusst sind, dass sie noch einen längeren Weg bis zur Umsetzung der Theorie vor sich haben, befinden sich damit oft in guter Gesellschaft. Vielfach können mangelnde Ressourcen eine Ursache der Umsetzungsprobleme sein, sei es die Softwareausstattung, die personelle Situation oder der Umfang, in dem auf externe Berater und Dienstleister zurückgegriffen werden kann.

Mit Umsetzungsdefiziten in guter Gesellschaft zu sein, heißt nicht, dass diese nicht angegangen werden sollten. Oft werden auf Basis dieses Benchmarkings mehrere Defizite zu Tage treten. Wer hier den entscheidenden Schritt nach vorn tun möchte, sollte die Bestandsaufnahme des weiten Bereichs des CRM strukturiert angehen und sich hierzu erforderlichenfalls externer Unterstützung bedienen. Auf dieser Basis lassen sich dann Handlungsfelder identifizieren und vor allem priorisieren. Sind die vordringlichsten Handlungsfelder identifiziert, gilt es, für diese konkrete Projekte zu ihrer Umsetzung aufzusetzen. So können beispielsweise adäquatere Kundenbewertungen, Kundensegmentierungen oder kundenbezogene Erfolgsmessungen im Rahmen eines Projekts auf den Weg gebracht werden.

Literatur

BITKOM (Bundesverband Informationswirtschaft, Telekommunikation und neue Medien e. V.) (2012): Big Data im Praxiseinsatz – Szenarien, Beispiele, Effekte. Berlin: BITKOM.
Blacha, K./Stegemann, M./Wissmann, J. S./Krafft, M./Lorscheid, P. (2012): CRM: Status quo vadis. Ergebnisse einer Experten-Befragung zur aktuellen und zukünftigen CRM-Praxis. Königstein im Taunus: Siegfried Vögele Institut.
Bruhn, M. (2012): Relationship Marketing. 3. Aufl., München: Vahlen.
Helm, S./Günter, G. (2006): Kundenwert – Herausforderungen der Bewertung von Kundenbeziehungen. In: Günter, B./Helm, S. (Hrsg.): Kundenwert: Grundlagen – Innovative Konzepte – Parktische Umsetzungen. 3. Aufl., Wiesbaden: Gabler, 3-35.
Krafft, M. (2013): Erfolgreiche Dialoge im Kundenbeziehungsmanagement. In: Gerdes, J./ Hesse, J./Vögele, S. (Hrsg.): Dialogmarketing im Dialog. Wiesbaden: Springer Gabler, 125-142.
Götz, O./Krafft, M. (2003): Customer Relationship Management öffentlicher und privater TV-Sender. In: Wirtz, B. W. (Hrsg.): Handbuch Medien- und Multimediamanagement. Wiesbaden: Gabler, 337-363.
Kreutzer, T. (2009): Praxisorientiertes Dialogmarketing. Wiesbaden: Gabler.
Link, J./Grandjot, T. (2013): Neuere Entwicklungen im Dialogmarketing-Controlling. In: Gerdes, J./Hesse, J./Vögele, S. (Hrsg.): Dialogmarketing im Dialog. Wiesbaden: Springer Gabler, 249-274.
Neckel, P./Knobloch, B. (2005): Customer Relationship Analytics. Heidelberg: dpunkt.
Wagner, R. (2013): Unternehmen als Akteure und Objekte des Dialogs. In: Gerdes, J./ Hesse, J./Vögele, S. (Hrsg.): Dialogmarketing im Dialog. Wiesbaden: Springer Gabler, 59-72.
Warschburger, V./Kirchmann, E. M. W./Dempsey, D. (2003): Kennzahlenbasiertes Controlling von CRM-Projekten. In: Information Management & Consulting, Bd. 18/2, 24-31.

Kontakt

Prof. Dr. Peter Lorscheid
Leiter CRM und Dialog-Controlling
Siegfried Vögele Institut GmbH
Fritz-Erler-Straße 4
53113 Bonn
p.lorscheid@sv-institut.de

Auswirkungen des Anything Relationship Managements auf das Dialogmarketing

Rebecca Bulander, Bernhard Kölmel, Johanna Wüstemann

Inhalt

1	Weiterentwicklung des Customer Relationship Managements	142
2	Anything Relationship Management als neuer Ansatz für vernetze Kommunikation	143
2.1	Relevanz des Themas	144
2.2	Vom Relationship Management zum xRM	146
2.3	Stand der Forschung im Themenbereich xRM	149
3	Ergebnisse einer Analyse von xRM-Aktivitäten von Unternehmen	152
3.1	Zielsetzung und Vorgehensweise	152
3.2	Quantitative Ergebnisse	154
3.3	Qualitative Ergebnisse	157
4	Zusammenfassung und Auswirkungen des xRM auf das Dialogmarketing	160

Acknowledgments 164
Literatur 165
Kontakt 166

Management Summary

In diesem Beitrag wird das Management-Konzept Anything Relationship Management (xRM) erläutert, welches eine Weiterentwicklung des Customer Relationship Managements (CRM) darstellt. xRM bietet dabei eine Verbindung der Themengebiete Internet of Things und Internet of Services in einer total vernetzten Welt, in der nicht nur Menschen in der Rolle von verschiedenen Stakeholdern eines Unternehmens untereinander, sondern auch intelligente Objekte miteinander vernetzt sein können. Aufgrund der Vernetzung können zusätzliche Kontextinformationen über die verschiedenen Beziehungen zwischen Menschen und Objekten gesammelt und für eine individuelle Kundenansprache aber auch n:n-Interaktion, -Kommunikation und -Kollaboration genutzt werden. Ebenso wird auf den Stand der Forschung im Bereich xRM eingegangen. Darüber hinaus werden bereits erste Ergebnisse einer empirischen Studie über die Nutzung von Sozialen Medien für die Ansprache von drei ausgewählten Stakeholdersichten in der Unternehmenspraxis dargestellt. Der Beitrag schließt mit einem Ausblick auf mögliche zukünftige Szenarien des individuellen Marketings in einer total vernetzen Welt.

1 Weiterentwicklung des Customer Relationship Managements

Zurzeit findet im Bereich des Internet of Things (IoT) sowie im Bereich des Internet of Services (IoS) eine massive technologische Entwicklung statt, welche enormes Zukunftspotenzial, neue Geschäftsmodelle, Anwendungsszenarien und Perspektiven für das Dialogmarketing in einer total vernetzen Welt verspricht. An dieser Entwicklung nehmen bereits viele Unternehmen in Deutschland teil; bei den Themenbereichen Industrie 4.0 und Cyper-Physical-Systems (CPS) sind das v. a. Unternehmen aus den Branchen Maschinenbau und Medizintechnik. Jedoch betreffen diese technologischen Entwicklungen alle Branchen.

Die Autoren Brynjolfsson und McAfee beschäftigen sich in ihrem Buch „Race against the machine" von 2011 mit der Frage, wie sich die Informationstechnologie auf Arbeitsplätze, Fähigkeiten, Gehälter und die Wirtschaft insgesamt auswirkt und ob der Mensch im Wettbewerb zu den Maschinen bzw. Computern steht. Auf die Frage, was mit den durch technologische Rationalisierung weggefallenen Arbeitsplätzen passiert ist, führen die Autoren die neuen Technologien und deren wirtschaftliche Kraft an. Die Entwicklung der Menschheit ist durch viele technologische Innovationen – auch Basistechnologien genannt – geprägt worden, welche den wirtschaftlichen Fortschritt sprunghaft beschleunigten. Beispiele für solche Basistechnologien sind die Dampfkraft, die Elektrizität und der Verbrennungsmotor. In diese Aufzählung reiht sich auch der Computer in Kombination mit Netzwerken – die heutige Informations- und Kommunikationstechnologie (IKT) – ein (vgl. Brynjolfsson und McAfee 2012, 2011).

Die Autoren Brynjolfsson und McAfee propagieren, dass wir uns getrieben durch diese neue digitale Basistechnologie bereits in einer großen Umstrukturierung der gesamten Arbeitswelt in Richtung eines vermehrten Einsatzes von Computern und Maschinen befinden, welche sich ebenfalls in der Wirtschaft bereits bemerkbar macht. Jedoch sollte nicht die Rede davon sein, dass es einen

Wettlauf des Menschen gegen die Maschinen gibt, sondern vielmehr, dass Ansätze gefunden werden müssen, mit denen der Mensch die Maschinen sinnvoll (z. B. zum Muster erkennen und für komplexe Kommunikation) nutzen und die menschlichen Fähigkeiten, welche er den Maschinen voraushat, zielführend für Innovationen und das wirtschaftliche Leben einsetzen kann. Die menschlichen Fähigkeiten wie Kreativität, Intuition, Teamfähigkeit und Führung werden dabei in Zukunft sehr gefragt sein (vgl. Brynjolfsson und McAfee 2012).

Was die Entwicklung der Technologie betrifft, so postulieren die Autoren eine ähnlich rasante Entwicklung wie beim Moor'schen Gesetz, gemäß diesem sich die Anzahl der Schaltkreiskomponenten mit minimalen Komponentenkosten alle 12 bis 24 Monate verdoppelt. Damit ist davon auszugehen, dass die Technologisierung unserer Welt immer weiter und schneller voranschreiten wird und Computer und intelligente Gegenstände oder Maschinen immer mehr einen Teil heute noch menschlicher Tätigkeiten, wie das Autofahren auf stark befahrenen Straßen oder komplexe Kommunikation, übernehmen werden (vgl. Brynjolfsson und McAfee 2012).

Um mit dieser Transformation der Arbeits- und Wirtschaftswelt Schritt halten zu können, müssen neue organisatorische Strukturen, Prozesse, Konzepte und Geschäftsmodelle erfunden werden, welche die Technologie und die menschlichen Fähigkeiten zusammen wirksam einsetzen (vgl. Brynjolfsson und McAfee 2012). Die Autoren dieses Beitrags stellen Anything Relationship Management (xRM) als einen Ansatz im Dialogmarketing zum Beschreiten dieses Transformationsprozesses für Unternehmen dar.

Im weiteren Beitrag wird auf das Thema xRM näher eingegangen. Dazu wird in Kapitel 2 der xRM-Ansatz in einer vernetzten Welt näher beschrieben, indem die Definition, der Stakeholder-Ansatz, die historische Entwicklung und der Stand der Technik dargestellt werden. In Kapitel 3 werden die Ergebnisse einer empirischen Untersuchung zum xRM-Ansatz aus Nutzersicht vorgestellt. Dabei wurden bestimmte Unternehmen verschiedener Branchen untersucht, inwieweit sie bereits verschiedene xRM-Perspektiven in den Sozialen Medien bewusst einsetzen und in welcher Qualität dies erfolgt. Das Paper schließt mit einem Kapitel in dem Zukunftsszenarien des Dialogmarketings im Kontext des xRM-Ansatzes vorgestellt werden.

2 Anything Relationship Management als neuer Ansatz für vernetze Kommunikation

In der heutigen Welt ist eine zunehmende Vernetzung von Menschen, intelligenten Objekten, Prozessen und Daten zu beobachten; diese ist auch unter dem Begriff „Internet of Everything" teilweise schon bekannt. Indizien dafür sind die steigende Anzahl an Nutzern von sozialen Netzwerken wie Facebook, LinkedIn, Google+ oder Xing sowie die zunehmende Anzahl an Besitzern von mobilen Endgeräten v. a. Smartphones. Diese mobilen Endgeräte sowie die gute Netzabdeckung ermöglichen den Zugriff auf das Internet fast von jedem Ort aus. Darüber hinaus lassen sich immer mehr Anwendungen (Apps) für Smartphones finden, so z. B. auch die Steuerung der eigenen Heizung. Dieser erhöhte Vernetzungsgrad bietet Unternehmen die Möglichkeit für neue Abläufe und Geschäftsmodelle, die u. U. bisher in dieser Art und Weise nicht möglich gewesen wären. Aufgrund der Vernetzung im Internet of Everything bestehen zwischen den einzelnen Objekten und Menschen über die Verbindung zueinander Beziehungen, welche gesteuert und kontrolliert werden müssen.

Der Begriff Beziehungsmanagement wurde bisher hauptsächlich als Hilfsmittel in den Bereichen Marketing und Vertrieb im Sinne von Customer Relationship Management (CRM) verwendet. Heutzutage ist das betriebliche Anwendungsgebiet des Beziehungsmanagements von Logistik bis hin zum Personalwesen breit gefächert (vgl. Britsch et al. 2012).

Ein vielversprechender Ansatz, die Vernetzung von Menschen, intelligenten Objekten, Prozessen und Daten zu erreichen, zu steuern und zu kontrollieren, bietet gemäß Britsch et al. (2012) das Anything Relationship Management (xRM).

Im Rahmen dieses Beitrags soll die Verbindung der Themengebiete Internet of Things und Internet of Services in einer total vernetzten Welt im Management-Konzept Anything Relationship Management, basierend auf dem erweiterten Kerngedanken des Customer Relationship Managements, aufgezeigt werden.

2.1 Relevanz des Themas

Nach Erfindungen wie der Dampfmaschine, des elektrischen Fließbandes und des Computers läutet die Vollvernetzung der realen (physischen) und virtuellen Welt, auch die total vernetze Welt genannt, die vierte industrielle Revolution ein. Die Deutsche Akademie der Technikwissenschaften (acatech) formuliert zum Schwerpunktthema Technologien wie folgt: „Die Vernetzung der Welt ist die große technologische Herausforderung unserer Zeit, sie betrifft alle Infrastrukturen, sei es auf dem Gebiet der Energie, der Mobilität oder der Kommunikation" (vgl. Acatech 2013).

Im vergangenen Jahrzehnt sind Soziale Netzwerke wie Twitter, Facebook oder Xing sehr schnell gewachsen. Diese Unternehmen haben sich mittlerweile zu Weltkonzernen entwickelt (vgl. Accenture 2013).

Neben den Sozialen Medien, welche wie Cloud Computing, Mobile Business, Applications (Apps) und Kontextsensitivität zu dem Bereich des Internet of Services zählen, erleben wir auch im Bereich des Internet of Things ähnliche dramatische Veränderungen. Zu nennen sind v. a. die Schlagworte Eingebettete Systeme, Cyber-Physical-Systems sowie die Maschine-zu-Maschine-Kommunikation. Beim Internet of Things handelt es sich nach der Europäischen Kommission um „[...] eine dynamische globale Netzwerk-Infrastruktur mit selbstkonfigurierenden Fähigkeiten basierend auf standardisierten und interoperablen Kommunikationsprotokollen, bei der physische und virtuelle Dinge bzw. Entitäten Identitäten, physikalische Attribute und virtuelle Persönlichkeiten besitzen, intelligente Schnittstellen nutzen und nahtlos in das Informationsnetzwerk eingebunden sind. Das IoT nutzt heute das Internet, es kann jedoch auf jeder Art von Netzwerk basieren" (eigene Übersetzung Martinez 2012).

Diese modernen Technologien von heute sind in immer mehr Lebenslagen des Menschen integriert und somit ist es nur eine Frage der Zeit, bis jegliche Arten elektronischer Geräte miteinander vernetzt sind. Für Unternehmen wird es immer wichtiger, die rasche Informationsgewinnung in ihre Geschäftswelt mit einfließen zu lassen, denn jedes Geschäftsfeld wird damit zum digitalen Geschäftsfeld (vgl. Accenture 2013).

Die digitale Vollvernetzung der unterschiedlichsten Medien, Menschen, Objekte und intelligenten Dinge bzw. Entitäten stellt ganz neue Ansätze zur Verfügung, wie Unternehmen die Beziehungen z. B. zu Verbrauchern steuern, messen und interaktiv gestalten können. Des Weiteren lassen sich durch diese Kanäle die Beziehungen zu Kunden auf neuen Möglichkeiten, aber auch zu allen anderen Stakeholdern eines Unternehmens wie den Mitarbeitern, Partnern, Lieferanten, in unbekanntem Ausmaß intensivieren und anreichern (vgl. Accenture 2013).

Diese neuen Technologien ermöglichen auch die Entwicklung neuer revolutionärer Anwendungen, die neue Wertschöpfungsketten hervorrufen und die klassischen Branchen wie etwa die Automobilindustrie, Energiewirtschaft und Produktionstechnik transformieren werden. Diese Wertschöpfungen erfordern vielfältige neue Architekturen und Geschäftsmodelle sowie offene Standards und Plattformen für die Interoperabilität der vielfältigen Systeme (vgl. Geisberger und Broy 2013).

Als einer der wichtigsten neuen Plattformansätze in diesem Bereich ist das „Anything Relationship Management" (xRM) zu nennen, welches die Interoperabilität der verschiedenen Entitäten im IoS und IoT vereinigt und dabei auch Möglichkeiten eines langfristigen Beziehungsmanagements bietet (vgl. Hubschneider 2010).

2.2 Vom Relationship Management zum xRM

Im Folgenden soll kurz auf die historische Entwicklung des Themas eingegangen werden. Die wissenschaftliche Betrachtung von Beziehungen zu (zukünftigen) Kunden erfolgte zuerst im Marketing. Zu Beginn wurden hier v. a. die einzelnen Transaktionen zum Kunden unten den Aspekten der „Vier P's" (Produkt, Preis, Platz, Promotion) betrachtet. Dabei stand die Gewinnung neuer Kunden im Vordergrund (vgl. McCarthy 1960). Aufgrund der immer mehr zunehmenden Produktvielfalt und dem damit einhergehenden Konkurrenzdruck gewann die Bindung von profitablen Kunden an das Unternehmen an Bedeutung; hierfür wurde auch der Begriff Beziehungsmarketing verwendet (vgl. Berry 1983). Später wurde die Betrachtung erweitert und der Begriff des Beziehungsmanagements fand Einzug. Der Fokus wurde nicht mehr auf einzelnen Transaktionen gelegt, sondern auf eine langfristige Beziehung mit dem Kunden. So definieren z. B. Diller und Kusterer (1988) Beziehungsmanagement als die „Gesamtheit der Grundsätze, Leitbilder und Einzelmaßnahmen zur langfristigen zielgerichteten Anbahnung, Steuerung und Kontrolle von Geschäftsbeziehungen" (vgl. Britsch et al. 2012).

Zur Unterstützung des Beziehungsmanagement wurden v. a. zur Verkaufsunterstützung IT-Systeme eingesetzt. Diese hatten einen starken Fokus auf dem Vertrieb und waren unter den Namen Computer Added Selling-Systeme (CAS) oder auch Sales Foce Automation-Systeme (SCA) bekannt. Später bildete sich für das Beziehungsmanagement der englische Name Customer Relationship Management heraus und die dazugehörigen CRM-Systeme, welche die Kunden in ihren Prozessen unterstützen sollen. Ein CRM-System ist dabei eine integrierte betriebliche CRM-Anwendung, welche aus mehreren Anwendungen zusammengesetzt sein kann.

Gemäß Britsch et al. (2012) erschienen die ersten Ansätze zu allgemeineren Beziehungsmanagementsystemen, welche nicht mehr nur auf die Kunden sondern auch andere Stakeholdergruppen gerichtet waren, unter der Abkürzung „XRM". Auch der Begriff „Erweitertes Beziehungsmanagement" wurde teilweise verwendet (vgl. BroadVision 1998). Ab 2005 wurden unter XRM spezielle Anwendungen wie Lieferanten-Beziehungs-Management (SRM) oder Partner-Beziehungs-Management (PRM) zusammengefasst.

Im Jahr 2008 fand eine Zunahme der Verwendung des Begriffs „xRM" für „Anything Relationship Management" statt. Nun jedoch mit einem Kleinbuchstaben zu Beginn geschrieben (vgl. Britsch et al. 2012). Auch wurde das Thema von dem Unternehmen Microsoft aufgegriffen und als ganzheitliches Beziehungsmanagement vermarktet. Heute wird der Begriff xRM bei vielen CRM-Herstellen wie z. B. der CAS Software AG verwendet (vgl. Berry 1983, Britsch et al. 2012).

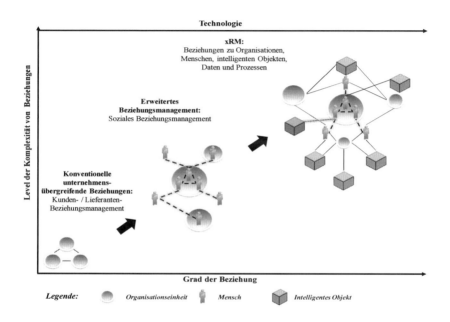

Abbildung 1: Entwicklung des Relationship Management-Konzepts hin zu xRM

Bei der Entwicklung vom Customer Relationship Management hin zum Anything Relationship Management in Abbildung 1 wird deutlich, dass die Technologie, der Grad der Beziehungen und auch die Komplexität der Beziehungen stufenweise zunehmen. Zu Beginn der Entwicklung stehen noch die einzelnen Transaktionen zum Kunden oder Lieferanten im Vordergrund, d. h. die Beziehung v. a. zwischen den Organisationen (Unternehmen, Kunde oder Lieferant). In der nächsten Stufe dem erweiterten Beziehungsmanagement treten v. a. auch durch den Einsatz Sozialer Medien die Beziehungen zwischen einzelnen Menschen in oder auch außerhalb dieser Organisationen in den Vordergrund. Auf der obersten Stufe wird der Beziehungsfokus auf die verschiedenen Stakeholdergruppen des Unternehmens wie z. B. Lieferanten, Mitarbeitern oder Partnern erweitert und es kommen zusätzlich Verknüpfungen zu intelligenten, physischen Objekten, Daten und Prozessen hinzu.

Analog zum CRM-Ansatz erfolgt die Umsetzung des xRM-Konzeptes mit Hilfe von Informations- und Kommunikationstechnik (IKT) auf dem Middleware-Layer (siehe Abbildung 2). Dabei wird auch von einer xRM-Plattform gesprochen. Eine xRM-Plattform ist meist modular aufgebaut, enthält Business Rules und es werden in ihr die verschiedenen Beziehungsstrukturen abgebildet (vgl. Tiwana et al. 2010). Über Schnittstellen können weitere spezifische Anwendungen angebunden werden, welche verschiedene Dienste basierend auf diesen Beziehungsstrukturen anbieten.

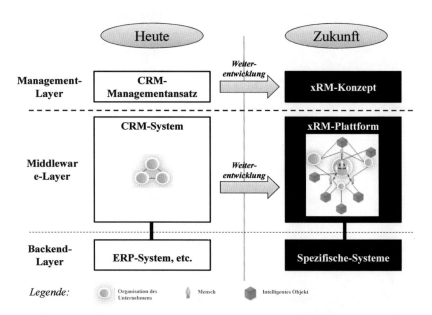

Abbildung 2: Entwicklung des Relationship Management-Konzepts hin zu xRM

Anything Relationship Management basiert damit auf dem erweiterten Kerngedanken des Customer Relationship Managements. xRM stellt dabei eine wesentliche Erweiterung von CRM dar, bei der ein Unternehmen nicht nur mit seinen

Kunden (Customer) eine Beziehung pflegt, sondern mit allen seinen Stakeholdern und den für das Unternehmen wichtigen physischen und virtuellen Dingen bzw. Entitäten vernetzt ist und mit diesen interagieren, kommunizieren sowie kollaborieren kann. Auch können wiederum die Stakeholder bzw. Entitäten über diese Vernetzung miteinander interagieren, so dass auch von einer total vernetzen Welt gesprochen werden kann. Das x bei xRM steht damit für „Anything" und kann Folgendes beinhalten:

- physische Personen bzw. Stakeholder des Unternehmens (z. B. Mitarbeiter, Geschäfts- und Endkunden, Lieferanten, Partner, Personen in Sozialen Netzwerken etc.)
- physische und virtuelle Dinge und Objekte (Maschinen, Gegenstände etc.)
- virtuelle Assets (Dokumente, Services, Events, Testreihen, Patente etc.)

Der xRM-Ansatz bezieht sich dabei auf zwei verschiedene Ebenen, die Managementebene und die IKT-Ebene. In diesem Sinne trägt xRM zum systematischen Management von Beziehungen zu allen (horizontalen, vertikalen und lateralen) Kooperations-Partnern bei. Analog zum Themenbereich Customer Relationship Management, welches sich ebenfalls auf diesen beiden Ebenen erstreckt (auf der Managementebene des CRM-Managementansatzes und auf der IKT-Ebene des CRM-Systems, welches an die Backendsysteme des Unternehmens angeschlossen ist), stellt xRM eine wesentliche Weiterentwicklung gleichfalls auf diesen beiden Ebenen dar (vgl. Abbildung 2). Unter Berücksichtigung beider Perspektiven kann xRM wie folgt definiert werden: xRM beschreibt ein holistisches Beziehungs-Management-Konzept innerhalb und zwischen Organisationen, Menschen sowie virtuellen und physischen Objekten. xRM verbindet das Internet of Services und das Internet of Things; es koordiniert die Beziehungen zwischen den verschiedenen Akteuren und Objekten und beinhaltet die interaktiven Prozesse zwischen diesen.

Unter Einbeziehung von Kontextinformationen der einzelne Personen in dieser vernetzen Welt wie zum Beispiel aus Sozialen Netzwerken heraus, bildet xRM eine ideale Plattform, um personalisiertes Marketing zu betreiben.

2.3 Stand der Forschung im Themenbereich xRM

Gemäß Britsch et al. (2012) sollen xRM-Lösungen Unternehmen die Fähigkeit bieten, Beziehungen jeglicher Art und zwischen allen Objekten anzulegen, zu steuern, zu analysieren und zu kontrollieren, mit dem Ziel die Zufriedenheit der Stakeholder zu steigern; dies trägt zum langfristigen Erfolg des Unternehmens bei.

Für die informationstechnische Umsetzung bietet sich Cloud Computing an. Hier ist z. B. die Bereitstellung einer xRM-Plattform über die Cloud als Platform-as-a-Service (PaaS) möglich, bei der dem Nutzer eine komplette Entwicklungsumgebung bereitgestellt wird. Cloud-basierende xRM-Plattformen ermöglichen damit neue Netzwerk-Szenarien auf unternehmens- oder organisationsübergreifender Basis. Über eine xRM-Plattform werden somit das IoT und das IoS miteinander verbunden.

Der wesentliche Grundgedanke des IoT ist, die Nutzer des Internets um Dinge bzw. technische Geräte wie Konsumgüter, Kleidungsstücke, Einrichtungsgegenstände wie eine Lampe oder eine Waschmaschine, jegliche Art von Automaten oder Fahrzeugen zu erweitern. Das bedeutet, dass in Zukunft nicht mehr nur menschliche Teilnehmer über Computer, Smartphones o. ä. als eigene Identitäten im weltweiten Netz miteinander kommunizieren, sondern ebenso mit Sensoren ausgestattete intelligente Dinge und Objekte. Die Sensoren dienen dabei als „Sinnesorgane" der Objekte, so dass dadurch Umweltinformationen berücksichtigt werden können und diese verschiedenen Objekte dadurch „smart" und integrativer Bestandteil eines weltweiten Netzwerks werden. Ermöglicht wird diese neuartige Kommunikation durch das neue, zukünftige Internetprotokoll IPv6 (Internet Protocol Version 6), durch welches das Internet über einen neuen Adressraum verfügt und Milliarden von Geräten mit eigener Adresse direkt angesprochen werden können. Neben dem IPv6 bilden verschiedene weitere Technologien die Grundlage für das Internet of Things. Zu diesen Technologien zählen Identifizierungstechniken wie Quick Response-Codes (QR-Codes) oder Near Field Communication-Chips (NFC-Chips), Visualisierungstechniken wie Augmented Reality (AR), geolokations- und kontextanreichernde Dienste wie GPS-Ortung, Schnittstellen und Protokolle wie Message Queue for Telemetry and Transport (MQTT) sowie Kommunikationstechniken wie Sensor-Mesh-Netze.

Um über ein Internet of Things hinaus zu kommen ist mehr als nur die Aufrüstung miteinander kommunizierender mikro-elektronischer Objekte nötig. Das Verknüpfen von Objekten miteinander oder mit dem Internet erfordert klare Beziehungsstrukturen und folglich einen xRM-Rahmen. Im Kern dieses Ansatzes steht die Ausdehnung von webbasierenden Diensten (Internet of Services) zum Internet of Things. Gemäß der Europäischen Kommission wird das Internet of Services (Internet der Dienste) als „[...] Vision des Internets der Zukunft, in dem alles, was benötigt wird, um Softwareanwendungen zu nutzen, als Dienst zur Verfügung gestellt wird, wie die Software selbst, die Werkzeuge, um die Software zu entwickeln, oder die Plattform (Server, Speicherplatz und Kommunikation), um die Software auszuführen", definiert (eigene Übersetzung nach European Commission 2012).

Beim Internet of Services werden die einzelnen Services und Funktionalitäten in feingranulare Softwarekomponenten (z. B. Apps) zusammengefasst und über das Internet (die „Cloud", d. h. über weltweit verteilte auslastungsgesteuerte Serververbünde) den Nutzern plattform- und endgeräteunabhängig z. B. auf dem Smartphone, angeboten. Durch die Anbindung an das Internet und den Zugriff auf online verfügbare Daten können neue, innovative Arten von Diensten entstehen, die eine hohe Gebrauchstauglichkeit („Usability") aufweisen. Besonders bei diesen angebotenen Diensten spielen bereits jetzt Kontextinformationen eine wichtige Rolle und die Tendenz ist steigend. So nutzen kontextsensitive Systeme und Dienste Informationen über den Anwender, seine oder die Umgebung von Objekten sowie Aktivitäten und Vernetzungen, um die Qualität der Anwendungen zu verbessern und Angebote, Produkte sowie Dienstleitungen kontextabhängig auf den Nutzer zu personalisieren. Gemäß A. K. Dey wird der Begriff Kontext wie folgt definiert: "Context is any information that can be used to characterize the situation of an entity. An entity is a person, place, or object that is considered relevant to the interaction between a user and an application, including the user and application themselves" (Dey 2000). Damit sind der Ort, die Zeit, die räumliche Nähe zu einer Lokation, die Temperatur, das aktuelle Wetter aber auch die persönlichen Präferenzen zum Beispiel Kontextinformationen einer Person oder eines intelligenten Objektes.

Eine xRM-Plattform verbindet dynamisch das Internet of Services und das Internet of Things unter Einbeziehung von Kontextinformationen im Rahmen einer virtuellen Einheit mit Hilfe einer Vielzahl von Modulen. xRM-Plattformen zeichnen sich durch Flexibilität und kurze Entwicklungszyklen aus, was sie als Ansatz zur Implementierung von Unternehmensanwendungen attraktiv macht. Die Entwicklung von unabhängigen xRM-Anwendungen kann zu einer enorm heterogenen Anwendungslandschaft führen. In jüngster Vergangenheit gab es z. B. eine Fülle von isolierten Projekten in diesem Bereich. Beispiele für Cyber-Physical-Systems-Anwendungsgebiete sind das intelligente Stromnetz, intelligenter Transport, intelligente Gebäude, intelligente medizinische Technologien und fortschrittliche Fertigungen. Daher werden neue Ansätze benötigt, um eine optimale Balance zwischen Flexibilität und Standardisierung im xRM-Umfeld zu schaffen.

Jedoch sind die meisten bisher getroffenen Ansätze im xRM-Umfeld isoliert; komplexe betriebswirtschaftliche Szenarien mit großen gemeinschaftlichen Netzwerken als organisatorische Basis für gemeinschaftliche CPS-Gesellschaften wurden noch nicht angemessen angegangen. Die Interoperabilität der CPS sowie standardisierte Managementansätze für die gezielte total vernetzte Welt wurden noch nicht angemessen eingesetzt und angenommen. Aus diesem Grund sind im Moment Unternehmen zurückhaltend sich mit dem xRM-Ansatz zu befassen.

3 Ergebnisse einer Analyse von xRM-Aktivitäten von Unternehmen

Der Ansatz des xRM befindet sich in der Praxis noch in den Anfängen. Dennoch sind bereits erste Anzeichen dafür sowohl bei Herstellern für CRM-/xRM-Software als auch bei Unternehmen, welche xRM-Aspekte in ihrer Unternehmenskommunikation einsetzen, zu erkennen. Für einen besseren Überblick zu diesem Thema wurde eine Analyse von 50 Unternehmen aus der Sicht eines möglichen Stakeholders des jeweiligen Unternehmens, also bspw. eines potenziellen Kunden, Mitarbeiters oder Lieferanten durchgeführt und die Ausrichtung der Unternehmen zu diesen Stakeholdern bewertet. Im Rahmen der Untersuchung wurde ausschließlich die Präsentation der Unternehmen in bekannten Kanälen der Sozialen Medien, als neue Kommunikationskanäle zu potenziellen Stakeholdern, betrachtet. Wesentliche Ergebnisse der Analyse werden in diesem Beitrag dargestellt.

3.1 Zielsetzung und Vorgehensweise

Ziel der Studie ist es, zu ermitteln, welche Sozialen Medien momentan von Unternehmen im Business-to-Business-Bereich (B2B), für welche Inhalte und welche Kommunikationsmittel mit möglichen Stakeholdern eingesetzt werden, sowie die Qualität der bereitgestellten Inhalte zu bewerten.

Diese Untersuchung stellt eine erweiterte Fortführung der bereits durchgeführten Studie „Social Media im B2B-Bereich" (vgl. Bulander/Wüstemann, 2012) dar. Wie in der vorhergehenden Studie wurden 50 Unternehmen aus Zeit- und Kostengründen begrenzt auf das Bundesland Baden-Württemberg aus fünf verschiedenen Branchen ermittelt und untersucht. Dabei sind die wesentlichen Ergebnisse auf andere Bundesländer übertragbar. Die Auswahl der Branchen wurde angepasst, da bestimmte Branchen im Umgang mit Sozialen Medien weiter fortgeschritten sind als andere. Jeweils zehn Unternehmen aus den Bereichen Beratung, Automobilindustrie, Informatik, Maschinenbau und Chemie wurden betrachtet. Bei der sowohl quantitativen als auch qualitativen Untersuchung wurden die folgenden Sozialen Medien berücksichtigt:

- Soziale Netzwerke (offizielle Vertretung des Unternehmens in diesem Kanal): Facebook, LinkedIn, Xing und Google+
- Podcasts/Videoportale: YouTube
- Blogs: Twitter, (Unternehmens-)Blogs
- Nachrichtenticker: RSS-Feeds
- Online-Nachschlagewerke: Wikipedia

Bei dieser Studie wurden zusätzlich noch die Sozialen Medien Slideshare (Präsentationsplattform), Foren und Widgets untersucht. Jedoch konnten hier keine nennenswerten Informationen gefunden werden, so dass diese Kanäle in den folgenden Auswertungsergebnissen vernachlässigt werden. Der Einsatz und die Qualität des Einsatzes der Sozialen Medien durch die Unternehmen wurden, wie auch in der Vorgängerstudie, aus Sicht eines potenziellen Nutzers evaluiert. In der vorliegenden Studie wurde der Wandel von CRM zu xRM berücksichtigt, indem nicht nur aus Kunden- sondern auch aus Mitarbeiter- und Lieferantensicht bewertet wurden; diese stellen die drei wichtigsten xRM-Stakeholdersichten eines Unternehmens dar. Tabelle 1 zeigt die drei Untersuchungsbereiche Kunden-, Mitarbeiter- und Lieferantensicht mit ihren jeweiligen Merkmalen.

Untersuchungsbereiche		
Kundensicht	Mitarbeitersicht	Lieferantensicht
1 Kundeninformation 2 Produktinformation 3 Kundenservice	4 Mitarbeiter- angebote	5 Unternehmens- mitteilungen

Tabelle 1: Merkmale der Untersuchungsbereiche Kunden-, Mitarbeiter- und Lieferantensicht

Aus Sicht eines (potenziellen) Stakeholders Kunde wurden die drei Merkmale Kundeninformationen, Produktinformationen sowie Kundenservice betrachtet. Als Kundeninformation werden Informationen über das Unternehmen und Werbung des Unternehmens gesehen. Informationen über Unternehmensleistungen (Produkte und Dienstleistungen), die Vorstellung oder Ankündigung neuer Produkte und Dienstleistungen sowie der Produktentwicklungen werden dem Merkmal Produktinformationen zugerechnet. Beim Merkmal Kundenservice werden Kontaktmöglichkeiten für den Kunden z. B. bei Fragen oder Problemen und Informationen zu häufig gestellten Fragen (Frequently Asked Questions) betrachtet. Aus Sicht potenzieller Mitarbeiter wurden Informationen für Mitarbeiter und Stellenangebote – zusammengefasst unter dem Merkmal Mitarbeiterangebote – bewertet. Aktuelle Neuigkeiten bezüglich des Themas Lieferanten, wie Lieferstrategie, Supply Chain oder Lieferantenbeziehungsmanagement, wurden mithilfe des Merkmales Unternehmensmitteilungen in der Lieferantensicht erfasst.

Die jeweilige Ausprägung des Merkmals wurde anhand einer Likertskala mit den Ausprägungsmöglichkeiten 1 bis 5 bewertet. Dabei wurde die Bewertung 1 immer dann vergeben, wenn das betreffende Unternehmen zwar in dem entsprechenden

Sozialen-Medien-Kanal vertreten war, jedoch keine konkreten Informationen zu diesem Merkmal aufwies. In Tabelle 2 werden die verwendeten Merkmalsausprägungen der drei ausgewählten Untersuchungsbereiche dargestellt.

Untersuchungs-bereiche		Bewertungsskala				
		1	2	3	4	5
Kundensicht	1	keine Informationen	alte Informationen	Informationen vorhanden, aber schwer zu finden	Informationen vorhanden und leicht zu finden	aktuelle Informationen vorhanden und schnell zu finden
	2	keine Produktinformationen	alte Produktinformationen	Produktinformationen nicht vollständig	Produktinformationen vollständig, aber nicht aktuell	Produktinformationen vollständig und aktuell
	3	kein Service	Service nur für Großkunden	Service für alle Kunden	Service adäquat	Service adäquat und schnell
Mitarbeitersicht	4	keine Angebote	alte Angebote	immer gleiche Angebote	wenig Angebote	interessante und viele Angebote
Lieferantensicht	5	keine Mitteilungen	alte Mitteilungen	Mitteilungen vorhanden, aber schwer zu finden	Mitteilungen vorhanden und leicht zu finden	Mitteilungen aktuell und schnell zu finden

Tabelle 2: Merkmalsausprägungen der qualitativen Untersuchungsbereiche

3.2 Quantitative Ergebnisse

Im folgenden Kapitel werden die Ergebnisse der quantitativen Untersuchung – welche Sozialen Medien werden wie häufig genutzt – vorgestellt. Es wird hierbei auf die Nutzung nach Unternehmensgröße, Branche und Stakeholdersicht eingegangen.

Von den insgesamt zufällig ausgewählten 50 Unternehmen aus Baden Württemberg waren 27 in Kanälen Sozialer Medien vertreten. Die restlichen bedienten sich herkömmlicher Kanäle wie z. B. Internetseiten. Die Unternehmen wurden nach der Mitarbeiteranzahl in kleine und mittelständische (< 5000 Mitarbeiter) und große (> 5000 Mitarbeiter) Unternehmen eingeteilt. Auf eine Aufteilung auf weitere Kategorie wie kleine Unternehmen (1-50 Mitarbeiter) wurde in dieser Studie verzichtet, da sich daraus keine weiteren Erkenntnisse ergaben. An der Studie waren 29 kleine und mittelständische und 21 große Unternehmen beteiligt. Von den kleinen und mittelständischen waren 12 in den Sozialen Medien vertreten, von den großen Unternehmen 15.

Anhand der Abbildung 3 ist erkennbar, dass die großen Unternehmen hinsichtlich der Nutzung Sozialer Kanäle einen kleinen Vorsprung verzeichnen; lediglich beim Einsatz von Blogs weisen die kleinen und mittelständischen Unternehmen eine größere absolute Häufigkeit auf. In beiden betrachteten Gruppen ist erkennbar, dass bestimmte Kanäle häufiger als andere eingesetzt werden; so liegt v. a. der Schwerpunkt auf den Kanälen Facebook und Twitter. Auch der Kanal der Sozialen Netzwerke wird häufig genutzt, so weist Xing vor Google+ und LinkedIn hohe Häufigkeiten auf. Eine eher geringe Nutzung weisen die Kanäle RSS, Blogs, Wikipedia und Youtube auf.

Bei einer Betrachtung der 27 Unternehmen nach der Branche waren in den Branchen Automobil und Chemie die Hälfte, also fünf, der Unternehmen in den Sozialen Medien vertreten. Vier von zehn Unternehmen aus der Informatikbranche waren vertreten. Mit mehr als der Hälfte stachen die Branchen Maschinenbau (6 von 10) und Beratung (7 von 10) hervor.

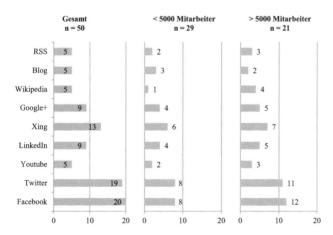

Abbildung 3: Einsatz von Sozialen Medien gesamt und nach Unternehmensgröße

Abbildung 4 gibt einen Überblick über die Verwendung der einzelnen Sozialen Medien je Branche. Während in der Automobilbranche vor allem die Kanäle Facebook und Twitter genutzt werden, werden in der Beratung alle Kanäle eingesetzt. Auch die Unternehmen in den Branchen Chemie und Maschinenbau verwenden die meisten Kanäle. In der Informationstechnik weist die untersuchte Stichprobe eine recht geringe Nutzung von Kanälen in Sozialen Medien auf.

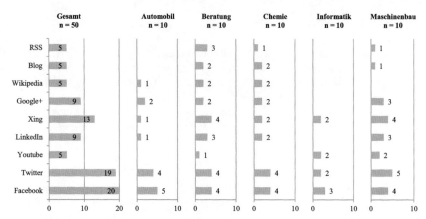

Abbildung 4: Einsatz von Sozialen Medien gesamt und nach Branche

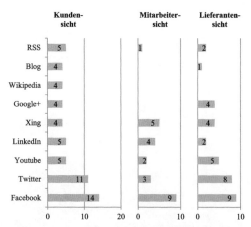

Abbildung 5: Einsatz von Sozialen Medien nach Kunden-, Mitarbeiter- und Lieferantensicht

Wird der Einsatz der Sozialen Medien aus der Sicht der drei Stakeholder – Kunde, Mitarbeiter und Lieferant – eines Unternehmens betrachtet ergibt sich Abbildung 5. Hierbei war es durchaus möglich, dass ein Auftritt mehrfach gezählt wurde, da er beispielsweise sowohl auf die Stakeholder Kunden als auch auf Mitarbeiter ausgerichtet sein kann. In dieser Abbildung sind die meisten Ergebnisse mit 56 Auftritten in den Sozialen Medien in der Kundensicht zu finden. Ein wesentlicher Grund hierfür könnte die bisherige Fokussierung der Unternehmen – bedingt durch den Einsatz von CRM und CRM-Systemen – auf die Kunden sein. Besonders genutzte Kanäle in der Kundensicht sind Facebook und Twitter. An zweiter Stelle mit 35 Auftritten ist die Lieferantensicht zu nennen, in der ebenfalls Facebook und Twitter, jedoch auch Youtube bevorzugt genutzt werden. In der Mitarbeitersicht konnten 24 Auftritte in Sozialen Medien verzeichnet werden; auch hier sticht Facebook hervor.

3.3 Qualitative Ergebnisse

Für die qualitative Untersuchung wurden die insgesamt 90 Auftritte der Unternehmen in den untersuchten Sozialen Medien bewertet. Hierzu wurden die in Kapitel 3.1 vorgestellten drei Untersuchungsbereiche – Kunden-, Mitarbeiter- und Lieferantensicht – mit ihren Merkmalen und deren jeweiligen Ausprägungen verwendet. Als Maßzahl für die Bewertung des Einsatzes Sozialer Medien wurde aufgrund des ordinalen Skalenniveaus der Median herangezogen. Der Median, auch Zentralwert genannt, teilt, die der Größe nach sortieren Beobachtungen in zwei gleich große Teile und gibt an, dass 50 % der Beobachtungen kleiner oder gleich dem angegebenen Wert sind.

In den nachfolgenden drei Abbildungen werden die drei Stakeholdersichten in den einzelnen Sozialen Medien in Abhängigkeit von der Branche qualitativ betrachtet (siehe hierzu auch die Informationen zu verwendeten Skala in Tabelle 2).

Abbildung 6 zeigt die qualitative Bewertung der Kundensicht. Bei der Gesamtbetrachtung der Kundensicht liegt die Informatikbranche mit einem Median von 3,25 qualitativ an der Spitze; dicht gefolgt von den Bereichen Beratung (Median 3,0) und Automobil (Median 3,0); die Branchen Maschinenbau und Chemie nutzen die Sozialen Medien tendenziell eher nicht für die Kundensicht. Im Bereich Maschinenbau fällt auf, dass v. a. die Kanäle Youtube und LinkedIn mit qualitativ hochwertigen Informationen gefüllt sind, in der Informatik ist es v. a. der Kanal Youtube, im Bereich Beratung der Kanal LinkedIn und im Bereich Automobil ist es der Kanal Twitter. Im Bereich Chemie sticht kein Kanal qualitativ besonders hervor. Insgesamt fällt auf, dass wenn die beiden Kanäle Youtube und LinkedIn verwendet werden, dies bezogen auf die Kundensicht mit tendenziell qualitativ hochwertigen Inhalten erfolgt. Hinsichtlich des Kanals Facebook ist auffällig, dass dieser zwar häufig eingesetzt wird, aber teilweise mit schlechter Qualität bezüglich der Inhalte.

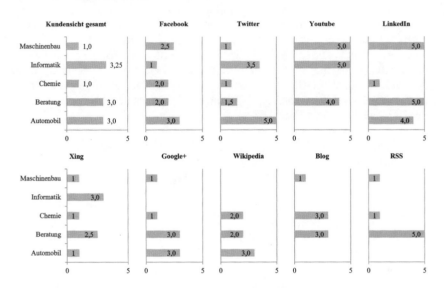

Bewertungsskala: 1 = nicht vorhanden, 5 = sehr gut vorhanden

Abbildung 6: Qualitative Bewertung des Einsatzes von Sozialen Medien aus der Kundensicht unterschieden nach Branchen

In Abbildung 7 ist die qualitative Bewertung der Inhalte in der Mitarbeitersicht zu sehen. Die Sozialen Medien Google+, Wikipedia, Blogs und RSS werden für die Verbreitung von Mitarbeiterinformationen von den betrachteten Unternehmen nicht verwendet und sind somit auch nicht in der Abbildung dargestellt. In der Gesamtübersicht liegt wie in Abbildung 6 die Informatikbranche (Median 2,75) im Vergleich zu den anderen Branchen hinsichtlich der Qualität vorne, auch wenn diese geringer als in der Kundensicht ist. Die anderen Branchen nutzen die betrachteten Sozialen Medien tendenziell eher nicht für Mitarbeiterinformationen. Die beiden Branchen Beratung und Automobil weisen mit ihrer Informationsqualität bei LinkedIn noch hohe Werte auf. Prinzipiell wurde die Qualität der bereitgestellten Informationen in Facebook auch hier eher schlecht bewertet.

Auswirkungen des Anything Relationship Managements auf das Dialogmarketing 159

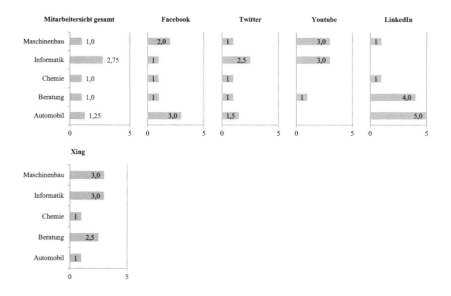

Bewertungsskala: 1 = nicht vorhanden, 5 = sehr gut vorhanden

Abbildung 7: Qualitative Bewertung des Einsatzes von Sozialen Medien aus der Mitarbeitersicht unterschieden nach Branchen

In der letzten Abbildung 8 zu den Stakeholdersichten ist der qualitative Einsatz von Sozialen Medien aus der Lieferantensicht innerhalb der einzelnen Branchen zu sehen. Bei dieser Sicht fällt auf, dass Wikipedia von allen Unternehmen nicht eingesetzt wird. Insgesamt sticht auch hier die Informatikbranche mit einer hohen Qualität bezüglich der dargestellten Inhalte in den Kanälen Youtube und Twitter hervor (Median 4,0; bester Wert von allen dreien); auch die Beratungsbranche liegt mit einem Median von 3,0 qualitativ vorne. Im Bereich Maschinenbau kann ein qualitativ hochwertiger Einsatz von Youtube (Median 5,0) verzeichnet werden. Im Bereich Chemie wurde ein qualitativ hochwertiger Einsatz von RSS (Median 5,0) gemessen; andere Soziale Medien werden tendenziell eher nicht für Lieferanteninformationen eingesetzt. Im Bereich Beratung konnte eine hohe Qualität beim Einsatz von Youtube, LinkedIn und Xing (Median 5,0) festgestellt werden sowie eine tendenziell mittlere Qualität (Median 3,0) bei Google+ und Blogs. Die Branche Automobil weist einen qualitativ hochwertigen Einsatz von Twitter und Google+ auf und eine tendenziell mittlere Qualität der Informationen (Median 3,0) bei Facebook. Prinzipiell kann auch hier festgehalten werden, dass der Kanal Youtube wenn er eingesetzt wird, eine tendenziell hohe Qualität der dargebotenen Informationen aufweist. Ebenso wurde auch hier Facebook zwar häufig eingesetzt, die Qualität der Informationen jedoch eher als tendenziell weniger qualitativ bewertet.

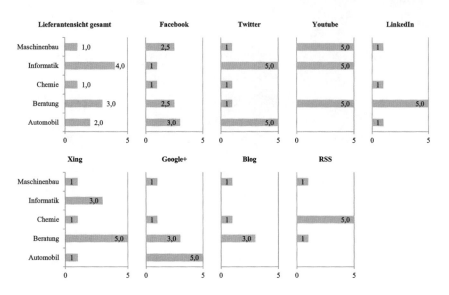

Bewertungsskala: 1 = nicht vorhanden, 5 = sehr gut vorhanden

Abbildung 8: Qualitative Bewertung des Einsatzes von Sozialen Medien aus der Lieferantensicht unterschieden nach Branchen

4 Zusammenfassung und Auswirkungen des xRM auf das Dialogmarketing

Im vorangegangenen Kapitel wurden die wesentlichen quantitativen und qualitativen Ergebnisse der durchgeführten Studie vorgestellt. Hinsichtlich der vorangegangenen Studie (vgl. Bulander/Wüstemann 2012) wurde in dieser Studie der Einsatz von Sozialen Medien in der Kundenperspektive auf die beiden weiteren Stakeholdersichten Mitarbeiter und Lieferanten erweitert. Dabei wurde der Fokus speziell auf Unternehmen des B2B-Bereichs gelegt, da hier eine wesentlich größere Zurückhaltung bezüglich dieser neuen Kommunikationskanäle vorhanden ist.

Sowohl die quantitativen als auch die qualitativen Studienergebnisse haben gezeigt, dass in beiden Bereichen Steigerungsmöglichkeiten vorhanden sind. So wurden die Sozialen Medien von einigen Unternehmen noch gar nicht oder nur in geringem Umfang genutzt. Vor allem in der Ansprache (potenzieller) Mitarbeiter bestehen erhebliche Verbesserungspotenziale, da besonders hier der Einsatz Sozialer Medien zu einer persönlichen und individuellen Ansprache beitragen kann. Auch hinsichtlich der Branchen konnten Unterschiede dargestellt werden. So waren bei den quantitativen Studienergebnissen die Branchen Beratung aber auch Maschinenbau stark vertreten. In der qualitativen Analyse kam zu diesen beiden Branchen auch noch die Informatik hinzu, welche sich durch qualitative Informationen bezogen auf die drei Stakeholdersichten in den verschiedenen Sozialen Medien hervorhob.

Die Studienergebnisse haben auch gezeigt, dass das Konzept des xRM im B2B-Bereich in der Praxis bisher nur in Anfängen umgesetzt ist. Hier bestehen sowohl im qualitativen als auch im quantitativen Einsatz Sozialer Medien Verbesserungspotenziale; auch ist eine Erweiterung der Stakeholdersichten z. B. um Partner oder Behörden denkbar. Auch sollten Unternehmen, wenn sie sich für die Nutzung eines Sozialen-Medien-Kanals wie z. B. Facebook entschieden haben, darauf achten, dass die bereitgestellten Informationen auf die entsprechende Stakeholdersicht abgestimmt und qualitativ hochwertig sind. Wie in der vorangegangenen Studie war auch in dieser Studie eine leicht größere Nutzung Sozialer Medien bei großen Unternehmen im Vergleich zu kleinen bis mittelständischen Unternehmen zu verzeichnen.

In den folgenden Abschnitten wird auf die Auswirkungen des xRM-Ansatzes auf das Dialogmarketing eingegangen. Hierzu werden verschiedene Bereiche, wie die Ansprache und die Einbeziehung weiterer Informationen in die Kommunikation präsentiert und an Beispielen dargestellt.

In einer zukünftig stark vernetzten Welt zwischen verschiedenen Entitäten wird ein aufgrund des wachsenden globalen Konkurrenzdrucks individuelles und leistungsorientiertes Multi-Channel-Marketing im Zentrum der Kundengewinnung und -bindung stehen und das Transaktions-, Customized- und Relationship Marketing ablösen (siehe hierzu auch Abbildung 9). Deswegen wird aus dem One-to-One-Marketing-Ansatz von Peppers und Rogers (vgl. Peppers/Rogers 1993, Peppers et al. 1999), unter dem man das Zuschneiden einer oder mehrerer Marketing-Maßnahmen auf jeden Kunden mit Hilfe statistischer Verfahren versteht, ein Alles-zu-Allem-Marketing. Dabei wird das 1:1-Ziel mit Individualisieren statt Personalisieren des Marketings auf ein höheres Niveau gehoben. Bisher wurden anstatt einzelner Kundenmerkmale (wie Einkommen, Geschlecht oder Alter) zielgerichtete Kundenprofile generiert; beim „Alles-zu-Allem"-Ansatz werden zusätzlich Kontextinformationen (wie z. B. die Nutzung unterschiedliche Interaktions-Kanäle, zeitliche und inhaltliche Interessen, Erfahrungen, Einfluss von Peer-Groups) und die persönlichen Beziehungen („Relationships" zu Menschen, Unternehmen aber auch intelligenten Objekten) eines Nutzers berücksichtigt werden.

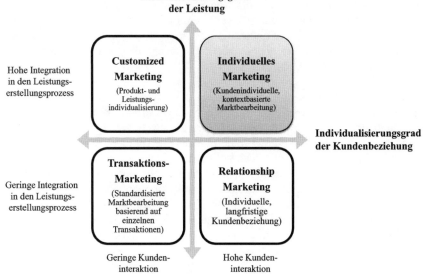

Abbildung 9: Individuelles, leistungsorientiertes Marketing durch xRM (in Anlehnung an Hildebrand 1997, 41)

Der Erfolg des Alles-zu-Allem-Marketing-Ansatzes liegt in der Verknüpfung der verschiedenen Daten zu den einzelnen Beziehungen zwischen den Entitäten, durch den z. B. die Kennzahl Return of Relationship optimiert werden kann. Mit dem xRM-Ansatz und einer entsprechenden xRM-Plattform kann dies auf besonders nutzerfreundliche Art und Weise erreicht werden, indem z. B. Echtzeit-Monitoringdaten, Rechnungsdaten, Daten zu Projekten, Geschäftsprozessdaten und Stakeholderdaten auf einer Plattform gebündelt werden können. Das bedeutet auch, dass die einzelnen Beziehungen analysiert, gesteuert, mit weiteren Informationen angereichert, aufeinander abgestimmt, anhand von Parametern gemessen sowie interaktiv zur Kommunikation und Kollaboration über verschiedene Kanäle wie Soziale Medien gestaltet werden können. Mit Hilfe von innovativen xRM-Cockpits wird eine Kontrolle über die aktuelle Situation der Beziehung und eine aktive Steuerung dieser ermöglicht. xRM-Cockpits verbinden dabei verschiedene Informationsquellen, aggregieren diese übersichtlich und informieren proaktiv auf Basis der Daten über die Beziehungen der intelligenten Objekte in der vernetzten Welt. Dadurch lassen sich neue Fragestellungen beantworten und neue Dienste und Produkte auch hinsichtlich des Dialogmarketings anbieten.

Der Alles-zu-Allem-Marketing-Ansatz wird dabei von folgenden Trends unterstützt werden: Es ist davon auszugehen, dass insbesondere auch durch die steigende Anzahl von Smartphone-Nutzern die Verbreitung und Akzeptanz von Sozialen Medien zunehmen wird. Aufgrund der hohen Vernetzung stehen diese (potenziellen) Kunden über soziale Netzwerke wie Facebook oder Twitter in einem dauerhaften und direkten Dialog mit verschiedenen Stakeholdern (z. B. Produkt- und Serviceerbringern wie Marken, Peer-Groups, erfahrenen Produkt- oder Servicenutzern, Nutzerplattformen, Dialogmarketingdienstleistern etc.). Die Steuerung und Optimierung solcher Beziehungen erfordert ein durchgängiges Management und Monitoring, welches auf Basis einer xRM-Plattform erfolgen kann. Das Konzept des Anything Relationship Managements versucht, die wachsende Komplexität der Beziehungsstrukturen darzustellen und zu optimieren (vgl. Gummesson 2013). Durch die Verwendung von Informations- und Kommunikationstechnologien stellt eine xRM-Plattform Mittel zur Verfügung, mit welchen verschiedene beziehungsspezifische Nutzungsszenarien realisiert werden können.

Einen weiteren Aspekt, welcher den Alles-zu-Allem-Marketing-Ansatz unterstützt, stellt die Durchdringung des täglichen Lebens mit dem Internet of Things dar (vgl. Weiser 2009). Durch die Verknüpfung eindeutig identifizierbarer physischer Objekte (things) mit einer virtuellen Repräsentation in einer internetähnlichen Struktur wird zukünftig das Internet nicht mehr nur aus menschlichen Teilnehmern sondern auch aus Dingen z. B. Gegenständen des täglichen Lebens (wie dem Auto, dem Kühlschrank, der Heizung, Freizeitgegenständen oder medizinischen Produkte) bestehen. Dadurch eröffnet sich die Möglichkeit große Mengen neuer Daten zu sammeln und zielgereichtet für eine dialogorientierte Kundenansprache einzusetzen.

Mit Hilfe von Big Data ist es den Unternehmen möglich, große Datenmengen auch aus verschiedenen Datenquellen zusammenzuführen und diese in einer hohen Verarbeitungsgeschwindigkeit auszuwerten, um damit einen wirtschaftlichen Mehrwert zu stiften (vgl. Plattner/Zeier 2012). Unternehmen erhalten dadurch die Möglichkeit, Wettbewerbsvorteile zu erlangen und neue Geschäftsfelder zu erschließen. Im Direktmarketing können durch solche Verknüpfungen großer Datenmengen und statistische Auswertungen neue Erkenntnisse über Kunden und deren Verhalten gewonnen werden.

Insbesondere im Business-to-Consumer-Bereich (B2C) sollen bezüglich der Kundenansprache noch zwei Aspekte betont werden: Zusätzlich zu den oben beschriebenen Aspekten der Individualisierung der Beziehung im Marketing kann die Interaktion mit (potenziellen) Kunden durch das Anbieten von spielerischen Gestaltungselementen bereichert und die Beziehung der Kunden zu einem Produkt oder Service verstärkt werden. Dies ist auch unter dem Begriff Gamifizierung bekannt. Zur Gamifizierung gehören Spiele oder Wettbewerbe, bei denen man etwas gewinnen kann, klassische Games und Apps sowie Quiz-Spiele und Umfragen. Hinter diesem Ansatz steht die Motivation, sich durch eigenes Einbringen eine Belohnung zu erarbeiten. Dadurch erfolgt eine Emotionalisierung, welche positive Assoziationen und Offenheit für Produkte und Dienstleistungen hervorrufen kann. Insofern kann dieser Aspekt v. a. wenn eine durchgängige Ansprache und Interaktion einer Zielgruppe erreicht werden soll, als Marketingmaßnahme eingesetzt werden.

Ebenfalls im B2C-Bereich soll hier auf ein Phänomen des zweiten Bildschirms (Second Screen) eingegangen werden. Second Screen (vgl. Puscher 2012) bedeutet die Nutzung eines zweiten Bildschirms parallel z. B. zum laufenden Fernsehprogramm oder während der Nutzung eines PCs oder Laptops. Der zweite Bildschirm ist meistens ein Smartphone oder ein Tablet-PC. Über diesen zweiten Bildschirm kann der Nutzer zusätzliche Informationen aus dem Internet zu dem Fernsehprogramm oder dem Computerprogramm abrufen und/oder z. B. die Nutzung einer Dienstleitung oder eines Produktes gemeinsam mit anderen Nutzern interaktiv kommentieren. Gerade auch aufgrund dieses Phänomens des zweiten Bildschirms ist es für Unternehmen wichtig, für die verschiedenen Stakeholder eines Unternehmens in verschiedenen Sozialen Medien mit qualitativ hochwertigen Informationen vertreten und auf eine Interaktion mit diesen vorbereitet zu sein.

Acknowledgments

Wir bedanken uns bei den beiden Studierenden Ishak Kurt und Kassem Al Kara im Studiengang Wirtschaftsingenieurwesen der Hochschule Pforzheim für ihre empirische Vorarbeit, welche in das Kapitel 3 dieses Buchbeitrags eingeflossen ist.

Literatur

Acatech (2013): Projekte des Themenschwerpunkts Technologien; http://www.acatech.de/de/projekte/technologien.html; (14.03.2013).

Accenture (2013) Accenture Technology Vision 2013; http://www.accenture.com/Site CollectionDocuments/PDF/Accenture-Technology-Vision-2013.pdf; (14.03.2013).

Berry, L.L. (1983): Relationship Marketing. In: L. L. Berry/G. L. Shostack/G. Upah (Hrsg.): Emerging perspectives on services marketing. Chicago: American Marketing Association (Proceedings series/American Marketing Association), 25-28.

Britsch, J./Schacht, S./Mädche, A. (2012): Anything Relationship Management. In: *Business & Information Systems Engineering*. Vol. 4 (2), 85-87.

BroadVision (1998) BroadVision featured in BusinessWeek's, InfoTech 10, PR Newswire Association LLC, 27.10.1998.

Brynjolfsson, E./McAfee, A. (2011): Race against the machine. How the digital revolution is accelerating innovation, driving productivity, and irreversibly transforming employment and the economy. Lexington, Mass: Digital Frontier Press.

Brynjolfsson, E./McAfee, A. (2012): Research Brief – Race against the machine. How the digital revolution is accelerating innovation, driving productivity, and irreversibly transforming employment and the economy.

Bulander, R./Wüstemann, J. (2012): Studienergebnisse zum Einsatz von Social Media im B2B-Bereich. In: Deutscher Dialogmarketing Verband e.V. (Hrsg.): Dialogmarketing Perspektiven 2011/2012, Wiesbaden: Gabler Verlag, 127-151.

Dey, A. K. (2000): Providing Architectural Support for Building Context-Aware Applications, Georgia Institute of Technology, Diss.

Diller, H./Kusterer, M. (1988): Beziehungsmanagement. Theoretische Grundlagen und explorative Befunde. In: *Marketing ZFP*. Vol. 10 (3), 211-220.

European Commission (2012): Towards the Internet of Services; http://cordis.europa.eu/fp7/ict/ssai/home_en.html; (14.03.2013).

Geisberger, E./Broy, M. (2013): agendaCPS – Integrierte Forschungsagenda Cyber-Physical Systems. In: Acatech, http://www.acatech.de/de/publikationen/empfehlungen/acatech/detail/artikel/acatech-studie-agendacps-integrierte-forschungsagenda-cyber-physical-systems.html; (14.03.2013).

Gummesson, E. (2013): From One-to-One to Many-to-Many Marketing. In: B. Edvardsson et al. (Hrsg.), Proceedings from QUIS 9 Symposium, Karlstad, Sweden: Karlstad University, 16-25; http://ipam5ever.com.sapo.pt/profile/QUISeg2004.pdf; (14.03.2013).

Hildebrand, V. G. (1997): Individualisierung als strategische Option der Marktbearbeitung – Determinanten und Erfolgswirkungen kundenindividueller Marketingkonzepte. Wiesbaden: Deutscher Universitätsverlag.

Hubschneider, M. (2010): Beziehungsmanagement wird xRM – Welche Trends sehen wir beim Relationship Management?; http://www.xrmblog.de/2010/10/beziehungsmanagement-wird-xrm; (14.03.2013).

Martinez, C. (2012): A reliable, smart and secure Internet of Things for Smart Cities, (ICT-2013.1.4), Work Programme 2013.

McCarthy, E.J. (1960): Basic marketing: a managerial approach. Homewood: Irwin.

Peppers, D./Rogers, M. (1993): The one to one future. Building relationships one customer at a time. 1. Aufl., New York: Currency Doubleday.
Peppers, D./Rogers, M./Dorf, B. (1999): The one to one fieldbook. The complete toolkit for implementing a 1 to 1 marketing program. 1. Aufl., New York: Currency Doubleday.
Plattner, H./Zeier, A. (2012): In-Memory Data Management: Ein Wendepunkt für Unternehmensanwendungen. 2. Aufl., Berlin Heidelberg: Springer Verlag.
Puscher, F. (2012): Mit dem Zweiten sieht man besser. Second Screen: Apps verknüpfen Tablets und Smartphones mit dem Fernsehen. In: *c't*. 26/2012.
Radjou, N./Orlov, L. M./Child, M. (2001): Apps for dynamic collaboration. In: The Forrester report, Cambridge: Forrester Research.
Tiwana, A./Konsynski, B./Bush, A. A. (2010): Platform evolution: coevolution of platform architecture, governance, and environmental dynamics. In: *Information Systems Research*, Vol. 21(4), 675-687.
Weiser, M. (2009): The Computer for the 21st Century, http://www.ubiq.com/hypertext/weiser/SciAmDraft3.html; (21.10.13).

Kontakt

Prof. Dr. Rebecca Bulander
Hochschule Pforzheim
Tiefenbronner Str. 65
75175 Pforzheim
rebecca.bulander@hs-pforzheim.de

Prof. Dr. Bernhard Kölmel
Hochschule Pforzheim
Tiefenbronner Str. 65
75175 Pforzheim
bernhard.koelmel@hs-pforzheim.de

Johanna Wüstemann, BBA
Hochschule Pforzheim
Tiefenbronner Str. 65
75175 Pforzheim
johanna.wuestemann@hs-pforzheim.de

Digital Dialog Insights 2013 – Focus Small Screens

Harald Eichsteller / Jürgen Seitz / Carla Isabel Bockelmann

Inhalt

1	Einführung	168
1.1	Vorwort	168
1.2	Studiendesign	169
1.3	Highlights	169
2	Digitale Dialoginstrumente	171
2.1	Leadgenerierung	171
2.2	Experteninterview Tina Beuchler, Head of Media Communication, Nestlé Deutschland AG	172
3	Smartphones	172
3.1	Multi-Screen-Optimierung & Apps	172
3.2	User Profile	174
3.3	Best Case Responsive Design	176
4	Innovationen	176
4.1	Tools – Experteneinschätzung	176
4.2	Tools – Consumer	177
4.3	Mobile Werbung	177
5	Weitere Digitale Dialoginstrumente	178
5.1	E-Mail-Marketing	178
5.2	Sicherheit	179
5.3	Experteninterview Gregor Wolf, Geschäftsführer, United Internet Dialog GmbH	179

Literatur ... 180
Die Autoren ... 181
Kontakt ... 181

Management Summary

Die 124 Experten, die an der Studie Digital Dialog Insights im Sommer 2013 teilgenommen haben, sind überzeugt, dass auch zukünftig die Bedeutung des Kundendialogs weiter zunimmt. Der Anstieg der mobilen Internetnutzung und insbesondere die Entwicklung des Multi-Screen-Dialogs in den letzten zwölf Monaten fordert die Marketeers heraus, ihre Kampagnen endgeräteoptimiert auf die mobile Nutzungssituation der Konsumenten auszurichten. Diese Multi-Screen-Optimierung steht in vielen Unternehmen noch am Anfang, doch die Experten sind überzeugt, dass zukünftig größere Investitionen in das Responsive Design fließen sollten. Die 1.957 befragten Consumer bestätigen diese Tendenz, da die Nutzung des mobilen Internets auf verschiedenen Screens schon weit verbreitet ist und sich die Consumer zusätzlich innovationsfreudiger zeigen als von den Experten eingeschätzt. Die Sicherheitsbedenken bei E-Mails spielen immer noch eine zentrale Rolle. Die Unternehmen stehen in nächster Zeit unter Handlungsdruck das Sicherheitsgefühl zu verbessern und somit das Vertrauen der Kunden in den mobilen Kanal zu stärken.

1 Einführung

1.1 Vorwort

Der deutsche Online-Werbemarkt hat auch 2013 weiter an Stärke gewonnen. Mit einem Anteil von 21,8 % an den Bruttowerbe-Investitionen konnte Online seine Position als Werbemedium Nr. 2 ausbauen und den Abstand zu TV weiter reduzieren. Der Online-Vermarkterkreis im BVDW prognostiziert für 2013 ein Volumen von 7,23 Mrd. Euro. Immer mehr Branchen haben das Internet als festen Bestandteil in ihre Marketing- und Kommunikationsstrategien integriert. Inzwischen hat dabei auch die Relevanz von mobilen Endgeräten zugenommen; die AGOF beziffert die Reichweite an Unique MobileUsern mit Zugriff auf mobile Webseiten bzw. mobile Apps auf 21,3 Millionen Erwachsene ab 14 Jahren (Stand: August 2013).

Mobile Endgeräte werden zum ständigen Begleiter der Menschen, der Zugriff erfolgt spontan an jedem Ort, vielfach zu Hause über WLAN. In unserer ersten Studie zu Digital Dialog Insights 2012 war Mobile noch kleineres Thema, dieses Jahr steht der digitale Dialog für mobile Endgeräte im Fokus der gesamten Studie. Vor allem die Parallelnutzung mehrerer Screens interessiert uns besonders. Hierfür befragten wir einerseits wieder Experten aus allen Branchen sowie andererseits erstmals auch die Consumer zu Einschätzungen und Erfahrungen.

Die neue Auflage der Digital Dialog Insights ist aus Unternehmenssicht ein wichtiger Ankerpunkt, um den Status Quo bei den Verbrauchern und die Erwartungen der Dialog-Marketeers zu analysieren.

1.2 Studiendesign

Die Studie Digital Dialog Insights 2013 basiert auf der Auswertung eines Online-Fragebogens, den 124 Online-Experten aus den Bereichen Produktion, Handel und Dienstleistung in der Zeit vom 1. bis 18. August vollständig ausgefüllt haben. Die Teilnehmer rekrutieren sich aus dem Experten-Netzwerk der Hochschule der Medien (HdM), Stuttgart, sowie aus der werbetreibenden Wirtschaft, die digitales Dialogmarketing u. a. auf Plattformen der United Internet Dialog GmbH betreiben. Zusätzlich fand eine Consumer Onlinebefragung auf WEB.DE und GMX statt; für die Auswertung konnten wir 1.957 bereinigte Fälle heranziehen, die methodische Anpassung erfolgte durch eine Strukturgewichtung der Stichproben (Alter, Geschlecht, Bildung) nach AGOF internet facts 2013-06.

Branchensegmente und Umsatzgrößenklassen lehnen sich wiederum an den Dialog Marketing Monitor der Deutschen Post an. Die Unternehmen teilen sich auf in:

12 % <250 Tsd. € | 10 % bis 1 Mio. € | 33% bis 25 Mio. € | 18 % bis 250 Mio. € | 9 % bis 2 Mrd. € | 18 % > 2 Mrd. €.

Die inhaltlichen Fragen gliedern sich in die Kategorien: A Digitale Dialoginstrumente, B Smartphone Optimierung & Apps, C Smartphone User Profile und D E-Mail Marketing.

1.3 Highlights

- Experten

Bedeutung von Leadgenerierung nimmt weiter zu
Der Trend, der sich schon 2012 abzeichnete, setzt sich fort: von den 124 Experten aus Produzierendem Gewerbe, Handel und Dienstleistung sehen durchschnittlich 15 % eine Steigerung von bis zu 10 % bei den Investitionen in Leadgenerierung auf den eigenen Webseiten. Im Handel sehen gar 43 % der Experten 2013 Wachstumsraten von bis zu 10 % in den Unternehmen ihrer Branche. Auch bei den Investitionen in Facebook & Co. beobachten die Experten eine deutliche

Steigerung gegenüber 2012; allerdings schätzt die Hälfte der Experten, dass die Erwartungen zur Leadgenerierung durch den Einsatz von Social-Media-Plattformen nur in einem von vier Fällen erfüllt werden.

Multi-Screen-Optimierung erst am Anfang
Während die Hälfte der Experten schätzt, dass im Durchschnitt 20-25 % der Unternehmen bisher Responsive Design und eigene Apps einsetzen, geht der Großteil hingegen davon aus, dass in den nächsten drei Jahren in die Optimierung der Darstellung auf Small Screens und die Entwicklung von Apps größere Investitionen fließen werden.

Innovationen aus Expertensicht noch weit zurück
Wenn es darum geht, dass Unternehmen mit innovativen Tools Impulse setzen, um Consumer zu motivieren, ihre mobilen Geräte zu aktivieren und sich mit digitalen (Zusatz-)Angeboten zu „connecten", sieht es nach Expertenmeinung noch relativ düster aus. Nutzung und Bekanntheit werden teils ernüchternd gering eingeschätzt.

- Consumer

Mobiles Internet und Multi-Screen-Nutzung schon weit verbreitet
Überall Informationen wie E-Mails, News oder die aktuelle Wetterlage abrufen zu können ist schon für 61 % der 1.957 Teilnehmer nicht mehr wegzudenken, 88 % der deutschen Onliner nutzen mehrere Screens parallel, so die Grundlagenstudie zur Multi-Screen-Nutzung von Interactive-Media CCSP und United Internet Media vom Frühjahr 2013.

E-Mail Abruf auch Mobile meist über Website des E-Mail Anbieters
Die Online Website des E-Mail-Anbieters bleibt neben Laptops und PCs auch auf Smartphones und Tablets mit über 80% die erste Anlaufstelle beim Abruf von E-Mails. Programme wie Outlook und die speziellen mobilen Websites der E-Mail-Anbieter folgen auf einem wesentlich geringeren Level von 30-35 % beim Abruf der persönlichen Nachrichten auf den mobilen Endgeräten.

Sicherheitsbedenken bei Nutzern hemmen M-Commerce
E-Commerce treibende Unternehmen können das wirtschaftliche Potenzial, über E-Mails direkt Transaktionen zu generieren, oft nicht adäquat nutzen. 47,6 % der Nutzer geben an, Angst vor Angriffen durch gefälschte E-Mails auf dem Tablet/Smartphone zu haben. Nur ca. 13,3 % können zustimmen, dass mobiles Online-Shopping sicher ist.

Consumer innovationsfreudiger als Experten schätzen
Die Spiegelung der Expertenbefragung mit der Nutzereinschätzung bringt interessante Ergebnisse: Durchschnittlich zwischen 10 und 20 % der befragten 1.957 User von WEB.DE und GMX kennen und nutzen digitale Gutscheine und Coupons, lesen digitale Prospekte, scannen QR-Codes, ‚connecten' sich mit Apps von TV-Sendern, orientieren sich mit Hilfe von Location Based Services, bedienen den Red Button ihres Smart-TVs und nutzen Musik-Identifikationsdienste wie Shazam. Zusätzlich kann sich jeder dritte Onliner vorstellen, die vorgestellten innovativen Tools zu nutzen.

2 Digitale Dialoginstrumente

2.1 Leadgenerierung

Die Hälfte der Branchenexperten schätzte im Jahr 2012 den damaligen Einsatz von Leadgenerierung auf eigenen Webseiten auf über 65 %. Weiterhin fokussiert sich das dialogorientierte Marketing ebenso stark auf den Aufbau von Kundendatenbanken, die auf (Wieder-)Käufe bei schnelldrehenden Konsumgütern sowie auf die Vorbereitung des Kaufs von höherpreisigen High-Involvement-Produkten zielen.

- Status Quo

Für 2013 gehen acht von zehn Experten davon aus, dass in den Unternehmen ihrer Branche der Einsatz von Leadgenerierung auf den eigenen Websites gleichgeblieben oder gestiegen ist, jeder vierte Experte geht von einer Steigerung von mehr als 10 % aus.

- Leadgenerierung auf Social-Media-Plattformen

Die Hälfte der Experten schätzt, dass in den Unternehmen die Erwartungen zur Leadgenerierung durch den Einsatz von Social-Media-Plattformen nur in einem von vier Fällen erfüllt werden. 2012 hatten 62 % der Experten es für sehr wahrscheinlich gehalten, dass in die Leadgenerierung auf Social-Media-Plattformen größere Investitionen fließen. Die Experten 2013 haben diese Einschätzung bestätigt.

2.2 Experteninterview Tina Beuchler, Head of Media Communication, Nestlé Deutschland AG

Welche Rolle spielt der „Dialog" im Marketing?
Wir sind bei Nestlé davon überzeugt, dass es auf den richtigen Mix zwischen Push und Pull ankommt und dieser vor allem zur jeweiligen Markenstrategie passen muss. So spielt bei einigen unserer Marken Interaktion eine wichtige Rolle, bei anderen Brands hingegen nicht.

Sind bei Nestlé die Webseiten für die Darstellung auf unterschiedliche Screengrößen optimiert?
Bei Nestlé betreiben wir über 50 Webseiten und haben auch bereits begonnen, diese für die mobile Nutzung zu optimieren. Je nach Strategie werden unterschiedliche Konzeptionen entwickelt und auch unterschiedliche Technologien angewendet. Dieser Prozess ist mit viel internem und externem Aufwand verbunden, weshalb wir hier erst am Anfang stehen.

Welche Bereiche gehören für Sie zu einer integrierten Planung?
Bei Nestlé planen wir sehr integriert gerade auch zwischen Marketing und Vertrieb, um beispielsweise alle konsumentenbezogenen und shoppingbezogenen Aktivitäten miteinander zu verknüpfen.

Welche Konzepte sehen Sie für die Parallelnutzung multipler Screens?
Es ist nicht trivial, Konzepte auf unsere Produkte, auf die Verbraucher und auf die technischen Möglichkeiten zuzuschneiden. Der Content muss attraktiv und relevant sein. Bei High-Involvement-Produkten ist es einfacher, denn man konkurriert ja mit dem TV-Content.

3 Smartphones

3.1 Multi-Screen-Optimierung & Apps

Gelungenes Dialogmarketing liefert nicht nur auf Zielgruppen maßgeschneiderte Kommunikationskonzepte, sondern berücksichtigt auch, auf welchem Device der Content ausgeliefert wird. Moderne Webstandards bieten heute technische Möglichkeiten, um die Websites ebenso maßgeschneidert auf Bildschirmgrößen reagieren zu lassen.

Digital Dialog Insights 2013 – Focus Small Screens 173

- Status Quo

Die Hälfte der Experten schätzt, dass nur jedes vierte Unternehmen in ihrer Branche die Darstellung der eigenen Internetseiten auf die Größe der unterschiedlichen Endgeräte optimiert hat (Responsive Design).

- Perspektiven

Der Großteil der Experten schätzt die Wahrscheinlichkeit als hoch ein, dass in den nächsten drei Jahren die Unternehmen ihrer Branche größere Investitionen in die Optimierung der Darstellung auf Smartphones und die Entwicklung von Apps tätigen.

- Einsatzbereiche für Smartphones und Apps

Trends Produktbereiche – Top-2-Wert

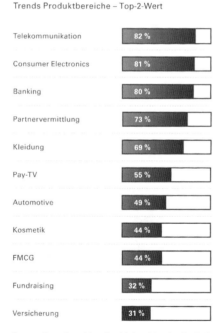

Fragestellung: In welchen Produktbereichen ist die Optimierung der digitalen Angebote eines Unternehmens – Ihrer Expertenmeinung nach – auf die Small Screens (z.B. Smartphones) besonders relevant?

Abbildung 1: Trends Produktbereiche TOP 2

Bei der Befragung der 124 Experten sind Produktbereiche in eine Rangfolge gebracht worden, in denen die Optimierung der digitalen Angebote eines Unternehmens auf die Small Screens (z. B. Smartphones) besonders relevant ist. Telekommunikation und Consumer Electronics sind die mit Abstand führenden Kategorien, die Experten sehen auch Banking ganz weit vorne.

- Expertenstatement Florian Gmeinwieser, Head of Mobile, Plan.net Gruppe für digitale Kommunikation

„In den kommenden Jahren wird das Smartphone zum wichtigsten Gerät, um das Internet zu nutzen. Eine Optimierung von Websites auf die mobile Nutzungssituation ist erfolgsentscheidend."

3.2 User Profile

1.957 Online-Nutzer der Portale GMX und WEB.DE haben bei unserer Onlinebefragung im Sommer 2013 geantwortet, über welche Angebote sie sich auf ihren Smartphones und/oder Tablets informieren. Für viele Menschen jeder Altersstufe ist es inzwischen selbstverständlich geworden, überall Zugang zur digitalen Welt zu bekommen. Location Based Services sind bei knapp drei von zehn Besitzern von Smartphones angekommen. Die Angebote der Medienunternehmen werden nach unserer Einschätzung für weiteres starkes Wachstum sorgen.

- Angebotsnutzung

Nachrichten, Verkehr, Wetter – Lediglich in diesen drei Kategorien werden Werte von deutlich über einem Drittel erreicht. In einigen Themenfeldern, in denen die Expertenbefragung größere Potenziale gesehen hat, ist die tatsächliche Nutzung durch die Consumer heute noch sehr gering. Gerade in den Bereichen Sport, Auto & Motor sowie Rabatte & Gutscheine sehen wir dafür auch entsprechende Wachstumsfelder.

- Expertenstatement Sven Dörrenbächer, Geschäftsführer Interone

„Durch die enorme Nutzung von mobilen Anwendungen ergeben sich für Marken neue und intensivere Kommunikationsformate auf Smartphones und Tablets, abseits von stumpfer Unterbrecherwerbung. Zudem können Unternehmen neue Geschäftsfelder durch die mobile Vernetzung von Produkt und Serviceleistungen erschließen."

Digital Dialog Insights 2013 – Focus Small Screens

- Multi-Screen-Nutzung

Die Parallelnutzung von TV und Internet hat sich seit 2002 mehr als verdreifacht. 86 % der deutschen Onliner nutzen heute mehrere Bildschirme parallel. Ein überraschend hoher Anteil der deutschen Onliner zwischen 14 und 59 Jahren sind Multi-Screener, d. h. Sie nutzen mehrere Bildschirme parallel. Im Durchschnitt sind 88 % der Inhalte auf diesen Screens inhaltlich unabhängig. In allen Umfragen liegen „E-Mails lesen und schreiben" an erster Stelle

Native Multi Screener (17 %)

» jung
» m/w = 50:50
» nutzen WWW gemeinsam
» den ganzen Tag über
» oft auch am Arbeitsplatz
» oft auch bei Freunden
» unabhängige Parallelnutzung

Online Pragmatiker (16 %)

» etwas älter
» mehr Männer
» Internet steht im Mittelpunkt
» Smartphone & Tablet ständiger Begleiter durch den Tag
» nutzt Social TV, Mediatheken & Streaming

Heavy Multi Screener (22 %)

» etwas älter
» technikaffine Männer
» 2-3 Screens gleichzeitig
» Social TV Nutzer
» eher abhängige Nutzung
» Multi Screen TV-basiert oder Internet-fokussiert

TV-Parallel-User (18 %)

» eher älter
» m/w = 50:50
» TV ständig im Hintergrund
» unabhängige Parallelnutzung
» geringe Aufmersamkeit für TV

Effiziente Multi Screener (14 %)

» eher älter
» mehr Frauen
» Multi Screen aus Zeit- und Effizienzgründen
» nutzt viele Medien über den Tag verteilt

Klassiker (13 %)

» älter
» m/w = 50:50
» Multi-Screener-Anteil klein
» fühlt sich durch Parallel-Nutzung eher überfordert
» geringe Multi-Screen-Frequenz

Abbildung 2: Multi-Screen-Typen

- Multi-Screen-Typen

Die Grundlagenstudie zur Multi-Screen-Nutzung von Interactive Media CCSP und United Internet Media hat Typologien von Nutzern herausgearbeitet, die zukünftig für die mediale Gestaltung von digitalen Kampagnen hilfreich sein werden, um den Nutzungskontext der verschiedenen Endgeräte zu verstehen. Die Basis sind 1.251 Onliner zwischen 14-59 Jahren, die Prozentzahlen geben den Anteil der User am Cluster an.

- Expertenstatement David Maus, Gründer pag.es – digital publishing system

„Die Innovationszyklen bei Geräten sind extrem kurz – es ist praktisch unmöglich, maßgeschneiderte Inhalte auf jedem Gerät bereitzustellen. Wir entwickeln deshalb ein digitales Publishing System, mit dem Unternehmen Content auf verschiedene Plattformen und Bildschirmgrößen distribuieren zu können."

3.3 Best Case Responsive Design

Das Lead-Gewinnspiel auf WEB.DE und GMX ist seit Jahren ein erfolgreiches Produkt für die effiziente Generierung von Leads mit hoher Datenqualität. In kürzester Zeit gewinnen die Sponsoren effizient eine hohe Anzahl an Newsletter-Opt-Ins für den digitalen Dialog mit ihren Kunden. Seit 2013 wird das Lead-Gewinnspiel in innovativem Responsive Design ausgesteuert und damit auf allen Endgeräten der Teilnehmer optimal dargestellt. Damit konnten mit durchschnittlich 173.000 WEB.de und GMX Nutzern ca. 13 % mehr Teilnehmer und Kontakte für die Sponsoren als in den Vorjahren akquiriert werden.

4 Innovationen

4.1 Tools – Experteneinschätzung

RFID, QR-Code, Shazam, Red Button, TV-Apps – die Experten sind überzeugt, dass nicht in allen Unternehmen ihrer Branchen diese Abkürzungen, Apps oder Features von TV-Fernbedienungen bekannt sind oder genutzt werden. Im Kern geht es meist darum, situativ Impulse zu setzen, damit die Consumer ihr Smartphone zücken, um sich mit einem digitalen (Zusatz-)Angebot zu „connecten".

- Expertenstatement Thomas Dobberstein, Head of Online Communication & Sales, Panasonic Deutschland

„Die Vernetzung von TV, Social Media, Telekommunikation und sämtlichen Internetinhalten, mobil steuerbar und verknüpft mit einem CRM-System, lässt das TV-Gerät zum Fenster zur Welt werden."

4.2 Tools – Consumer

Die Einschätzung der Experten spiegeln wir mit Kenntnisstand, Nutzungsgrad und Einstellung der 1.957 Befragten vom Sommer 2013. Kenntnis und Nutzung liegen deutlich höher als die Experten das Angebot in den Unternehmen ihrer Branche taxieren.

4.3 Mobile Werbung

Auch mobile Werbung muss sich in diese Hauptkategorien digitaler Werbeziele einordnen lassen und idealerweise entsprechende Key Performance Indikatoren (KPIs) definieren. Die Experten attestieren den Unternehmen ihrer Branche einen eher bescheidenen Einsatz von mobiler Werbung zur Erreichung der skizzierten Ziele.

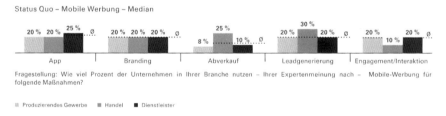

Abbildung 3: Status Quo – Mobile Werbung

Coupons, Digitale Prospekte, Targeting, Location-Based-Services – Das Smartphone ist das persönlichste aller Geräte. So eignen sich die mobilen Websites und Apps eben auch ganz besonders gut für die Personalisierung der Informationen und Services. Im mobilen Einsatz alleine oder noch besser zusammen mit Location Based Services können hier enorme Mehrwerteangeboten werden.

5 Weitere Digitale Dialoginstrumente

5.1 E-Mail-Marketing

Social Media Integration, Personalisierung, Deals, Zugaben, Callback – Über die Hälfte der Experten hatten in der Befragung 2012 die Wirkungsverstärkung innovativer E-Mail-Features auf 25 % und höher taxiert. Bei der Optimierung von E-Mails auf die kleinen Bildschirme kommen den Features naturgemäß unterschiedliche Bedeutungen zu, da der mobile Nutzungskontext andere „digitale Reisewege" mit sich bringt als der Abruf von E-Mails am Schreibtisch.

- Trend E-Mail-Marketing

Bei der mobilen Nutzung erscheint den Experten die Integration von Social-Media-Links, die eine schnelle virale Verbreitung ermöglichen, besonders relevant. Deal-Angebote in E-Mails sind wie digitale Coupons weiter auf dem Vormarsch, Call-Back-Buttons werden auch immer mehr zum Standard innerhalb integrierter Kommunikationskonzepte.

- Consumer: E-Mail-Marketing

Zum Thema E-Mail-Marketing wurden die 1.957 Consumer befragt, wie sie ihre E-Mails abrufen und ob sie diese auf dem Smartphone anders abrufen, als vom Laptop oder PC. Durchschnittlich mit über 80 % rufen die befragten Onliner ihre E-Mails hauptsächlich über die Webseite des Anbieters ab, unabhängig von welchem Gerät, ist dies immer die erste Anlaufstelle

- Best Case E-Mail-Marketing

Best Case Pictureplix
Eine innovative Mobile-Only-Mail-Lösung von United Internet Dialog ermöglicht nun, durch die gezielte Aussteuerung von Kampagnen ausschließlich an mobile Nutzer eine maßgebliche Steigerung von Performance und Konversion in der Dialogkommunikation. Unter der Marke „Picapoco" präsentiert das Unternehmen Pictureplix seine neue Fotobuch-Plattform. Im Rahmen einer gezielten Mobile-Only-Mail-Kampagne zum Launch der App, mit dem Ziel kurzfristig eine hohe Anzahl an Downloads und den schnellen Erfolg durch ein Top-Ranking im App-Store zu erzielen, bewies die zielgerichtete Aussteuerung rein an mobile Nutzer nachweislich hohe Performance. Am Versandtag der Mobile-Only-Mail verzeichnete die Picapoco-App bereits mehr als 1.200 Downloads. Die Kampagne rückte die App beim Ranking im umkämpften Bereich Fotografie

direkt von Platz Null auf Platz Sieben, was wiederum weitere Leads generierte. Der erfolgreiche Kampagnenverlauf führte zu einer überdurchschnittlichen Steigerung der Produktbekanntheit und unterstützte in diesem Zuge maßgeblich den schnellen Aufbau der Marke Picapoco.

5.2 Sicherheit

- Experteneinschätzung

Wirtschaftliches Potenzial, über mobil abgerufene E-Mails Transaktionen zu generieren, bleibt ungenutzt – Kommerzielle E-Mails wie beispielsweise Newsletter sind der häufigste Auslöser von Online-Käufen (vgl. Forrester Research/GSI Commerce 2011) und gelten damit als der effektivste Weg, Konsumenten zum Onlinekauf anzuregen. Darüber hinaus führen E-Mails unter allen Kunden-Touchpoints zum höchsten Return on Investment (vgl. Direct Marketing Association 2011-2012).

- Consumereinschätzung

Bewusstsein der Nutzer für Sicherheit ist hoch – So geben vier von fünf Verbrauchern an, dass ihnen der Schutz vor Spam-Mails und Phishing wichtig ist. Den Experten nach sehen nur 20-32 % der Unternehmen, dass Nutzer im Bereich Mobile größere Sicherheitsbedenken als im restlichen digitalen Dialogmarketing haben.

5.3 Experteninterview Gregor Wolf, Geschäftsführer, United Internet Dialog GmbH

Welche Bedeutung hat E-Mail-Marketing für Unternehmen?
E-Mail ist der effektivste und effizienteste Weg, um Konsumenten zu einem Onlinekauf anzuregen. E-Mails erzeugen unter allen Kunden-Touchpoints den mit Abstand höchsten Return on Investment.

Warum ist das Thema Sicherheit so wichtig?
Häufig können E-Commerce treibende Unternehmen aber das wirtschaftliche Potenzial, über E-Mails direkte und medienbruchlose Transaktionen zu generieren, nicht adäquat nutzen. Es besteht gerade bei Unternehmen Handlungsdruck, das Vertrauen von Kunden in den digitalen Kommunikationskanal E-Mail zu stärken.

Wie reagieren Dialogmarketing treibende Unternehmen auf diesen Bedarf?
Branchenspezifische Fragestellungen zeigen, dass Nutzer besonders sensibel bei der Kommunikation mit Banken und Versicherungen sind. Hinzu kommt, dass viele Nutzer es sich nicht ohne technische Unterstützung zutrauen, echte und authentische Kommunikation von gefälschter zu erkennen. E-Mail-Qualitätsstandards bieten Unternehmen dabei wertvolle Hilfestellung.

Wie kommen E-Mails ins Aufmerksamkeitsfeld des Kunden?
Neuartige E-Mail-Initiativen wie trustedDialog gewährleisten über eine Absenderauthentifizierung und Integritätsprüfung der Kommunikationsinhalte den bestmöglichen Schutz vor Phishing, Spam und Viren. Nutzerseitig erzielt trustedDialog Aufmerksamkeit im Posteingang durch die Eye-Catcher-Elemente E-Mail-Siegel und Versender-Markenlogo. Damit treffen wir den Nerv der Dialogmarketers und können die Aspekte Vertrauenswürdigkeit und Sicherheit optimal bedienen.

Wie kann die Geschäftskommunikation noch sicherer und vertraulicher gestaltet werden?
Nach Branchenstandards wie trustedDialog ist der De-Mail-Standard die nächsthöhere Sicherheitsstufe digitaler Kommunikation und bietet vertrauliche und rechtssichere Kommunikation, ähnlich wie ein normaler Postbrief. De-Mail ist ein besonders geeigneter Kanal für jene Kommunikation, die bislang aus Gründen der Vertraulichkeit und Nachweisbarkeit dem klassischen Postweg anvertraut wurde. Auch weitere Möglichkeiten wie Zustellung verbindlicher Vertragsabschlüsse, digitale Einschreiben oder Identitätsbestätigungen erschließen sich mit De-Mail.

Literatur

AGOF (2013) internet facts, 2013-06
BVDW (2013): OVK Online-Report 2013/01, Düsseldorf
InteractiveMedia CCSP, United Internet Media (Hrsg.) (2013): „Catch me If you can!
    Grundlagenstudie zur Multi-Screen-Nutzung", Darmstadt/Karlsruhe. 2013.
Forrester Research/GSI Commerce (2011): The Purchase Path of Online-Buyers.
Direct Marketing Association (2011-2012): The Power of Direct Marketing.

Die Autoren

Prof. Harald Eichsteller ist Professor für Internationales Medienmanagement an der Hochschule der Medien (HdM) in Stuttgart. Der studierte Betriebswirt (WHU Koblenz, Northwestern University, ESC Lyon) war zuvor 20 Jahre in Medienunternehmen, Agenturen und der Industrie tätig. Die Schwerpunkte seiner Projekte liegen in den Bereichen kundenorientierte Strategien, Innovationsmanagement, CRM, Social Media und Multichannel Retailing. Als 5-Sterne-Redner ist er auf Kongressen und Workshops weltweit unterwegs, in zahlreichen Büchern, Fachartikeln und Interviews vertritt er die HdM in diesem Themenfeldern.

Prof. Dr. Jürgen Seitz ist seit 2013 Professor für Marketing, Medien und Digitale Wirtschaft an der Hochschule der Medien (HdM) in Stuttgart. Er ist Gründer und ehemaliger Geschäftsführer der United Internet Dialog GmbH und verantwortete darüber hinaus Projekte und Kooperationen der United Internet Media AG als Mitglied der Geschäftsleitung. Die vorherigen beruflichen Stationen des promovierten Wirtschaftswissenschaftlers und MBA in International Consulting waren u. a. Smithkline Beecham, Microsoft und die Web.de AG.

Carla Isabel Bockelmann ist Absolventin des Bachelor Studiums der Medienwirtschaft an der Hochschule der Medien (HdM) in Stuttgart. Als studentische Assistentin schrieb sie ihre Bachelor-Thesis im Rahmen der Digital Dialog Insights Studie 2013. Während ihres Studiums konnte sie bei zahlreichen Projekten sowie vielfältigen Praktika im In- und Ausland, u. a. Kopenhagen und London, tiefgreifende Einblicke in renommierte Unternehmen parallel zum Studium erhalten.

Kontakt

Prof. Harald Eichsteller
Hochschule der Medien (HdM)
Nobelstr. 10
70569 Stuttgart
eichsteller@hdm-stuttgart.de

Prof. Dr. Jürgen Seitz
Hochschule der Medien (HdM)
Nobelstr. 10
70569 Stuttgart
seitz@hdm-stuttgart.de

Carla Isabel Bockelmann
Hochschule der Medien (HdM)
Nobelstr. 10
70569 Stuttgart
cb080@hdm-stuttgart.de

Notwendigkeit eines Change-Managements im Online-Zeitalter

Ralf T. Kreutzer

Inhalt

1	Warum ein Change-Management in den Unternehmen gefordert ist	184
2	Wie ein Change-Management in den Unternehmen auszugestalten ist	191
2.1	Prozess des Change-Managements	191
2.2	Orientierung des Change-Managements am Social-Media-Haus	194
2.3	Organisatorische Verankerung des Social-Media-Marketings	202
3	Zukünftige Herausforderungen für das Change-Management	209

Literatur ... 211
Der Autor ... 212
Kontakt ... 212

Management Summary

Die gravierenden Veränderungen, die mit der zunehmenden Verbreitung der sozialen Medien wie auch mit der zunehmenden Digitalisierung ganzer Geschäftsprozesse verbunden sind, stellt Unternehmen vor die Herausforderung eines Change-Managements. Unternehmen müssen zunächst einmal erkennen, dass ein gravierender Änderungsbedarf vorhanden ist und die Prozesse und Strukturen aus der Vergangenheit häufig nicht mehr tragfähig für die Zukunft sind. Dann gilt es, die gesamte Organisation durch ein Change-Management auf die neuen Herausforderungen auszurichten, um nicht selbst „Opfer" des digitalen Darwinismus zu werden. Dazu werden in diesem Beitrag wichtige Hilfestellungen vermittelt.

1 Warum ein Change-Management in den Unternehmen gefordert ist

Die Umsetzung eines Change-Managements ist eine Voraussetzung dafür, dass Unternehmen die Ausschöpfung der Potenziale der sozialen Medien gelingen kann. Etablierte Denk-, Handlungs- und Organisationsstrukturen gilt es angesichts der Machtverschiebungen im Dialog zwischen den Unternehmen und ihren Stakeholdern – insbesondere den Kunden – zu überdenken. Warum dieser Prozess angestoßen werden sollte, zeigen die zentralen Ergebnisse einer Studie von *McKinsey* (2012). Hier wurden 200 Unternehmen in Deutschland befragt, welche Relevanz den Social Media zukommt: 70 % der großen und mittleren Unternehmen in Deutschland messen Social Media eine hohe strategische Bedeutung zu. Aber nur 5 % sind mit ihrer Performance zufrieden – im Vergleich zu dem Potenzial, das die sozialen Medien insgesamt bieten (vgl. McKinsey 2012, 11).

Basierend auf dieser Studie gibt es eine Gruppe von *Social Media Pioneers*. Diese setzt im Durchschnitt seit zwei Jahren ein breites Spektrum von Social-Media-Anwendungen ein und verzeichnet dabei einen überdurchschnittlichen Einfluss auf ihr Geschäftsmodell. Diese Gruppe hat einen Anteil von 27 % an der Gesamtheit der Unternehmen (vgl. Abb. 1). Im Gegensatz dazu steht die Gruppe der *Social Media Newcomers*, die soziale Medien kaum nutzt. Sie weist deshalb auch nur einen eingeschränkten Erfahrungshintergrund und nur wenige Auswirkungen des Social-Media-Einsatzes auf. 41 % der Unternehmen gehören zu dieser Kategorie.

Wo jedes einzelne Unternehmen im Veränderungsprozess selbst steht, kann anhand der Abb. 2 ermittelt werden. Gehört das eigene Unternehmen noch zum Kreis der *Zuschauer*, die das „Neue" interessiert betrachten, ohne echte *Zuhörer* zu sein, die beispielsweise ein Web-Monitoring aufgesetzt haben? Oder fällt das Unternehmen in die Kategorie *Analyst der Veränderungen*, womit eine tiefergehende Durchleuchtung der durch die sozialen Medien definierten Herausforderungen im Hinblick auf das eigene Geschäftsmodell einhergeht? Oder ist bereits eine *Pilotierung erster Testprojekte* erfolgt – die notwendige Zwischenstufe zur *strategischen und organisatorischen Verankerung* der Antworten auf die soziale Revolution? Oder wird schon eine *aktive Mitarbeit als Tagesgeschäft* gelebt – und die Strukturen, Prozesse und Leistungsangebote sind ganzheitlich auf die Integration der Potenziale der sozialen Medien abgestimmt?

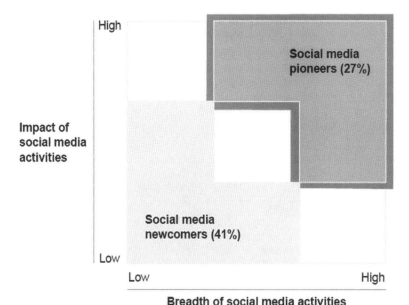

Abbildung 1: Pioniere und Neueinsteiger bei Social Media in Deutschland –
McKinsey Social Media Excellence Survey (n = 200)
Quelle: McKinsey 2012, 11

Ein wichtiger Erklärungsfaktor für den erreichten Status quo kann eine größere – oder kleinere – Affinität gegenüber den sozialen Medien darstellen. Jedes Unternehmen sollte für sich zum einen prüfen, wie groß das *Interesse an der Nutzung der sozialen Medien* – differenziert nach Unternehmenshierarchie – im eigenen Unternehmen ausfällt. Und zum anderen sollte ermittelt werden, welche *Macht bezüglich der Nutzbarmachung der sozialen Medien* die unterschiedlichen Gruppen innerhalb des eigenen Unternehmens aufweisen. Eine für viele Unternehmen typische Verteilung der unterschiedlichen Leistungsträger zeigt die *Interesse-Macht-Matrix* (vgl. Abb. 3).

Damit wird deutlich: Diejenigen mit der größten Affinität zu den sozialen Medien haben häufig die geringste Macht, um deren Nutzbarmachung für das eigene Unternehmen voranzutreiben. Und die Leistungsträger mit der größten Machtfülle stehen den sozialen Medien i. d. R. am reserviertesten gegenüber. Allerdings gilt auch: Ohne ein überzeugendes Commitment der Unternehmensführung sollte man den Aufbruch in die sozialen Medien nicht starten!

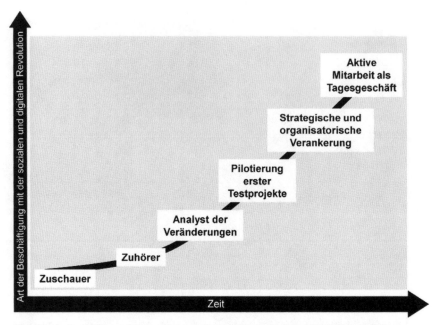

Abbildung 2: Wo steht das eigene Unternehmen bei der Bewältigung der sozialen und digitalen Revolution?

Doch wie groß ist der Handlungsdruck für das eigene Unternehmen? Erhellend ist hierfür die Antwort auf die Frage: Wie umfassend erfolgt eine *Nutzung des Internets sowie der sozialen Medien* in den Haushalten in Deutschland schon heute? Spannende Ergebnisse hierzu liefert die *ARD/ZDF-Onlinestudie* (vgl. van Eimeren/Frees, 2013a, 358, 360, 371):

- Bereits *77,2 % der Menschen* in Deutschland und damit *54,2 Millionen* sind *online* – im Vergleich zu 75,9 % im Jahr 2012.
- Im Vergleich zum Jahr 2012 kamen 2013 0,8 Millionen „neue Anwender" hinzu.
- Die *höchsten Zuwachsraten* zeigt das Segment der *„Über-50-Jährigen"*. Jetzt nutzen bereits 82,7 % der 50- bis 59-Jährigen das Internet; bei den Über-60-Jährigen sind es 42,9 %.
- Das Segment der Silver Surfer gewinnt folglich an Bedeutung – das Internet ist schon länger keine Domäne der jungen Menschen alleine.
- Gleichzeitig hat sich die *mobile Internet-Nutzung* in dem letzten Jahr von 23 % auf 41 % fast verdoppelt.

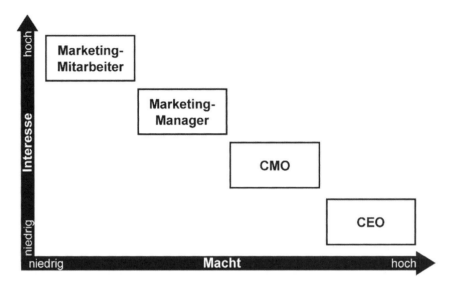

Abbildung 3: Interesse-Macht-Matrix – am Beispiel der sozialen Medien

Wichtig ist bei all diesen Entwicklungen, dass der zunehmende Einsatz von mobilen Endgeräten, wie Tablet-PCs und Smartphones, den stationären Zugang nicht ersetzt, sondern *neue Nutzungssituationen* ermöglicht. So nutzen heute bereits 31 % der Internetuser regelmäßig neben dem Fernsehen einen *Second Screen*. Am häufigsten ist dies das Smartphone, gefolgt von Tablet-PC und Laptop (vgl. van Eimeren/Frees 2013b, 373 f., 381). Welcher Bildschirm im Einzelfall der dominierende ist, wird vom jeweiligen Kontext bestimmt.

Damit wird deutlich: Nicht nur das *Nutzungsverhalten* verändert sich, es variiert auch in zunehmendem Ausmaß abhängig vom jeweiligen *Kontext* – und *Veränderungsprozesse* ziehen sich durch alle Altersgruppen. Wie lassen sich die beschriebenen Herausforderungen treffend zusammenführen? Durch den sogenannten *DiSoLoMo*-Trend, der die Dimensionen Digital, Social, Local und Mobile umfasst (vgl. Abb. 4). Die Herausforderungen für Unternehmen liegen zunächst in der zunehmenden *Digitalisierung von Inhalten und Prozessen*. Nicht nur physische Produkte wie Bücher, Zeitungen, Zeitschriften, Musik und Film werden digitalisiert und damit – befreit von Beschränkungen der Schwerkraft – digital verfügbar. Auch Zahlungs- und Informationsprozesse erfolgen zunehmend in digitaler Form. Dieses Phänomen wird „Zero Gravity Thinking" genannt. Darüber hinaus verbreiten sich die *sozialen Medien* immer stärker. Hierdurch entsteht eine bisher nicht gekannte Gegenmacht zu den etablierten Unternehmen.

Das Wort „social" begegnet uns bei immer mehr Anwendungen, von „Social TV" über „Social Commerce" und „Social Plugins" bis zum „Social CRM". Zusätzlich wird die *Lokalisierung der Nutzer* und damit die Regionalisierung von Angebot und Nachfrage an Bedeutung gewinnen. Gleichzeitig ist eine zunehmende Tendenz feststellbar, dass sich zur Location Based Communication auch Location Based Communities installieren, die sich beispielsweise durch Check-in-Services wie Foursquare (spontan) zusammenfinden. Außerdem nimmt der *mobile Zugriff* auf Internet-Services durch die Nutzung von Smartphones und Tablet-PCs dramatisch zu.

Abbildung 4: Der DiSoLoMo-Trend

Wie können Unternehmen handeln, um diesem Trend bei der *Entwicklung des eigenen Geschäftsmodells* Rechnung zu tragen? Eine wichtige Orientierung kann hierzu das strategische Spielbrett liefern (vgl. Abb. 5). Dieses stellt zunächst die Frage, ob das Unternehmen mit neuen oder bekannten Regeln in einem Markt tätig ist. Zusätzlich wird gefragt, ob dabei der Gesamtmarkt oder eine Nische bedient werden soll. Bevor allerdings mit Innovationen in der Nische oder sogar im Gesamtmarkt gestartet wird, muss umfassend analysiert werden, welche neuen Regeln im Markt bereits gelten.

Dabei ist zu berücksichtigen, dass sich das gesamte *unternehmerische Spielfeld* momentan gravierend verändert:

Notwendigkeit eines Change-Managements im Online-Zeitalter 189

- Das *Spielfeld wird größer*, weil physische Grenzen bei Leistungserstellung, Kommunikation und Leistungsabforderung an Bedeutung verlieren (z. B, durch Zero Gravity Thinking).
- Gleichzeitig erlangen *neue Spielregeln* Gültigkeit, weil beispielsweise stärker performanceorientierte Abrechnungssysteme zum Einsatz kommen.
- Zusätzlich werden laufend *neue Spielgeräte* eingeführt, wie sie die sozialen Netzwerke (z. B. *Facebook*, *Twitter* und *Pinterest*) darstellen.
- Außerdem drängen *Millionen von zusätzlichen Spielern* auf das Spielfeld, weil es heute quasi jedem Internetnutzer möglich ist, sich mit Fragen oder eigenen Inhalten an jeglicher Form von Kommunikation zu beteiligen.
- In zunehmendem Maße wird in das Spielfeld *Vertrauen* als weitere handlungsrelevante Komponente eingeführt. Dieses stellt in zunehmendem Maße die Voraussetzung für den Einstieg in Geschäftsprozesse mit (neuen) Partnern dar. Die Ursache hierfür liegt in der Vielzahl der potenziellen Partner, die online erreicht werden können.
- Zusätzlich wird die *Spielgeschwindigkeit* dramatisch erhöht, weil Informationen nicht nur in einer bisher ungekannten Dichte zur Verfügung stehen, sondern deren Änderungen oft in Realtime verfügbar sind.

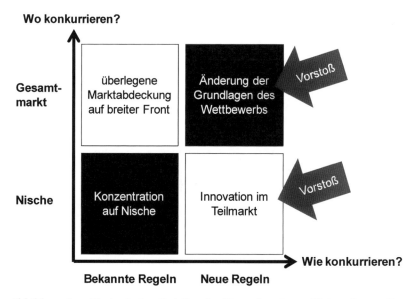

Abbildung 5: Strategisches Spielbrett – Kann das eigene Unternehmen die Spielregeln im Markt verändern?

Diese Gesamtheit der Veränderung führt in manchen Unternehmen zu einer regelrechten *Schockstarre* – denn bewährte Handlungsmuster gibt es vielfach noch nicht. Früher galt noch der Glaubenssatz: „Wer sich bewegt, hat verloren." Heute heißt es: „Wer sich heute nicht bewegt, hat morgen schon verloren." Doch wann sollten sich Unternehmen bewegen? Sieht sich ein Unternehmen als *First Mover* oder *Fast Mover*, indem Trends früh und aktiv aufgegriffen werden? Oder fällt das eigene Unternehmen eher in die Gruppe der *Late Movers*, die anderen gerne den Vortritt lassen? Das Risiko wird angesichts der Änderungsgeschwindigkeit immer größer, dass die Late Movers zu *First Losers* werden. Die *Anpassungsfähigkeit der Geschäftsmodelle* avanciert zum strategischen Wettbewerbsvorteil.

Vor diesem Hintergrund kann von einem regelrechten *digitalen Darwinismus* gesprochen werden, von dem Unternehmen bedroht sind (vgl. Kreutzer/Land 2013). Nach *Charles Darwin* gilt: "It is not the strongest of the species that survives, nor the most intelligent that survives. It is the one that is most adaptable to change." Angesichts der Herausforderung durch die digitale und soziale Revolution sollten sich die Unternehmensführer eines vor Augen führen: Der *Ausleseprozess des digitalen Darwinismus* startet, wenn sich Systeme und Prozesse in Wirtschaft und Gesellschaft schneller verändern, als sich Unternehmen anzupassen vermögen. Dabei gilt: Jedes Unternehmen, jede Marke und jedes Angebot ist verwundbar. Kein Geschäft ist „too big to fail" oder „too small to succeed" (Solis 2012). Hierbei sind folgende Aspekte zu berücksichtigen:

- Das in den letzten Jahren vorhandene Wissen wird massiv entwertet. Das heißt auch, dass die *Success Storys und Best Cases der Vergangenheit* nicht mehr in die Zukunft tragen.
- Die *Erfahrungswährung* wird durch neue Entwicklungen systematisch inflationiert und damit entwertet. Deshalb zeigt sich in vielen Unternehmen massiver Widerstand gegen die anstehenden Veränderungen, denn es gilt, gelernte Komfortzonen zu verlassen.
- In vielen Bereichen gibt es – noch – *keine umfassenden Messverfahren und Metriken*, um die wirtschaftlichen Resultate messbar zu machen. Dies darf aber nicht dazu führen, auf neue Herausforderungen nicht einzugehen.
- *Marketing* wird sich dramatisch verändern müssen, um in Zukunft seine Rolle *als Strategie- und Ergebnistreiber* ausfüllen zu können.

Diese Situation stellt den Handlungshintergrund dar, um das erforderliche Change-Management in Unternehmen einzuleiten.

2 Wie ein Change-Management in den Unternehmen auszugestalten ist

2.1 Prozess des Change-Managements

In welchen Stufen sich der *Prozess bzw. die Integration der sozialen Medien* entwickeln kann, zeigt Abb. 6. Die beschriebenen Social Media Newcomer sind schwerpunktmäßig in der *Stufe 1: Experimentelle Phase* verhaftet (vgl. hierzu auch Forster, 2012). Hier geht es darum – oft ohne dezidierte Zuweisung von personellen und finanziellen Ressourcen – erste Gehversuche ohne wirkliches Unternehmens-Commitment einzuleiten. Das gesamte Engagement läuft eher unter dem Titel „Jugend forscht" – was teilweise auch altersmäßig zutrifft. Guidelines für die Social-Media-Aktivitäten sowie eine entsprechendes Monitoring fehlen. Die Social Media Pioneers, die sich schon etwas länger mit verschiedenen Social-Media-Anwendungen beschäftigen, finden sich häufig in der *Stufe 2: Aufbau von Social-Media-Inseln*. Hier werden unternehmensintern erste Social-Media-Anwendungen gestartet und es wird mit beschränktem Personal- und Finanzeinsatz operiert. Eine Social-Media-Gesamtstrategie lässt sich auch in Ansätzen nicht erkennen; gleichwohl werden erste Guidelines erstellt und Monitoring-Aufgaben bearbeitet. Die Mehrheit der Mitarbeiter betrachtet das unternehmenseigene Engagement als „Exot ohne wirkliches Potenzial".

Einige der Social Media Pioneers sind bereits im Übergang zur *Stufe 3: Etablierung von Social Media als singulärer Unternehmensprozess* (vgl. Abb. 6). In diesen Unternehmen wurde das große Potenzial der sozialen Medien zur Absicherung und Erweiterung des eigenen Geschäftsfeldes erkannt und organisatorisch in funktionaler Form verankert. Personal und Budget wurden – orientiert an den zu erreichenden Zielen – bereitgestellt. Häufig hat Marketing als Funktion die übergreifende Verantwortung übernommen, wobei vielfach ein Schwerpunkt bei Social CRM gesehen wird. Zur Steuerung von Führungskräften und Mitarbeitern sind entsprechende Social-Media-KPIs im Einsatz, wodurch das Commitment des Top-Managements sichtbar wird (vgl. vertiefend Kreutzer/Land 2013, 169-207).

Die *Stufe 4: Social Media durchdringt die gesamte Organisation* stellt die umfassendste Form der organisatorischen Verankerung des Social-Media-Marketings dar. Hier umfasst das unternehmensweite Engagement in den sozialen Medien die gesamte Organisation – so wie das bei einer „marktorientierten Unternehmensführung" heute schon durch den Marketing-Gedanken der Fall ist. Die Aktivitäten in den sozialen Medien haben dabei ihre enge Bindung an einen Funktionsbereich (oft Marketing) aufgeben und durchdringen die gesamte Organisation. Dabei gilt als Leitidee: „Jeder ist für den überzeugenden Auftritt des Unternehmens in den sozialen Medien verantwortlich." Ein Unternehmen, das dieser Phase sehr nahe kommt, ist *Dell* (vgl. Buck 2013, 221-223).

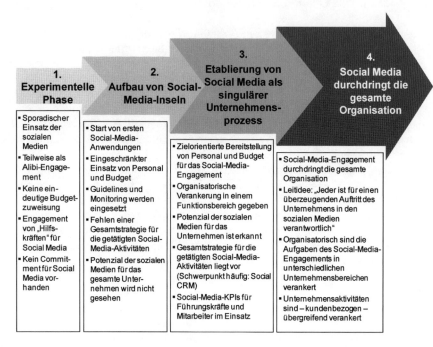

Abbildung 6: Entwicklungsstufen zur Ausschöpfung der Potenziale der sozialen Medien

Es ist nachvollziehbar, dass der *Bedarf eines Change-Managements* in den ersten drei Stufen dieses Prozesses besonders stark ausgeprägt ist. Schließlich gilt es, die bestehende Aufbau- und Ablauforganisation umfassend weiterzuentwickeln. Dabei müssen nicht nur bestehende Informations- und Prozess-Silos aufgebrochen, sondern auch Verantwortungsbereiche verändert werden, die den neuen Anforderungen des *sozialen und digitalen Zeitalters* nicht mehr gerecht werden.

In vielen Unternehmen besteht nach wie vor ein großer *strategischer Engpass* bei der *Implementierung innovativer Konzepte*. Viele brillante Strategien haben den Sprung vom Papier (oder dem digitalen Äquivalent) ins Tun nicht geschafft und endeten als Schrank-Ware – „Ideen, gleichsam im Giftschrank eingeschlossen", die nie das Licht der Welt erblickten. Welche *Hindernisse* sehen die Manager selbst, die an der *Umsetzung von digitalen Strategien* arbeiten? Einen Eindruck hiervon vermittelt Abb. 7. An erster Stelle – von 81 % der in Deutschland befragten Manager genannt – stehen die noch *fehlenden Kompetenzen*, um den veränderten Rahmenbedingungen Rechnung zu tragen. Wie schon bei vielen anderen Innovationsschüben stellt die *historisch gewachsene IT-Landschaft* in 43 % der befragten Unternehmen einen wichtigen Hemmschuh dar. Dieser technologische Gap zeigt sich mit ebenfalls 43 % bei der *fehlenden Kompetenz zur Verknüpfung mobiler Plattformen mit der ERP-Software* des eigenen Unternehmens.

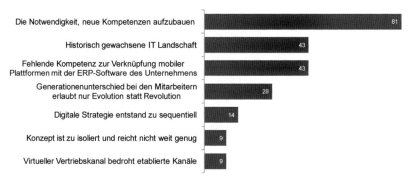

Abbildung 7: Welche Aspekte behindern die Umsetzung einer digitalen Strategie – in % (Deutschland, n = 100 Manager, Mehrfachantworten möglich)
Quelle: Camelot Management Consultants, 2012, 21

Interessant ist auch der von 28 % der Manager erwähnte Punkt, dass der *Generationenunterschied*, der sich gerade bei der Offenheit gegenüber den sozialen Medien dokumentiert, eher eine Evolution als eine Revolution ermöglicht. Die zentrale Frage angesichts dieser Ergebnisse lautet deshalb: Wird der Markt und damit die Kunden wie auch die Wettbewerber den Unternehmen die benötigte Zeit für die Neuausrichtung geben? Gerade der Generationenunterschied scheint sich in manchen Unternehmen negativ auf die *Entwicklung einer digitalen Konzeption* generell ausgewirkt zu haben: Das digitale Konzept ist teilweise zu *sequentiell* erarbeitet und *nicht holistisch* genug ausgerichtet (vgl. hierzu auch Abb. 3). Bemerkenswert ist auch, dass die *Bedrohung etablierter Kanäle durch virtuelle Kanäle* immerhin noch von 9 % als „Hindernis" gesehen wird. Diese „Bedrohung" ist in vielen Branchen inzwischen schlicht eine Tatsache. Und nur, wer die Herausforderung beherzt annimmt, wird überleben. Welche Konsequenzen ein zögerliches Vorgehen haben kann, ist täglich der Tagespresse zu entnehmen, denn dort finden sich regelmäßig Beispiele für den schon skizzierten *„digitalen Darwinismus"*. Diese reichen von Versandhäusern wie *Otto, Quelle, Neckermann* über stationäre Einzelhändler wie *Görtz* und *Thalia* zu Verlagsprodukten wie *Financial Times Deutschland, Frankfurter Rundschau* oder *Brockhaus*. Diese sind dem Ausleseprozess entweder schon erlegen oder müssen massiv kämpfen, um ihr Überleben zu sichern.

2.2 Orientierung des Change-Managements am Social-Media-Haus

Damit ein *Engagement in den sozialen Medien* nicht zum Strohfeuer wird, hat jedes Unternehmen vor dem Einstieg eine Strategie für die Nutzung der sozialen Medien zu erarbeiten. Dies beinhaltet auch die Bereitstellung der erforderlichen finanziellen und personellen Ressourcen. Den grundsätzlichen *Ablauf zur Erschließung der sozialen Medien für ein Unternehmen* generell zeigt das *Social-Media-Haus* in Abb. 8.

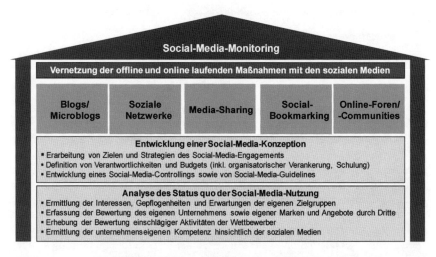

Abbildung 8: Social-Media-Haus – Prozess zur Integration der sozialen Medien in das Gesamtunternehmen

Voraussetzung für jegliche Maßnahmen ist zunächst eine umfassende *Analyse des Status quo der Nutzung der sozialen Medien* durch die relevanten Stakeholder sowie die einschlägigen Wettbewerber. Hier ist zu erfassen, welche Interessen, Gepflogenheiten und Erwartungen die eigenen Zielgruppen hinsichtlich des unternehmerischen Engagements in den sozialen Medien aufweisen. Zusätzlich ist zu prüfen, welche Tonality und welche Inhalte hinsichtlich der Bewertung des eigenen Unternehmens sowie eigener Marken und Angebote durch Dritte in den sozialen Medien anzutreffen sind. Eine Erhebung und Bewertung der Aktivitäten der einschlägigen Wettbewerber in den sozialen Medien rundet die Status-quo-Analyse ab.

Für viele Unternehmen gilt als erster wichtiger Schritt, das *Zuhören* wieder zu lernen. Viel zu lange waren Unternehmen im *Sende-Modus* verhaftet – und sind diesem treu geblieben. Dies war und ist häufig auch dann noch der Fall, wenn Responsequoten auf E-Mails, E-Newsletter, Mailings, klassische Response-Anzeigen und auch auf Informationsangebote in den sozialen Medien dramatisch abnehmen. Noch viel zu wenig wird geprüft, worauf die Ablehnungshaltung der Zielpersonen zurückzuführen ist. Deshalb wird an dieser Stelle für ein Vorgehenskonzept plädiert, welches sich als generelle *Leitidee im Unternehmen* – aber durchaus auch im privaten Bereich – bewährt hat: Es umfasst die vier Stufen *Listen – Learn – Act – Control* (vgl. Abb. 9).

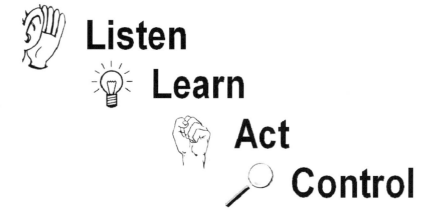

Abbildung 9: Guiding Principle des eigenen Tuns – nicht nur bei Social Media

Ein gutes Gespräch beginnt immer mit einem wertschätzenden Zuhören, um Bedürfnisse, Interessen und Stimmungslagen aufzunehmen. Mit *Listen* gilt es im ersten Schritt auch an die sozialen Medien heranzutreten. Dabei ist eine besondere Empathie an den Tag zu legen, um ein tiefes Verständnis für die Kunden zu erhalten. Im zweiten Schritt des *Learn* geht es darum, die relevanten Zusammenhänge zu erkennen, Verhaltensmuster zu interpretieren und Lösungsansätze zu entwickeln. Nach dem *Act* der Implementierung – und dieser Schritt wird häufig noch nicht konsequent genug umgesetzt – schließt sich zwingend die Phase *Control* an. Nur so gelingt der Aufbau einer lernenden Organisation. Und Lernen werden die Unternehmen in den nächsten Monaten und Jahren noch viel schneller, als dies in den letzten Jahrzehnten der Fall war.

Erst basierend auf den hier insgesamt gewonnenen Erkenntnissen können Unternehmen die *Entwicklung einer Social-Media-Konzeption* in Angriff nehmen (vgl. Abb. 8). Hier gilt es zunächst einmal – ganz klassisch – mit der Erarbeitung von *Zielen des Social-Media-Engagements* zu beginnen. Hierbei ist es wichtig, nicht extern – oder auch vom eigenen CEO – definierten, nur vermeintlichen Erfolgsgrößen wie der Anzahl an *Facebook*-Fans oder *Twitter*-Followern hinterherzulaufen. Viel entscheidender ist die Frage: Was soll durch ein Engagement in den sozialen Medien wirklich erreicht werden? Im Kern müssen sich Unternehmen zunächst entscheiden, ob überhaupt und wenn ja in welcher Weise sie sich innerhalb der sozialen Medien beteiligen. Häufig befinden sich deren Interessenten und Kunden bereits dort und reden über das Unternehmen, die Marken und/oder konkrete Angebote. Dies ist im Zuge der Status-quo-Analyse zu ermitteln. Welche *Social-Media-Ziele* Unternehmen in *Deutschland* anstreben, zeigt eine Studie von BITKOM (2012, 3; vgl. Abb. 10).

Spannend ist, dass Unternehmen – basierend auf der BITKOM-Studie – bisher nicht erkannt haben, dass die sozialen Medien auch eingebunden werden können, um die *eigenen Mitarbeiter* über die Visionen, Werte, Ziele, Strategien sowie über laufende Kampagnen und Events zu informieren. Der Einsatz von Blogs, Wikis, aber auch der sozialen Netzwerke selbst kann einen wichtigen Beitrag zur Informationsversorgung von „oben nach unten", aber auch von „unten nach oben" sowie zwischen verschiedenen Bereichen und Abteilungen – auch über Ländergrenzen hinweg – leisten. Damit werden die sozialen Medien zu einem wichtigen Baustein des *unternehmensinternen Wissensmanagements* (Stichwort „Social Intranet").

Um dem *Potenzial der sozialen Medien* gerecht zu werden, sollte die Perspektive an dieser Stelle noch zusätzlich erweitert werden. Auch wenn die BITKOM-Studie (2012) zeigt, dass die meisten Unternehmen versuchen, primär Kommunikations- oder Werbeziele durch Social Media zu erreichen, ist deren Potenzial doch deutlich größer. Ein Blick darauf, wie der *Einsatz der sozialen Medien in der Wertschöpfungskette eines Unternehmens* erfolgen kann, zeigt Abb. 11. Ein wichtiger Leistungsbereich davon ist die *Einbindung von Nutzern in die Pro-*

duktentwicklung sowie in die Produktion selbst. Ein Schwerpunkt, der auch bei der Diskussion der Social-Media-Ziele in Abb. 10 deutlich wurde, stellt die *Kommunikation in den sozialen Medien* dar, die durch und mit Unternehmen möglich ist. Ein weiteres wichtiges Handlungsfeld stellt *Social Commerce* dar.

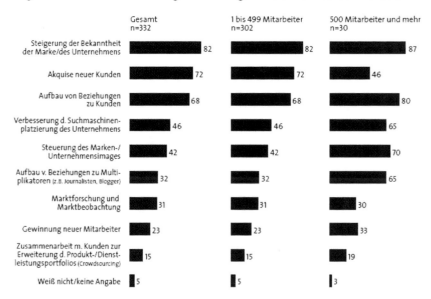

Abbildung 10: Ziele von Social-Media-Aktivitäten – nach Unternehmensgröße und Mitarbeiterzahl in % (Frage: „Zur Erreichung welcher der folgenden Ziele verwenden Sie Social Media?"; Mehrfachnennungen möglich; n = 332)
Quelle: BITKOM, 2012, 13

Hervorzuheben ist, dass bei der BITKOM-Befragung die spannende Möglichkeit, *Serviceleistungen* über die sozialen Medien anzubieten und durchzuführen, nicht als Ziel formuliert wurde. Dabei kann die Funktion der sozialen Medien weit über einen reinen Reklamationskanal hinausgehen und auch interessante Aspekte der Pre-Sales-, Sales- und Post-Sales-Phase serviceorientiert abdecken. Gerade der Einsatz von *Twitter* als persönlicher, direkter Kundenservice wird zunehmend von Unternehmen erkannt. Ein insbesondere von Großunternehmen zunehmend erschlossenes Handlungsfeld stellt der Bereich *Social Service* dar. Stellvertretend hierfür können die *Deutsche Telekom* und die *Deutsche Bahn* genannt werden. Das öffentlichkeitswirksame Anbieten und Erbringen von Serviceleistungen kann nachhaltig zum Aufbau von Kundennähe beitragen.

Abbildung 11: Integration der sozialen Medien in die unternehmerische Wertschöpfungskette

Wenn sich Unternehmen entscheiden, die sozialen Medien in den Dialog mit den relevanten Meinungsführern, mit Interessenten und Kunden sowie mit weiteren Stakeholdern einzubinden, sollten sich diese an den folgenden *Grundprinzipien der Kommunikation in den sozialen Medien* orientieren (vgl. vertiefend Kreutzer 2012, 335-337):

- *Ehrlichkeit/Authentizität*
- *Offenheit/Transparenz*
- *Kommunikation auf Augenhöhe*
- *Relevanz* (z. B. durch Context-/Location-Orientierung)
- *Kontinuität/Nachhaltigkeit*

Damit das unternehmerische Engagement in den sozialen Medien die definierten Ziele auch tatsächlich erreicht, ist vor dem Einstieg eine *Social-Media-Strategie* zu erarbeiten (vgl. Abb. 8). Dies beinhaltet auch die Bereitstellung der erforderlichen finanziellen und personellen Ressourcen sowie die Art der organisatorischen Verankerung, einschließlich der Entwicklung eines Social-Media-Controllings sowie von Social-Media-Guidelines.

Ernüchternd ist allerdings der Blick darauf, welche *Voraussetzungen zur Umsetzung eines Social-Media-Marketings* in den Unternehmen bisher geschaffen wurden (vgl. Abb. 12; BITKOM 2012, 16). Dabei wird deutlich, dass 59 % der Unternehmen die *erforderlichen Mitarbeiter fehlen*. 66 % haben *keine Ziele definiert*, die sie durch die sozialen Medien erreichen wollen. In 81 % der Unternehmen *fehlen interne Social-Media-Guidelines* für die eigenen Mitarbeiter und 93 % bieten ihren Mitarbeitern auch *keine entsprechenden Weiterbildungen* an. 90 % betreiben *kein Social-Media-Monitoring* und 98 % haben *keine Kennzahlen zur Evaluation der Zielerreichung* definiert. Damit wird in Summe deutlich, wie wenig Unternehmen auf die Herausforderung der sozialen Medien vorbereitet sind – und warum sich in vielen Bereichen Erfolge durch Social Media nicht einstellen wollen.

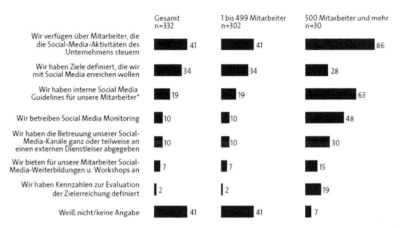

* Interviewer-Hinweis: Das sind Verhaltensweisen für Mitarbeiter bzgl. der beruflichen und privaten Nutzen von Social Media.

Abbildung 12: Organisation von Social-Media-Aktivitäten – nach Unternehmensgröße in Mitarbeiterzahl in % (Frage: „Wenn Sie an die interne Organisation Ihrer Social-Media-Aktivitäten denken – welche Aussagen treffen auf Ihr Unternehmen zu?"; Mehrfachnennungen möglich; n = 332)
Quelle: BITKOM 2012, 17

Basierend auf den notwendigen Festlegungen bezüglich der Ziele und Strategien eines Social-Media-Engagements sind anschließend die geeigneten *Instrumente und Plattformen der sozialen Medien* auszuwählen (vgl. Abb. 8). Ganz entscheidend ist dabei die Frage, ob das eigene Unternehmen genug Substanz bietet, um attraktive und damit für die unterschiedlichen Stakeholder relevante Inhalte zu liefern. Ohne überzeugende Substanz und damit ohne eine überzeugende *Content-Strategie* wird kein Social-Media-Engagement gelingen.

Welche *Social-Media-Plattformen* beim Einsatz in den Unternehmen heute dominieren, zeigt wiederum die BITKOM-Studie (2012, 8; vgl. Abb. 13). 86 % der

Unternehmen, die sich mit Social Media beschäftigen, setzen auf die *sozialen Netzwerke*. Mit großem Abstand binden lediglich 28 % der Unternehmen *Video-Plattformen* wie YouTube sowie *Unternehmens-Blogs* ein. *Twitter* verwenden 25 % der Unternehmen, weitere Plattformen, wie z. B. Wikis, eigene Online-Communitys oder Content-Plattformen werden dagegen kaum genutzt.

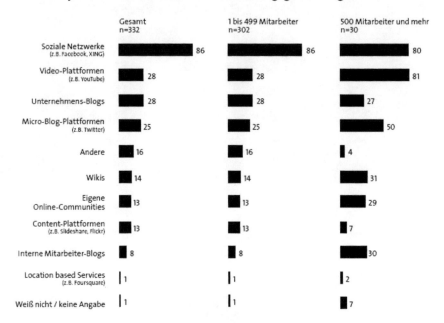

Abbildung 13: Verbreitung von Social-Media-Plattformen und -Instrumenten – nach Unternehmensgröße in Mitarbeiterzahl in % (Frage: „Wenn Sie an die interne Organisation Ihrer Social-Media-Aktivitäten denken – welche Aussagen treffen auf Ihr Unternehmen zu?"; Mehrfachnennungen möglich; n = 332)
Quelle: BITKOM 2012, 16

Bei der *Entwicklung* und insbesondere bei der *Umsetzung einer Social-Media-Konzeption* (einschließlich der organisatorischen Verankerung sowie der Schulung der Mitarbeiter) ist darauf zu achten, dass nicht nur eine zielgruppenorientierte *Vernetzung der einzelnen sozialen Medien* erreicht wird, sondern es auch zur einer *Vernetzung mit den weiteren kommunikativen Maßnahmen* des Unternehmens kommt. Idealerweise findet diese Vernetzung bereits bei der Definition der Social-Media-Ziele sowie bei der Erarbeitung der Social-Media-Strategien statt. Nur dadurch kann ein in sich schlüssiger Gesamtauftritt des Unternehmens erreicht werden. Das gesamte Social-Media-Engagement ist zunächst in ein *Social-Media-Monitoring* einzubinden, um die – erwünschten und unerwünschten – Ergebnisse frühzeitig und umfassend zu ermitteln (vgl. Abb. 8).

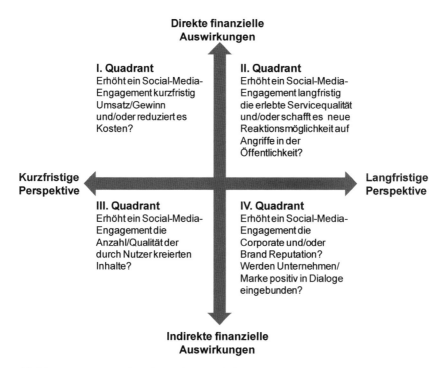

Abbildung 14: Fragenbereiche einer Social-Media-Balanced-Scorecard
Quelle: In Anlehnung an Ray, 2010

Um die Wirkungen der sozialen Medien angemessen zu erfassen, bedarf es einer *Social-Media-Balanced-Scorecard*, wie sie in Abb. 14 zu finden ist. Hierbei sind zunächst zwei Achsen zu unterscheiden. Die eine Achse zeigt die direkten bzw. indirekten *finanziellen Implikationen eines Social-Media-Engagements*. Die zweite Achse bildet die *Zeitperspektive* ab und verdeutlicht, ob die entsprechenden Wirkungen eher kurz- oder langfristig auftreten werden. Nur durch eine so differenzierte Analyse können die unterschiedlichen Effekte sauber erfasst werden. Schließlich führt eine Aktivität in den sozialen Medien oft nicht unmittelbar zu finanziellen Ergebnissen – wie Mehrumsätzen, einem höheren Gewinn oder gesenkten Marketing-Kosten (*I. Quadrant*). Viele Auswirkungen zahlen erst längerfristig auf monetäre Größen ein. Dies ist z. B. bei einer verbesserten Serviceleistung und/oder einer positiveren Wahrnehmung von Unternehmen und Marken in der Öffentlichkeit zu erwarten (*II. Quadrant*). Die von Nutzern generierten Inhalte unterschiedlicher Art finden sich im *III. Quadranten*. Diese haben häufig nur einen indirekten Einfluss auf finanzielle Steuerungsgrößen eines Unternehmens, wenn z. B. Impulse für die Produktentwicklung gegeben werden. Diese Wirkungen können sich kurzfristig, teilweise aber auch zeitverzögert einstellen. Schließlich finden sich im *IV. Quadranten* die Effekte, die sich erst langfristig positiv auf die Reputation von Unternehmen und/oder Marke auswirken.

Anhand einer solchen *Balanced Scorecard* ist beispielsweise unternehmensspezifisch zu prüfen, welche Bedeutung die Zahl der *Facebook*-Fans, die Anzahl von (positiven) Retweets, die Zahl der Besucher einer eigenen Social-Media-Repräsentanz, die Anzahl der Video-Views, (positive) Bewertungen, (positive) Beiträge in Blogs und Communitys haben. Die Tatsache, dass manche Effekte erst längerfristig wirken, dürfen nicht zu einer Vernachlässigung dieser potenzialorientierten Wirkungen führen, nur weil sie nicht unmittelbar in der Gewinn- und Verlustrechnung bzw. in der Bilanz sichtbar werden.

2.3 Organisatorische Verankerung des Social-Media-Marketings

Bei der *organisatorischen Umsetzung des Social-Media-Marketings* sollte bedacht werden, dass die Verantwortlichkeit für die sozialen Medien und für den „klassischen" Dialog mit den Kunden idealerweise in einer Hand liegen sollte. Eine Voraussetzung für die erfolgreiche Übernahme der entsprechenden Verantwortung ist, dass die Verantwortungsträger die *Bedeutung der Community* und ihre spezifischen Gesetze erkannt haben und bereit sind, dieser wertschätzend gegenüberzutreten. Aufgrund ihrer Affinität zu den sozialen Medien sind die zu definierenden Verantwortungsträger häufig Vertreter der *Digital Natives*. Die in den Unternehmen vorherrschenden *Organisationsstrukturen* – hinsichtlich der Ablauf- wie der Aufbauorganisation – müssen sich verändern, weil diese bisher eher kampagnengetrieben definiert waren. Eine Kampagne folgte der nächsten – und hatte mit der vorangegangenen häufig wenig zu tun. Das *Sägezahnmuster der kampagnengetriebenen Kommunikation* wird in Abb. 15 sichtbar. Der kumulative Effekt solcher Kampagnen ist eher gering.

An ihre Stelle tritt beim Einsatz der sozialen Medien zunehmend die Notwendigkeit einer *kampagnenübergreifenden Kommunikation*, die zwar immer wieder durch Kampagnen aufgeladen wird, aber ein zunehmendes *kommunikatives Grundrauschen* – auch in den Zeiten ohne Kampagnen – aufweist. Abb. 15 zeigt ebenfalls die dadurch erreichbaren Gesamteffekte. Die Auswirkungen auf die Organisation einer solchen Kommunikation sind dramatisch, denn diese Art von Engagement in den sozialen Medien passt in die heutigen Strukturen vieler Unternehmen nicht hinein. Um die verschiedenen sozialen Kanäle zu bespielen, bedarf es nicht nur einer langfristig angelegten, kanalübergreifend ausformulierten *Content-Strategie* i. S. eines *Redaktionsplans*, sondern auch der zu ihrer Umsetzung erforderlichen *personalen und finanziellen Ressourcen*.

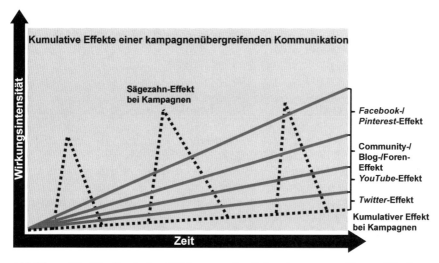

Abbildung 15: Idealtypischer Wirkungsverlauf einer kampagnenübergreifenden Kommunikation durch unterschiedliche Engagements in den sozialen Medien – im Vergleich zu einer kampagnengetriebenen Kommunikation

Die mit den Aufgaben des Social-Media-Marketings betrauten Leistungsträger fungieren als Schnittstelle zwischen dem Unternehmen und den Nutzern der sozialen Medien. Das *Aufgabenspektrum der Social-Media-Verantwortlichen* umfasst die folgenden Bereiche (vgl. Abb. 8):

- Definition von Zielen für das Social-Media-Engagement und Prüfung der Zielerreichung
- Sicherstellung, dass die Aktivitäten in den sozialen Medien mit den Unternehmens- und Markenwerten vereinbar sind

- Verzahnung von sonstigen Marketing- und Kommunikations-Maßnahmen des Unternehmens mit den Aktivitäten in den sozialen Medien
- Entwicklung eigenständiger Kampagnen für den Einsatz in den sozialen Medien
- Bekanntmachung der Social-Media-Aktivitäten und Gewinnung von Nutzern und/oder Mitgliedern für eigene Communities, Foren, Blogs sowie in den sozialen Netzwerken
- Auswertung und ggf. Aufgreifen von Anregungen der Nutzer, um diese ins Unternehmen zu tragen
- Beantwortung von Fragen, die aus dem Nutzerkreis direkt ans Unternehmen gerichtet werden
- Motivation der Nutzer der sozialen Medien, damit sich diese in unterschiedlicher Weise engagieren
- Moderation von eigenen Foren/Communities
- Durchführung des Micro-Blogging(s)
- Führen und/oder Moderation eines Corporate Blogs
- Aufbau, Unterhaltung und Moderation der Dialoge in den sozialen Netzwerken
- Analyse der auf das eigene Unternehmen, die eigenen Angebote und Marken bzw. auf die eigene Branche ausgerichteten Aktivitäten
- Analyse der Art und Weise, wie Wettbewerber in den sozialen Medien agieren und wie diese dort angesehen sind
- Überprüfung der Wirkungen des Social-Media-Engagements anhand aussagekräftiger KPIs
- Steuerung des gesamten Social-Media-Marketings durch entsprechende Budgets
- Entwicklung, Kommunikation und Durchsetzung der internen und externen Social-Media-Guidelines

Eine entscheidende Voraussetzung, damit die Social-Media-Verantwortlichen diesem umfassenden Aufgabenspektrum Rechnung tragen können, ist ein *„heißer Draht" zu den Fachabteilungen*. Dort ist die Fachkompetenz zu den Leistungen des Unternehmens verankert, die für eine kompetente Stellungnahme in den sozialen Medien unverzichtbar ist.

Da das Social-Media-Marketing noch ein relativ neuer Ansatz ist, werden bezüglich der *Festlegung der Verantwortlichkeiten* und der *Integration in die Unternehmensstruktur* unterschiedliche Konzepte diskutiert. In Abhängigkeit von den Zielen eines Einsatzes in den sozialen Medien können die entsprechenden Aktivitäten z. B. als Teil der Kundenkommunikation oder der Öffentlichkeitsarbeit gesehen werden. Bei der *Integration in die Unternehmensorganisation* gibt es verschiedene Konzepte.

- *Community Manager*
  Ein Community Manager überwacht das *Engagement auf allen Social-Media-Plattformen* und gestaltet dieses inhaltlich (vgl. Weinberg 2012, 72-74). Dieser Manager sollte Teil der Marketing- oder Vertriebsabteilung und damit in den kundennahen Bereichen eingebunden sein, damit er eine Nähe zu der gesamten ein- und ausgehenden Kundenkommunikation hat. Seine Aufgabe besteht darin, nach innen und außen zu kommunizieren und damit eine *Verbindung zwischen der Unternehmensintelligenz und der Schwarmintelligenz* herzustellen.

Hierbei ist der Community Manager in einem *Spannungsfeld* eingebunden: Einerseits soll er als Mitarbeiter des Unternehmens dessen Interessen auch nach außen vertreten. Andererseits darf er dort nicht zu marketing- oder vertriebslastig agieren, um in der Community auf Akzeptanz zu stoßen. Dort gilt es vielmehr, dem Unternehmen ein „menschliches Gesicht" zu geben und im virtuellen Sinne „anfassbar" zu sein, ohne jedoch die eigene Herkunft zu verleugnen. Um dieses Ziel zu erreichen, stellen immer mehr Unternehmen die Mitarbeiter mit Namen und Foto vor, die hinter den Aktivitäten in den sozialen Netzwerken stehen. So beobachtet der Community Manager nicht nur die unterschiedlichen sozialen Medien, sondern beteiligt sich auch aktiv an diesen. Dazu unterhält er eigene Social-Media-Präsenzen und engagiert sich in einschlägigen Blogs und auf den relevanten Seiten der sozialen Netzwerke.

Die Bandbreite der vom Community Manager zu koordinierenden Maßnahmen des Unternehmens reichen über die *aktive Informationsbereitstellung*, den *Aufruf zu Mitmach-Aktionen* bis hin zur *Gegendarstellung bei Falschmeldungen*, die beispielsweise in Communities oder Blogs erstmalig diskutiert werden. Zusätzlich sind die für das Unternehmen relevanten Fürsprecher und Gegner zu identifizieren, um diese besonders sorgfältig zu betreuen. Das Aufgabenfeld umfasst auch das *Aufgreifen von Fragen und Verbesserungsvorschlägen für Produkte und Dienstleistungen*, die an die entsprechenden Abteilungen im Unternehmen weiterzuleiten sind.

- *Task-Force für Social-Media-Marketing*
  Die Verankerung des Social-Media-Marketings kann auch in Gestalt einer speziellen Task-Force erfolgen, in die Verantwortliche aus den mit kunden-

nahen Prozessen betrauten Abteilungen eingebunden werden. Deren Vertreter haben neben ihrer regulären Arbeit die Aufgabe, die Präsenz des Unternehmens, seine Marken und/oder seine Angebote innerhalb der sozialen Medien auszugestalten und relevante Erkenntnisse aus diesen für den originären Aufgabenbereich zu gewinnen. Dazu können die beschriebenen Aufgaben des Community Managers auf mehrere Personen aufgeteilt werden. Hierbei ist darauf zu achten, dass die *Konsistenz des Außenauftritts* nicht verloren geht, auch wenn eine gewisse *Meinungspluralität in den sozialen Medien* die Glaubwürdigkeit von Unternehmen erhöhen kann.

- *Social-Media-Team*
  Alternativ kann ein festes Social-Media-Team installiert werden, das sich nur mit den Herausforderungen der sozialen Medien beschäftigt. Ein solches Team kann z. B. innerhalb der Marketingabteilung angesiedelt sein. Oder es ist im Vertrieb angesiedelt und agiert dort in enger Abstimmung mit den Marketingverantwortlichen. Auch hier sind die Funktionen des Community Managers entsprechend aufzuteilen.

- *Social-Media-Abteilung*
  Die weitestgehende Variante zur Verankerung des Social-Media-Engagements stellt der Aufbau einer entsprechenden Abteilung dar. Diese ist wiederum im Marketing oder marketingnah anzusiedeln, um eine Durchgängigkeit der Betreuung insbesondere der Interessenten und Kunden sicherzustellen.

Es wird teilweise auch darüber diskutiert, dass für Social Media „jeder Mitarbeiter" eines Unternehmens verantwortlich zeichnet, da die sozialen Medien eine Herausforderung für das gesamte Unternehmen darstellen. Auch wenn diese Aufgabe für viele Branchen zutrifft, müssen dennoch Verantwortlichkeiten definiert werden. Denn auch hier gilt: „Wo alle verantwortlich sind, ist keiner verantwortlich!"

Unabhängig davon, welche der genannten *Organisationsformen* gewählt werden, muss jedes Unternehmen vor einem Engagement in den sozialen Medien *Social-Media-Richtlinien* erarbeiten und intern kommunizieren. In diesen ist zu regeln, wie sich die Mitarbeiter des Unternehmens bezüglich ihres Engagements in den sozialen Medien verhalten sollen. Die Richtlinien sollen verdeutlichen, was jeder Mitarbeiter tun und sagen darf und welche Beschränkungen im Rahmen der nach außen gerichteten Kommunikation gelten. Das Unternehmen kann mit Hilfe von internen Social-Media-Richtlinien zwar – in Grenzen – beeinflussen, was die Mitarbeiter z. B. auf Blogs oder *Twitter* im Unternehmensnamen nach außen tragen, aber nicht, welche Themen sie in welcher Form als Privatperson kommunizieren. Hierbei zeigt sich allerdings, dass sich in den sozialen Medien die beruflichen und die privaten Belange immer mehr vermischen. Deshalb ergibt sich für Unternehmen die Notwendigkeit, die eigenen Mitarbeiter hinsichtlich des Engagements in den sozialen Medien insgesamt zu „führen", um so das Unternehmen, seine Marken, Produkte und Dienstleistungen zu schützen. Social-Media-Guidelines leisten einen wichtigen Beitrag, um ein Bewusstsein für den Umgang mit den sozialen Medien zu schaffen. In den *internen* Social-Media-Guidelines, die auf die eigenen Mitarbeiter ausgerichtet sind, sind Verhaltensrichtlinien für folgende Bereiche zielführend (vgl. Kreutzer 2012, 412-417):

- *Kommunikation der Social-Media-Ziele*
  Die Ziele des unternehmerischen Engagements in den sozialen Medien sind zu erarbeiten und allen Mitarbeitern transparent zu machen.

- *Sicherstellung der notwendigen Geheimhaltung von Interna*
  Die Verbreitung von Geschäfts- und Betriebsgeheimnissen, von Informationen über laufende Projekte (z. B. zu technologischen Entwicklungen), über den Stand von laufenden Akquisitionen, von Finanzdaten sowie Informationen über Geschäftspartner, Kunden und Mitarbeiter darf grundsätzlich nicht erfolgen. Das bedeutet nichts anderes, als dass die generellen Aufgaben und Pflichten der Mitarbeiter bezüglich einer Geheimhaltung weiterhin unverändert Bestand haben.

- *Authentizität der im Unternehmensnamen agierenden Personen*
  Für eine Akzeptanz in den sozialen Medien ist es wichtig, als Kommunikator eine hohe Glaubwürdigkeit zu erreichen. Deshalb sollten Mitarbeiter, die im Unternehmensnamen agieren, durch die Angabe ihres eigenen Namens, ihrer Funktion und ihres Unternehmens die Herkunft deutlich machen.

- *Wer kommuniziert, ist verantwortlich*
  Wie im Offline-Bereich gilt auch bei der Online-Kommunikation, dass jeder Kommunikator für die Auswirkungen seines Tuns selbst verantwortlich ist. Die Mitarbeiter sind deshalb umfassend darüber zu informieren, welche Auswirkungen online abgegebene Meinungsäußerungen – im Vergleich zu Offline-Statements – haben können. Online geäußerte Meinungen verbreiten sich nicht nur viel schneller, sondern sind quasi für alle sichtbar und kaum mehr aus dem Netz zu entfernen. Deshalb sind die möglichen Konsequenzen von falschen und/oder rufschädigenden Äußerungen (z. B. über Wettbewerber, Kunden, Lieferanten, Kollegen, Vorgesetzten) unabsehbar.

- *Professionalität im Auftritt*
  Zu einem professionellen Auftritt gehört, dass in Beiträgen deutlich zwischen der Präsentation von Fakten und von Meinungen („ich bin bzw. das Unternehmen XY ist der Meinung, dass ...") differenziert wird. Auf diese Weise wird die Glaubwürdigkeit von Aussagen deutlich erhöht. Dazu gehört auch, dass auf Kritik an Wettbewerbern verzichtet wird.

- *Interne Kritik bleibt intern*
  In jedem Falle ist zu verhindern, dass Mitarbeiter ihren „Frust" über das eigene Unternehmen, über Kunden, Lieferanten, Kollegen oder Vorgesetzte über die sozialen Medien nach außen tragen. Nach außen gilt, dass jeder Mitarbeiter hinter dem Unternehmen, seinen Marken und Angeboten stehen sollte. Wenn dies nicht der Fall ist, kann „Schweigen" der betroffenen Mitarbeiter die angemessene Solidaritätsform mit dem Unternehmen darstellen.

- *Offener Umgang mit Fehlern in Online-Beiträgen*
  Werden fehlerhafte oder ungeeignete Online-Beiträge der eigenen Mitarbeiter identifiziert, so sollte deren Korrektur aktiv angestoßen werden. Entsprechende Einträge in den sozialen Netzen, in Blogs, Foren oder Communities sollten allerdings nicht unkommentiert geändert oder entfernt werden. Hier gilt es vielmehr, in einen offenen Dialog zwischen dem Mitarbeiter und dem Vorgesetzen einzutreten, um die Risiken der Einträge sowie die Notwendigkeit zur Korrektur deutlich zu machen.

- *Festlegung von Verantwortlichkeiten für die sozialen Medien*
  Um einen kommunikativen „Wildwuchs" im Unternehmen durch eine unkoordinierte Kommunikation vieler interner Sender zu vermeiden, sind im Unternehmen die Verantwortlichkeiten für das Social-Media-Engagement zu klären. Hierzu ist zum einen festzulegen, welcher bzw. welche Mitarbeiter für Beiträge über *Twitter*, in *Facebook*, in externen Blogs oder im Corporate Blog verantwortlich sind.

- *Nutzung der sozialen Medien während der Arbeitszeit*
  Unternehmen sollten Vorgaben darüber machen, in welchem Umfang ein privates Engagement in den sozialen Medien während der Arbeitszeit zulässig ist.

- *Beachtung der geltenden Rechtslage*
  Jedem Mitarbeiter, der in den sozialen Medien agiert, sind die rechtlichen Rahmenbedingungen seines Tuns zu verdeutlichen. Hierzu ist besonders darauf hinzuweisen, dass die geltenden Gesetze zum Datenschutz, zu Urheber-,

Marken- und Persönlichkeitsrechten auch im Onlineumfeld nicht an Gültigkeit verlieren – ganz im Gegenteil.

Im Zuge der organisatorischen Verankerung des Social-Media-Marketings erfolgt auch die *Definition der Verantwortlichkeit für derartige Social-Media-Richtlinien*. Diese umfasst die erstmalige Entwicklung dieser Richtlinien, deren kontinuierliche Anpassung sowie die interne Veröffentlichung. Hierzu zählt auch die Aufgabe, die Mitarbeiter auf die Social-Media-Richtlinien zu verpflichten. Zusätzlich sind Sanktionsmechanismen zu definieren, die greifen, wenn sich Mitarbeiter nicht an diese Social-Media-Richtlinien halten. Hierfür ist fallweise der Betriebsrat einzubinden. Im Kern ist es das Ziel von Social-Media-Richtlinien, eine *gesteuerte Eigeninitiative der Mitarbeiter* zu erreichen; wie deutlich wurde, ist dies nur scheinbar ein Widerspruch.

Ist ein Unternehmen selbst der *Initiator einer Social-Media-Plattform* (z. B. eines Blogs, eines Online-Forums oder einer Online-Community), ist es sinnvoll, im Vorfeld eines entsprechenden Engagements *externe* Social-Media-Guidelines für die externen Nutzer dieser Unternehmensangebote zu erstellen und zu kommunizieren. Darin sollten folgende Fragestellungen beantwortet werden:

- Dürfen die Internet-Nutzer auf Blogs, Pinnwänden und anderen Plattformen des Unternehmens alles sagen, was sie wollen?
- Wie soll mit negativen Kommentaren von Nutzern umgegangen werden?
- In welcher Form können Falschmeldungen berichtigt werden?
- Können unhöfliche oder vom Thema wegführende Beiträge entfernt werden?
- Gibt es Arten von Kommentaren, die als unzulässig definiert sind?
- Dürfen anonyme Kommentare abgegeben werden?
- Kann die Community durch einen Unternehmensrepräsentanten moderiert werden?

Diese *Guidelines* dienen als *Etikette der sozialen Medien*, um im Krisenfall darauf Bezug nehmen zu können. Wenn solche Regeln im Vorfeld transparent gemacht werden, können Spannungen zwischen den Nutzern in der Interaktion zumindest reduziert werden.

3 Zukünftige Herausforderungen für das Change-Management

Viele Unternehmen verzichten noch auf eine Nutzung der sozialen Medien, weil sie *Angst vor einem Kontrollverlust* über ihre Kommunikation und ihre Leistungen haben. Es muss ehrlicherweise zugestanden werden, dass die Unternehmen diese Kontrolle durch die vielfältigen Möglichkeiten des Web 2.0 schon lange verloren haben. Folglich geht es bei einem unternehmerischen Engagement auf den Social-Media-Plattformen darum, den Kontrollverlust partiell zu kompensieren und/oder zu moderieren, um nicht ganz aus dem *Spiel der sozialen Medien* ausgeschlossen zu werden. Dies ist insbesondere für solche Unternehmen unverzichtbar, die für die Öffentlichkeit, ihre Interessenten, Kunden und weitere Stakeholder eine große Bedeutung erlangt haben. Denn durch die *Reichweite der sozialen Medien* können sich negative Aussagen oder Skandale schneller verbreiten und das Image langfristig schädigen – insbesondere dann, wenn die Unternehmen hier nicht präsent sind und kompetent reagieren. Das Mindest-Engagement von Unternehmen in den sozialen Medien stellt folglich das beschriebene *Monitoring* der dort ausgetauschten Botschaften dar, um zu sehen, wie Unternehmen, Angebote und Marken besprochen und dargestellt werden. Gerade die sozialen Medien bieten eine bisher nicht vorstellbare Möglichkeit, die „Hände am Puls der Zielgruppe" zu haben und in Realtime zu erfahren, was diese gerade bewegt. Unterbleibt allerdings eine solche Überwachung, können auch keine Gegenmaßnahmen zeitnah und in den relevanten Medien initiiert werden.

Dass diese Aufgabe nicht leicht zu erbringen ist, muss allen Beteiligten bewusst sein. Denn der *Schwarm der Nutzer* ändert seine Meinungen, Empfehlungen und/oder Verhaltensweisen schnell, unvorhersehbar und nicht unbedingt logisch begründet. Die *Viralität der Meinungsäußerung* kann dennoch – ob zu Recht oder Unrecht, fragt hier keiner – schnell große Nutzerkreise „infizieren". Die *Instabilität der Meinung* macht das Agieren in den sozialen Medien für Unternehmen oft schwierig. Orientiert an der Aussage *„Social media never sleep"* kann die Verantwortung für die Beobachtung der sozialen Medien auch nicht über das Wochenende ausgesetzt werden, weil gerade dann eine *Shitstorm-Welle* anlaufen kann.

Wichtig ist auch die folgende Erkenntnis: *Ein Shitstorm kann nicht dadurch vermieden werden, dass man in den sozialen Medien nicht präsent ist.* Durch eine Präsenz dort erleichtert man ggf. den Start eines Shitstorms. Allerdings hat man als Unternehmen dann auch gleich einen (eingeübten) Kanal, um sich den Angriffen zu stellen.

Die zusätzlichen Kommunikationskanäle und -instrumente erfordern unternehmensweit zuallererst zweierlei: *Abstimmung und Integration.* Gefährlich wird es für Unternehmen, wenn zu den bereits agierenden Abteilungen und Agenturen für klassische Werbung, Dialogmarketing, Sponsoring, interne Kommunikation, Investor-Relations, Event-Marketing, Corporate Identity, Messe-Engagements, Corporate Publishing jetzt weitere Abteilungen und Agenturen hinzutreten, die für App-Marketing, Social-Media-Marketing, SEO, SEA und Online-Werbung verantwortlich zeichnen. Das Risiko steigt, wenn sowohl die eigenen Abteilungen als auch die Agenturen weitgehend losgelöst voneinander agieren – und jede versucht, die aus ihrer Sicht „optimale" Kampagnen-Idee zu entwickeln und zu verkaufen. Das anzustrebende Ziel heißt *Konsistenz* über alle Kanäle, Instrumente und Agenturen hinweg, um einen in sich schlüssigen Gesamtauftritt des Unternehmens zu erzielen. Alle nach innen wie nach außen gerichteten Maßnahmen – seien sie online oder offline ausgerichtet – müssen sich an den Kernzielen des Unternehmens orientieren, um eine in sich *schlüssige Unternehmens-, Marken- und/oder Angebotsidentität* zu erzeugen. Diese Aufgabenstellung ist von vielen Unternehmen noch zu meistern.

Literatur

BITKOM (2012): Social Media in deutschen Unternehmen. Berlin: BITKOM.
Blank, Isabel/Panknin, Sabrina/Schnoor, Mike (2010): Social Media Richtlinien, 10 Tipps für Unternehmen und ihre Mitarbeiter. Düsseldorf: BVDM.
Buck, Michael (2013): Effektiver Kundenservice und authentische Dialoge mit dem Kunden im Web-2.0-Zeitalter: Das Beispiel von Dell. In: Ralf T. Kreutzer und Karl-Heinz Land (Hrsg.): Digitaler Darwinismus: Der stille Angriff auf Ihr Geschäftsmodell und Ihre Marke. Wiesbaden: Springer Gabler, 221-223.
Forster, Frank (2012): Social Media – vom Hype zum festen Bestandteil im Kundendialog. Vortrag auf dem Dialogmarketing-Gipfel. Frankfurt, 22.08.2012.
Kreutzer, Ralf T. (2012): Praxisorientiertes Online-Marketing: Konzepte – Instrumente – Checklisten. Wiesbaden: Gabler.
Kreutzer, Ralf T./Land, Karl-Heinz (2013): Digitaler Darwinismus: Der stille Angriff auf Ihr Geschäftsmodell und Ihre Marke. Wiesbaden: Springer Gabler.
McKinsey (2012): Turning buzz into gold: How pioneers create value from social media, München: McKinsey & Company.
Ray, Augie (2010): The ROI Of Social Media Marketing: More Than Dollars And Cents. blogs.forrester.com/augie_ray/10-07-19-roi_social_media_marketing_more_dollars_and_cents (29.10.2012).
Solis, Brain (2012): Your Brand is More Important Than You Think: BrandSTOKE's 9 Criteria for Brand Essence. briansolis.com (26.11.2012).
van Eimeren, Birgit/Frees, Beate (2013a): Rasanter Anstieg des Internetkonsums – Onliner fast drei Stunden täglich im Netz: Ergebnisse der ARD/ZDF-Onlinestudie 2013. In: Media Perspektiven, 7-8/2013, 358-372.
van Eimeren, Birgit/Frees, Beate (2013b): Multioptionales Fernsehen in digitalen Medienumgebungen. In: Media Perspektiven, 7-8/2013, 373-385.
Weinberg, Tamar (2012): Social Media Marketing: Strategien für Twitter, Facebook & Co. 3. Aufl., Köln: O'Reilly.

Der Autor

Prof. Dr. Ralf T. Kreutzer ist seit 2005 Professor für Marketing an der Hochschule für Wirtschaft und Recht (HWR), Berlin, und Marketing und Management Consultant. Er war 15 Jahre in verschiedenen Führungspositionen bei Bertelsmann, Volkswagen und der Deutschen Post tätig, bevor er als Professor für Marketing berufen wurde.

Kontakt

Prof. Dr. Ralf T. Kreutzer
Hochschule für Wirtschaft und Recht
Badensche Str. 50-51
10825 Berlin
ralf.kreutzer@hwr-berlin.de

Die Customer Journey Analyse im Online Marketing

Louisa Flocke / Heinrich Holland

Inhalt

1	Einleitung	214
2	Ziele der Customer Journey Analyse	215
3	Messung der Customer Journey	216
3.1	Tracking-Methoden	216
3.1.1	Cookie-Tracking	217
3.1.2	Digital Fingerprinting	220
3.1.3	Pixelbasiertes Tracking	221
3.2	Funktionsweise des Customer Journey Trackings	223
4	Wirkungsanalyse	225
4.1	Definition Attribution und Attributionsmodell	225
4.2	Statische Modelle	226
4.2.1	Last Cookie Wins	226
4.2.2	First Cookie Wins	228
4.2.3	Gleichverteilung	229
4.2.4	Badewannenmodell (U-Modell)	230
4.3	Dynamische Modelle	231
5	Herausforderungen und Grenzen	232
5.1	Organisatorische Herausforderungen und Grenzen	232
5.2	Technische Herausforderungen und Grenzen	233
5.3	Rechtliche Herausforderungen und Grenzen	235
6	Fazit und Ausblick	237

Literatur ... 239
Die Autoren ... 242
Kontakt ... 242

Management Summary

Die Analyse der Customer Journey, ein eigentlich altbekannter Begriff, gewinnt im Online Marketing derzeit rasant an Bedeutung und gilt quasi als Königsdisziplin. Kaum ein Schlagwort wird in der gesamten Brache so heiß diskutiert und viele Agenturen und Werbetreibende setzen sich intensiv damit auseinander, wie man am besten die „Reise des Kunden" erfassen kann, um Zielgruppen genau dort anzusprechen, wo sie sich befinden, und Budgets gezielt in diese bestimmten Kanäle zu steuern.

In der Online-Branche wird über den Begriff Customer Journey besonders im Bereich des Performance Marketings seit 2009 heftig diskutiert. Fachvorträge und -zeitschriften beschäftigen sich verstärkt mit der Analyse der Kundenreise und ihren Potenzialen. Einige Dienstleister und Anbieter leisten aktiv Aufklärungsarbeit und publizieren Artikel zu dem Thema. Diese Artikel sind aus Anbietersicht verfasst und infolgedessen nicht stets wertneutral und objektiv. Oft wird die Customer Journey Analyse als „Allheilmittel" verkauft, mit der ganz automatisch Werbebudgets optimiert werden können. Nur wenige werbetreibende Unternehmen haben bereits umfassende Erfahrungen mit der Analyse der Customer Journey sammeln können.

Dieser Beitrag zeigt daher neben den Möglichkeiten und Potenzialen einer Customer Journey Analyse insbesondere auch die Herausforderungen und Grenzen auf.

1 Einleitung

Der Begriff *Customer Journey* ist aus dem klassischen Marketing schon relativ lange bekannt. Er bezeichnet die „Reise" eines potenziellen Kunden über verschiedene Kontaktpunkte (sog. Touchpoints) mit einem Produkt bzw. einer Dienstleistung, einer Marke oder einem Unternehmen, von der Inspiration und Bedürfnisweckung über die Informationsbeschaffung und Suche bis hin zur finalen Zielhandlung. Die finale Zielhandlung kann dabei beispielsweise ein Kauf, eine Newsletter-Anmeldung oder eine Anfrage sein. Eine Customer Journey kann sich je nach Branche und Produktkategorie über mehrere Stunden, Tage oder Monate erstrecken.

Im Online Marketing stammt der Begriff Customer Journey aus dem E-Commerce, genauer gesagt aus dem *erfolgsbasierten Performance Marketing*. Bezeichnungen wie User Journey, Consumer Journey, Path to Conversion und

Werbemittelnutzungspfad werden häufig synonym zu Customer Journey genutzt, da diese teilweise schwer voneinander abzugrenzen und stark verwandt sind.

Eine einheitliche und verbindliche Definition zur Customer Journey im Online Marketing ist noch nicht erkennbar, was der Entwicklung und Transparenz zu dem Thema noch im Wege steht. Aus diesem Grund hat sich die Fachgruppe Performance Marketing im BVDW zusammengetan und eine erste Definition hergeleitet.

Demnach stellt die Customer Journey „alle messbaren Kontaktpunkte eines Nutzers auf dem Weg zu einer definierten Aktion dar. Hierbei werden alle Marketing-Kanäle berücksichtigt mit denen ein Konsument im Rahmen dieser Aktion in Berührung kommt, wobei sowohl Sicht- als auch Klickkontakte einbezogen werden" (Bundesverband Digitale Wirtschaft (BVDW) e.V. 2012a, S. 7). Die Customer Journey beschreibt demzufolge die *Reise des Konsumenten* bzw. Users durch das Internet, bei der dieser mit mehreren Online-Kontaktpunkten über Views oder Klicks in Berührung kommt.

Bei der *Customer Journey Analyse* steht das Nachverfolgen genau dieses *Kundenpfades* im Internet im Vordergrund, um herauszufinden, welches Werbemittel welchen Beitrag zum Kauf eines Produkts leistet (Zunke 2012a, S. 20). Marketer können exakt analysieren, welche und wie viele Touchpoints Konsumenten bis zur finalen Zielhandlung benötigen und in welcher Phase des Entscheidungsprozesses die unterschiedlichen Medien und deren Kombination besonders stark wirken. Die Kenntnis dieser Informationen kann werbetreibende Unternehmen dabei unterstützen, ihre Marketing-Maßnahmen gezielt auf jene Kanäle zu verteilen, die in der entsprechenden Phase am effektivsten und effizientesten sind.

Die einzelnen Bestandteile des Ansatzes der Customer Journey Analyse sind nicht fest definiert und variieren im Zusammenhang mit den jeweiligen Software-Anbietern und Agenturen. Bisher gibt es keine allgemeinen Standards zur Methodik und die meisten Dienstleister haben ihre eigenen, ganz individuellen Lösungen entwickelt und mit dem Label „Customer Journey Analyse", „Customer Journey Tracking", „Cross-Channel-Tracking" oder „Multi-Channel-Tracking" versehen.

2 Ziele der Customer Journey Analyse

Mit Hilfe einer Customer Journey Analyse sollen Erkenntnisse über das Verhalten und über die Präferenzen der Zielgruppen sowie über die Nutzung und Reaktion auf digitale Werbung im Netz gewonnen werden. Ziel einer derartigen Analyse ist es, potenzielle Kunden auf ihrer Reise durch die digitale Welt an jeder

Station mit der *passenden Botschaft* anzusprechen und den Werbemittel-Mix so aufzubauen, dass alle Phasen des Kaufentscheidungsprozesses optimal bedient werden (Zunke 2012b).

Die Customer Journey Analyse zielt außerdem darauf ab, Wirkungen und *Wechselwirkungen* von Marketing-Kampagnen zu erfassen und vor allem Wirkungszusammenhänge und Synergien zwischen den einzelnen Kanälen und Kontaktpunkten aufzudecken, um darauf aufbauend Optimierungspotenziale abzuleiten. Es geht dabei darum herauszufinden, welche Wirkung die Kanäle aufeinander haben und welcher Kanal beziehungsweise welcher Touchpoint welchen Beitrag für die Zielhandlung (z.b. Kauf) geleistet hat (Bartholomäus 2011, S. 50).

Von den Analyseergebnissen ausgehend soll dann das Werbe- bzw. *Mediabudget* entsprechend optimal auf die einzelnen Kanäle und Werbemittel verteilt werden (Zunke 2012a, S. 20). Somit können die Erkenntnisse aus der Analyse der Customer Journey nicht nur zur Kampagnenplanung und -steuerung, sondern auch zur effizienten Budgetplanung und -verteilung eingesetzt werden (Schumann 2012, S. 28). In der Idealvorstellung würde jedem Marketing-Kanal nur so viel Budget zugeschrieben, wie er zum Zustandekommen der Konversion beiträgt.

3 Messung der Customer Journey

Um das Funktionsprinzip der Customer Journey Analyse verstehen zu können, bedarf es einiger Grundkenntnisse über die technischen Prozesse und Rahmenbedingungen zur Sammlung, Verarbeitung, Aufbereitung und Auswertung der im Netz anfallenden Nutzerdaten. Um eine möglichst lückenlose Dokumentation der Customer Journey zu erreichen, muss eine exakte Datensammlung und -speicherung über das Verhalten der Konsumenten garantiert werden, welche wiederum eine konsistente und durchgängige Messung aller Online Marketing-Maßnahmen voraussetzt (Koch/Brommund 2009, S. 300).

3.1 Tracking-Methoden

Grundlage für eine erfolgreiche Customer Journey Analyse bilden sogenannte Tracking-Methoden, die sich in sehr unterschiedlichen technischen Verfahren durchführen lassen. Die gewählte technische Methode hat in jedem Fall Einfluss auf die mögliche Tiefe und Präzision der Daten und kann das Ergebnis der Webanalyse stark beeinflussen (Amthor/Brommund 2010, S. 49).

Aus diesem Grund werden im Folgenden die am weitesten verbreiteten Tracking-Methoden mit ihren Vor- und Nachteilen vorgestellt.

3.1.1 Cookie-Tracking

Das Standard Cookie-Tracking ist das wahrscheinlich bekannteste und am weitesten verbreitete Tracking-Verfahren (Lammenett 2012, S. 43). Cookies sind kleine Textdateien, die von Webservern, Adservern oder Tracking-Systemen über den Browser auf der Festplatte eines Nutzers gespeichert werden. Meist bestehen sie aus alphanumerischen Zeichenfolgen, anhand derer Internetnutzer bzw. im engeren Sinne eigentlich Rechner und Browser gezählt und bei Folgebesuchen vom Server identifiziert und wiedererkannt werden können (Eisinger/Rabe/Thomas 2009, S. 356).

Grundsätzlich kann man zwischen den sogenannten „*First-Party-Cookies*" und „*Third-Party-Cookies*" differenzieren. First-Party-Cookies werden nur von dem Webserver gelesen und geschrieben, der die aktuelle Seite darstellt. Der Webseitenbetreiber selbst setzt dann den Cookie und die gesammelten Informationen zum Nutzerverhalten beschränken sich ausschließlich auf diese Webseite. Es kann somit nur auf Informationen zurückgegriffen werden, die durch das Nutzerverhalten auf der eigenen Website entstehen, während die Besuche auf Drittseiten nicht mit einbezogen werden (Hassler 2012, S. 53).

Die meisten Webseiten bestehen nicht nur aus dem Hauptdokument, wie der HTML-Seite, sondern bspw. auch aus Bildern, Werbebannern und weiteren Objekten (z.B. Filmen), die nicht vom Webserver der Webseite selber, sondern von Servern anderer Anbieter, sog. Drittanbietern, bereitgestellt werden. Beim Ausliefern eines solchen Bildes bzw. Banners kann nun auch der Drittserver Cookies schreiben oder lesen, die sogenannten Third-Party-Cookies (Drittanbieter-Cookies) (Unger 2010a). Dieser Drittanbieter kann zwar auch immer nur seine eigenen Cookies auslesen und nicht die jenes ersten Webservers, der das Hauptdokument ausgeliefert hat, jedoch haben größere Werbeanbieter oft Flächen auf sehr vielen Webseiten gemietet und der Drittserver wird von mehreren unterschiedlichen Webseiten eingebunden. Wenn bspw. ein Adserver dem Nutzer auf unterschiedlichen Webseiten Werbebanner ausliefert, so kann er mittels Cookies nachvollziehen, auf welchen der von ihm belieferten Plattformen er sich aufgehalten hat (Hassler 2012, S. 53).

Viele der bekannten Webseiten im Internet werden von Adservern einiger großer Anbieter bedient und gehören zu ein und demselben Werbenetzwerk, wodurch hier eine breite Informationsbasis und detaillierte Nutzer- und Surfprofile geschaffen werden können (Hassler 2012, S. 53).

Abbildung 1: Funktionsweise des Third-Party-Cookie-Trackings

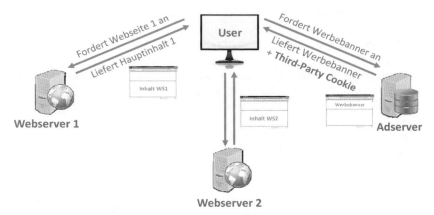

Quelle: Eigene Darstellung

Die Vorteile des Cookie-Trackings liegen vor allem in der eindeutigen Identifikation von Besuchern. Dies gilt als eine der wichtigsten Aufgaben beim Tracking und stellt die Basis für verschiedene weitere Kenngrößen dar (Amthor/Brommund 2010, S. 58). Außerdem erlaubt das Verfahren im Vergleich zu einer Logfile-Analyse eine Auswertung in Echtzeit und die Ermittlung eindeutiger quantitativer Kennzahlen (Lammenett 2012, S. 310).

Die Möglichkeit für Internetnutzer Cookies zu löschen oder sie zu blockieren kann als nachteilig für das Tracking angesehen werden. Außerdem könnten rechtliche Neuregelungen den Umgang mit Cookies verschärfen und das Cookie-Tracking mittels Third-Party-Tracking unmöglich machen. Auf diese datenschutzrechtlichen Herausforderungen und Risiken wird nochmals gesondert in Kapitel 6.3 eingegangen.

Die bisher beschrieben Cookies werden auch *„Web-Cookies"*, *„Browser-Cookies"* oder auch *„HTTP-Cookies"* genannt. Neben diesen Cookies gibt es mittlerweile zahlreiche neue alternative Cookie-Varianten, mit denen Nutzerinformationen gespeichert und abgerufen werden können (Unger 2010a).

Die beliebteste und am häufigsten genutzte Variante sind die sogenannten *Flash-Cookies* oder auch Local Shared Objects (LSO), wie sie offiziell heißen (Freist 2012). Flash-Cookies werden im Gegensatz zu den Browser-Cookies durch den kostenlosen Flash-Player der Firma Adobe gespeichert. Der Flash-Player ist eine Erweiterung in Browsern (Browser Plug-In), mit dem mittels Flash programmierte Multimedia-Objekte wie Filme, Animationen und bewegte Werbebanner im Browser abgespielt werden können. Mittlerweile ist das Plug-In in fast allen Browsern bereits vorinstalliert, da diese Objekte sonst nicht angezeigt werden könnten (Unger 2010b).

Grundsätzlich verhalten sich Flash-Cookies ähnlich wie die herkömmlichen Web-Cookies und erfüllen den gleichen Zweck der Besucheridentifizierung und Datensammlung. Allerdings werden Flash-Cookies nicht vom Browser in dem dafür vorgesehen Ordner auf der Festplatte des Nutzers gespeichert, sondern vom Flash-Player selbst in einem eigenen Ordner des Players von Adobe verwaltet (Röck 2009, S. 102). Aus diesem Grund können Flash-Cookies auch nicht über den Browser blockiert oder gelöscht werden und die Verwaltung ist für den Nutzer wesentlich schwieriger als bei den bekannten Web-Cookies.

Verwaltet und gelöscht werden können derartige Flash-Cookies lediglich über den Einstellungs-Manager des Flash-Players, der online über die Adobe Webseite zugänglich ist oder über den Aufruf der Dateien im abgelegten Ordner des Flash-Players auf der Festplatte. Hierbei handelt es sich allerdings um einen versteckten Ordner, der nur über Umwege sichtbar gemacht werden kann (Freist 2012). Mittlerweile bieten einige Browser zusätzlich spezielle Erweiterungen an, mit denen Flash-Cookies auch im Browser verwaltet werden können und es etablieren sich spezielle Programme auf dem Markt, die eine detaillierte Verwaltung ebenfalls erlauben (Unger 2010a).

Das Tracking über Flash-Cookies bietet Unternehmen einige Vorteile im Vergleich zu den herkömmlichen Cookies. So arbeiten Flash-Cookies ohne Verfallsdatum und funktionieren Browser-übergreifend, sodass das Surfverhalten unabhängig vom verwendeten Browser beobachtet werden kann. Damit können auch Cookie-Löscher erfasst werden. Im Gegensatz zu den Web-Cookies, die auf eine Größe von 4 KB begrenzt sind, können Flash-Cookies insgesamt 100 KB Daten und somit wesentlich mehr Informationen speichern (Zunke 2012c, S. 18).

Die Einschränkung beim Flash-Tracking besteht darin, dass es nur für Flash-Inhalte funktioniert und Internetseiten bzw. Online-Werbung ohne Flash durch das Raster fallen und somit keine Flash-Cookies gespeichert werden können.

3.1.2 Digital Fingerprinting

Der digitale Fingerprint wurde als Ersatz- oder Zusatztechnologie zur Cookie-Nutzung für das Tracking entwickelt. Er gilt als eine mögliche Alternative zum Browser-Cookie, die jedoch nie so zuverlässig sein kann, da dabei keine Datei auf dem Rechner des Nutzers gespeichert wird, sondern der „virtuelle Fingerabdruck" des Users betrachtet wird (Eisenbrand 2012, S. 14).

Dieser „virtuelle Fingerabdruck" basiert auf einer Kombination verschiedener Soft- und Hardware-Parameter. Die Technologie versucht dabei anhand von Browser- und Geodaten den Nutzer zu identifizieren. Diese Daten können Variablen wie Informationen zum Browser inklusive der vom User genutzten Versionsnummer, das Betriebssystem, den Aufenthaltsort, die Bildschirmauflösung und die Zeitzone umfassen.

Der Hamburger Performance-Dienstleister Digital Response, der das Fingerprinting stark vorantreibt, spricht von 247 Merkmalen, darunter Einstellungen im Browser, Teile der IP-Adresse und Regio-Merkmalen. Der jeweilige User lässt sich grundsätzlich umso besser eingrenzen, je mehr Variablen berücksichtigt werden. Dienstleister wie Digital Response arbeiten derzeit noch daran, die Erkennungsquote zu erhöhen. Eigenen Angaben zufolge werde durch die Kombination von Cookies und Fingerprint im Schnitt eine Identifizierung von 85 Prozent erreicht. Mit zusätzlichen Daten wie Schriftarten und Plug-In-Versionen könnte in Zukunft eine Identifikationsquote von 95 Prozent erreicht werden (o.V. 2012a).

Dadurch, dass im Gegensatz zu Cookies keine Datei auf dem Rechner des Nutzers gespeichert wird, sondern das mit den Servern kommunizierende Gerät selbst erfasst wird, bleiben die Erkenntnisse trotz Cookie-Löschung erhalten. Anhand der gespeicherten Userdaten können die Inhalte gelöschter oder abgelehnter Cookies nach der Identifizierung des Users wiederhergestellt werden (o.V. 2012b). Außerdem funktioniert Digital Fingerprinting browserübergreifend, was als vorteilig gegenüber den Browser-Cookies angesehen werden kann (Zunke 2012c, S. 18).

Haben jedoch die Computer der Nutzer ein ähnliches Setup, gibt es häufig Überschneidungen, z.B. bei Firmenrechnern oder Universitäten. Hier entstehen dann Unschärfen, die das Erkennen des individuellen Nutzers unmöglich machen. Ein Problem sind auch Smartphones und Tablets, die systembedingt alle mit einer einheitlichen Browserversion ausgestattet sind und im gleichen Stadtviertel mit dem gleichen Provider online gehen (Zunke 2012d).

Aus diesen Gründen ist der digitale Fingerprint heute auch eher als Cookie-Ergänzung statt als Alternative anzusehen. Die Technologie arbeitet zwar auch ohne Cookies, liefert aber in Kombination bessere Ergebnisse. Es bleibt abzuwarten, ob er sich durch die geplante Weiterentwicklung langfristig als Alternative durchsetzen kann (Zunke 2012c, S. 19).

3.1.3 Pixelbasiertes Tracking

Das pixelbasierte Tracking ist heute ein weit verbreitetes Tracking-Verfahren. Zur Ermittlung von Informationen verwendet das pixelbasierte Tracking eine spezielle Grafik, die in den HTML-Code eingebunden wird (Koch/Brommund 2009, S. 305). Diese Grafik ist normalerweise ein 1 x 1 Pixel großes unsichtbares Bild, meist ein transparentes GIF, das für das Auge nicht sichtbar ist. Man bezeichnet dieses Bild auch als sogenanntes „Zählpixel" oder seltener auch als Web Bug bzw. Web Beacon (Schwarz 2011, S. 59).

Da der Aufruf der Tracking-Grafik, bzw. des Zählpixels durch eine spezielle Markierung im HTML-Code, dem sog. „Tag" ausgelöst wird, nennt man die Tracking-Methode auch oft „Page Tagging" (Amthor/Brommund 2010, S. 55; Hassler 2012, S. 29).

Um die Seitenaufrufe und das Verhalten von Besuchern messen zu können, wird jede Seite eines zu analysierenden Web-Angebots um ein kleines Stück HTML-Code ergänzt (Lammenett 2012, S. 310).

Kommt ein Besucher nun auf die Webseite, ruft der Code automatisch die Tracking-Grafik von einem bestimmten Server ab. Meist ist dies der Server des Webanalyse-Anbieters.

Sämtliche Seiten eines Webauftritts können so mit Zählpixeln quasi codiert werden und jeder Seitenaufruf wird von dem „Pixel-Server" erfasst (Schwarz 2011, S. 59).

Damit der Aufwand der Integration der Tracking-Codes in jede Seite überhaupt administrierbar ist, wird der Code bei dynamischen Seiten meist in ein entsprechendes Template im Content Management System oder Shop-System integriert (Lammenett 2012, S. 310).

Der Code zum Aufruf des Zählpixels, der vom Tracking-Anbieter bereitgestellt wird, muss in diesem Fall nur einmal in das Template eingesetzt werden und wird dann automatisch auf allen Seiten der Webseite aufgerufen (Amthor/Brommund 2010, S. 62).

Abbildung 2: Funktionsweise des pixelbasierten Trackings

Quelle: Eigene Darstellung in Anlehnung an Amthor/Brommund 2010, S. 56; Hassler 2012, S. 56

In der Praxis verwendet man beim pixelbasiertem Tracking meist nicht nur Zählpixel, sondern mittlerweile auch zusätzlich JavaScript-Code zur Datenerhebung (Schwarz 2011, S. 59). Mittels JavaScript lassen sich weitere zusätzliche Informationen über den abrufenden Nutzer sammeln, wie bspw. welcher Browser, welches Betriebssystem und welche Bildschirmauflösung verwendet werden, welche Plug-Ins installiert sind, die Bewegungen mit der Maus, Tastatureingaben im Browserfenster, der Titel der Seite, usw. (Hassler 2012, S. 54f.). Selbst Warenkorbinhalte und das Erreichen festgelegter Meilensteine in einem definierten Prozess lassen sich nachvollziehen (Amthor/Brommund 2010, S. 58).

Die Vorteile vom pixelbasierten Tracking liegen zum einen genau in der Sammlung solcher zusätzlicher Informationen, die im Vergleich zu einer Logfile-Analyse für eine mehr betriebswirtschaftliche und weniger technische Beurteilung von großem Nutzen sind. Zum anderen eignet sich das Verfahren ideal, um das Verhalten der Nutzer auf der Webseite selbst zu analysieren und auch eine Erfolgsmessung der einzelnen Werbemittel durchzuführen (Lammenett 2012, S. 311).

Außerdem können die gespeicherten Informationen nahezu in Echtzeit abgerufen und verarbeitet werden. Die Ergebnisse weisen eine deutlich höhere Messgenauigkeit auf als bei anderen Verfahren, da bspw. alle Benutzeranfragen von Browser Caches oder Proxyservern erfasst und Zugriffe von Crawlern, Spidern oder Robots automatisch gefiltert werden (Amthor/Brommund 2010, S. 64).

Als nachteilig ist z.b. anzusehen, dass eine Auswertung historischer Daten vor dem Zeitpunkt der Pixel-Implementierung nicht möglich ist und dass http-Fehlermeldungen nicht erfasst werden können (Amthor/Brommund 2010, S. 64).

Insgesamt kann man sagen, dass das Client-basierte Pixel-Tracking sich für Web-Analytics besser eignet als bspw. die Logfile-Analyse. Besonders eine Kombination der Pixelzähltechnik mit JavaScript und Cookies kann sehr erfolgsversprechend sein und ermöglicht neben einer schnellen und genauen Aufbereitung der Daten eine exaktere Identifizierung der Website-Besucher und die Erfassung von Mehrinformationen (Amthor/Brommund 2010, S. 64).

3.2 Funktionsweise des Customer Journey Trackings

Unternehmen, die die Customer Journeys ihrer Kunden verstehen wollen, benötigen ein umfassendes Online Marketing-Controlling, das diese lückenlos, kampagnen- und domänenübergreifend und über beliebige Zeiträume hinweg erfassen kann (Schreiber 2012). Dies erfordert ein Umdenken im Online Tracking und Tools, die jeden Kontakt im Netz messen und die Wechselwirkungen einzelner Kanäle berücksichtigen.

Die einzelnen Online Marketing Disziplinen wie Display-Werbung, Suchmaschinenmarketing, E-Mail-Marketing, Affiliate-Marketing, usw. wurden in der Vergangenheit oft separat ausgewiesen, da unterschiedliche Dienstleister häufig mit unterschiedlichen Tracking-Tools arbeiten (Burgsdorff von 2012, S. 17).

Moderne Web-Analytics-Systeme schaffen es, diese unterschiedlichen Disziplinen zentral in einem System integriert abzubilden und die Zahlen zusammenzuführen (Schwarz 2011, S. 58). Voraussetzung für eine solche integrierte Messung ist, dass das Web-Analytics-System quasi als „Master" der Datensammlung fungiert, d.h. von der ersten Impression z.B. eines Banners über den Klick, bis hin zum Kaufabschluss alles in ein und demselben System getrackt wird. Dies funktioniert über einen Import der Daten aus anderen Systemen wie bspw. einem Newsletter-System oder Ad-Server-Statistiken oder bei aufwendigeren Daten über entsprechende Schnittstellen-Integration der Systeme (Hassler 2012, S. 134).

Um die Reise des Kunden vom ersten Werbemittelkontakt bis zur gewünschten Zielhandlung nachvollziehen zu können, müssen die Werbemittel zunächst in allen Kanälen mit einem kleinen Programmcode (Tracking-Tag) versehen werden (Zunke 2012e, S. 20). Dies erfolgt auf Grund der zunehmenden Anzahl an Online Marketing-Kanälen heute idealerweise über ein sogenanntes Tag-Management-System, auch Container-Tag oder Universal-Tag genannt. Dieses Verwaltungssystem für Tags ermöglicht den Einbau der Tags ohne Einbindung der IT, erkennt fehlerhafte Tags und beschleunigt Ladezeiten. Außerdem können Webanalyse-Tags verschiedener Anbieter parallel integriert werden und erzeugen durch die Nutzung identischer Regeln vergleichbarere Daten (Postel 2012, S. 48).

Neben der Einbindung der Tags in die Werbemittel auf allen Kanälen muss für das Customer Journey Tracking der Internetnutzer zur Identifizierung mit einem Cookie markiert werden, um ihn in allen Kanälen wiedererkennen zu können. Dies funktioniert nur bei einer sauberen Zusammenführung der Daten in ein System, da sonst keine ganzheitliche Analyse erfolgen kann. In der Praxis ist dies eine der größten Herausforderungen, da bisher die wenigsten Unternehmen mit einer zentralen Plattform arbeiten (Postel 2012, S. 48).

Durch einen Vergleich mehrerer Customer Journeys kann die Software bspw. auch ableiten, welche relative Bedeutung z.B. ein Banner hatte, den die User zu Beginn ihrer „Reise" gesehen haben. Mittels zuvor definierter Attributionsmodelle, welche im folgenden Kapitel ausführlich erläutert werden, erfolgt dann die Zuordnung eines Wertes zum jeweiligen Kontaktpunkt bzw. Kanal (Puscher 2012b, S. 64). Die mittels Tracking erfassten Daten liefern also die Basis für die spätere Wirkungsbewertung und Attribution.

Um Werbemaßnahmen auch tatsächlich nach ihrer Wirkung zu vergüten und damit Provisionen leistungsgerechter zu verteilen, benötigt man außerdem eine sogenannte Cookie-Weiche. Die Cookie-Weiche sorgt dafür, dass die gewünschte Zielhandlung (z.B. Kauf) genau den Marketing-Maßnahmen und damit Cookies zugeordnet wird, die zum Erfolg beigetragen haben (Eisinger/Rabe/Thomas 2009, S. 356). So können Conversions einzelnen Kanälen, Kampagnen und Kampagnenelementen zugewiesen und Mehrfachvergütungen vermieden werden. Die individuellen Gewichtungsregeln (Attributionsmodelle) können dann noch zusätzlich dafür sorgen, dass einzelne Kanäle je nach individuellen Bedürfnissen priorisiert oder sogar ausgeschlossen werden (intelliAd Media GmbH 2012).

Mittlerweile sind die Tracking-Techniken so weit fortgeschritten, dass nicht nur Klicks, sondern auch Sichtkontakte (Views) für die Customer Journey Analyse ausgewertet werden können. So kann auch ihr Einfluss auf die spätere Kaufentscheidung ermittelt werden. Gearbeitet wird dann mit Hilfe eines Post-View Cookies, das bereits bei der Einblendung der Seite gesetzt wird.

Zusammenfassend kann man sagen, dass Customer Journey Tracking aus einer Kombination verschiedener technischer Methoden besteht, die sich rasant weiterentwickeln. Erfolgreich umgesetzt erlauben derartige Customer Journey Analyse Tools einen Wechsel zwischen Makroperspektive, die die Customer Journeys auf Marketing-Kanalebene aufzeigt, und einer granularen Ansicht auf Einzelkampagnen-Niveau, um tiefer in das Verhalten der User einzutauchen (uniquedigital GmbH 2012, S. 9).

4 Wirkungsanalyse

Das Ziel einer Customer Journey Analyse ist nicht nur, Konsumentenverhalten und Kaufentscheidungsprozesse transparent zu machen, sondern auch den Einfluss der einzelnen Marketing-Maßnahmen auf die definierte Zielhandlung (z.B. Kaufabschluss) zu beurteilen, um darauf aufbauend Optimierungspotenziale auszunutzen (Zunke 2012a, S. 20).

Wirkungen und Wechselwirkungen von Kampagnen und Kampagnenelementen sollen erfasst werden, um Synergien und Wechselwirkungen zwischen den einzelnen Kanälen und Kontaktpunkten aufzudecken und darauf aufbauend Werbe- und Mediabudgets effizienter einzusetzen.

Dieses Kapitel befasst sich daher ausführlich mit dem eigentlichen Kern der Customer Journey Analyse: der Wirkungsbetrachtung und der darauf aufbauenden strategischen Budgetallokation.

4.1 Definition Attribution und Attributionsmodell

Im Zusammenhang mit der Customer Journey Analyse bezeichnet Attribution die Zuordnung eines Wertes zum jeweiligen Werbemittel und Kanal (Puscher 2012b, S. 64). Es geht darum den Beitrag zu ermitteln, den ein bestimmter Touchpoint während der Customer Journey zum Zustandekommen der Konversion geleistet hat. Dabei werden nachträglich die Konversionen bzw. die erzielten Umsätze den beteiligten Online Marketing-Aktivitäten zugeordnet. Der Erfolgsbeitrag jeder Maßnahme soll dabei detailliert analysiert werden, mit dem Ziel, auf Basis der Erkenntnisse das Budget zukünftig optimal auf die Kanäle zu verteilen (intelliAd Media GmbH 2013, S. 5).

Attributionsmodelle oder auch Conversion Attribution Modelle bilden die theoretische Grundlage für die jeweilige *Zuordnung*. Anhand von Berechnungsformeln legen diese fest, wie die konkrete Zuordnung erfolgen soll (intelliAd Media GmbH 2013, S. 5).

Grundsätzlich kann man zwischen statischen und dynamischen Attributionsmodellen unterscheiden. Obwohl viele Anbieter von Customer Journey Analysen mittlerweile Abstand von den pauschalen statischen Attributionsmodellen nehmen und vermehrt auf individuelle dynamische Modelle gesetzt wird, um dem ganzheitlichen Customer Journey Gedanken näher zu kommen, werden im Folgenden beide Kategorien vorgestellt.

4.2 Statische Modelle

Statischen Attributionsmodellen ist gemein, dass eine *Vorab-Festlegung* von definierten Regeln stattfindet. Sie werden standardisiert angewendet und es werden in der Regel keine individuellen Faktoren einbezogen. Ihren Ursprung haben derartige Attributionsmodelle im Performance-orientierten Affiliate-Marketing, wo der Erfolg einer Kampagnenleistung meist dem letzten Klick zugeordnet wird („Last Cookie wins") und das Werbemedium bzw. der Affiliate, der zuletzt das Cookie gesetzt hat, eine Provision erhält (Röck 2009, S. 103).

Heute gelten die statischen Modelle in vielen Situationen als zu *einfach und ungenau*, da sie die Realität und Komplexität von Kaufentscheidungsprozessen kaum abbilden können und gewissen Annahmen unterliegen (Koch 2011, S. 516). Dennoch werden einige dieser statischen Modelle gerne als Ausgangspunkt für eine spätere individuelle Modellverfeinerung genutzt.

Im Folgenden werden die vier bekanntesten statischen Attributionsmodelle beschrieben.

4.2.1 Last Cookie Wins

Das wohl bekannteste Attributionsmodell ist das bereits erwähnte Last Cookie Wins Modell, auch Last-Klick-Wins genannt. Bei der Last Cookie Wins Betrachtung wird davon ausgegangen, dass das *letzte Online-Werbemittel* der Prozesskette, das unmittelbar zur Konversion geführt hat, das den höchsten Gewinn bringende sein muss (Koch/Brommund 2009, S. 300). Dem letzten Touchpoint werden im extremen Fall 100 Prozent der Conversion zugeordnet.

In der Praxis gibt es allerdings auch Modelle, bei denen lediglich eine starke Bevorzugung des letzten Kontaktpunktes von beispielsweise 60 Prozent bei der Umsatzverteilung stattfindet und der Rest auf die übrigen Kontaktpunkte gleich verteilt wird. Diese können auch in die Kategorie Last-Klick-Wins eingeordnet werden (Bindl 2011, S. 525).

Viele Experten fordern die Abschaffung des Modells Last Cookie Wins, da die Methode nur in zwei Fällen zu korrekten Ergebnissen führen kann: entweder wenn nur ein einziges Werbemittel eingesetzt wird oder wenn der User nur einen Werbemittelkontakt hatte, bevor er eine Kaufentscheidung getroffen hat (Bennefeld et al. 2011, S. 208).

Diverse Kaufentscheidungsprozessmodelle und die heutige Praxis zeigen allerdings, dass die meisten Kaufentscheidungen *mehrerer Kontaktpunkte* bedürfen. Bei Anwendung des Last-Klick-Verfahrens wird sich ausschließlich auf die letzte Phase des Kaufentscheidungsprozesses konzentriert und die assistierende Wirkung anderer vorgeschalteter Kontaktpunkte wird vernachlässigt.

Abbildung 3 veranschaulicht das Prinzip Last Cookie Wins grafisch an einer beispielhaften Customer Journey.

Abbildung 3: Beispiel Last Cookie Wins

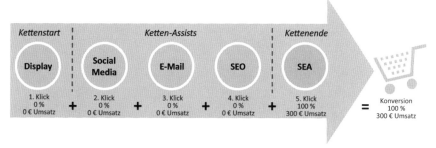

Quelle: Eigene Darstellung in Anlehnung an intelliAd Media GmbH 2012, S. 3

Nach dem Last Cookie Wins Model würde die Suchmaschinenwerbung (SEA) als letzter Kanal den gesamten Erfolgsbeitrag zugewiesen bekommen. Sowohl die Display-Anzeige, die überhaupt ursprünglich auf das Produkt aufmerksam gemacht hat, als auch die anderen Kanäle, die ebenfalls eine assistierende Wirkung geleistet haben, blieben unberücksichtigt. Daraus könnten Fehlentscheidungen resultieren, bspw. Teile des Budgets für Display-Werbung in Suchmaschinenwerbung umzuschichten.

Das Last-Click Modell fördert also zusammenfassend eher die abschöpfenden Kanäle, während initiierende und Aufmerksamkeit erregende Kanäle nicht beachtet werden.

4.2.2 First Cookie Wins

Analog zum Last Cookie Wins Modell verhält sich das First Cookie Wins Modell, bei dem *dem ersten Kontaktpunkt* der gesamte Erfolg zugeschrieben wird. Der Erstkontakt wird also bei der Verteilung des generierten Umsatzes der Konversion bevorzugt behandelt.

Ebenso wie das Last Cookie Wins Modell wird das First Cookie Wins Modell im Zuge der Customer Journey Diskussion stark kritisiert, da es sich genauso auf eine Phase der Kaufentscheidung beschränkt und damit in den meisten Fällen zu kurz greift. Das Modell gilt für eine ganzheitliche Analyse der Customer Journey als ungeeignet, da ebenfalls assistierende Kanäle unberücksichtigt bleiben.

Abbildung 4 zeigt das Prinzip First Cookie Wins am Beispiel einer Customer Journey.

Abbildung 4: Beispiel First Cookie Wins

Kettenstart	Ketten-Assists			Kettenende	
Display	Social Media	E-Mail	SEO	SEA	
1. Klick 100 % 300 € Umsatz	2. Klick 0 % 0 € Umsatz	3. Klick 0 % 0 € Umsatz	4. Klick 0 % 0 € Umsatz	5. Klick 0 % 0 € Umsatz	Konversion 100 % 300 € Umsatz

Quelle: Eigene Darstellung in Anlehnung an intelliAd Media GmbH 2012, S. 3

Bei der First Cookie Wins Betrachtung würde Display als erster Kontaktpunkt den gesamten Erfolgsbeitrag zugewiesen bekommen und die restlichen Kanäle gingen leer aus. Sowohl die assistierenden Kanäle als auch der abschöpfende

Kanal SEA blieben unberücksichtigt. Auch hier könnten die Ergebnisse zu einer Fehleinschätzung bei der optimalen Budgetallokation führen.

4.2.3 Gleichverteilung

Die Gleichverteilung oder auch Gleichgewichtung zählt zu den *Fractional Attribution Modellen* (intelliAd Media GmbH 2012, S. 4), da die Konversion gleichmäßig allen Kontaktpunkten zugeordnet wird. Jedem Werbemittelkontakt wird exakt der gleiche Anteil an der Konversion zugerechnet, sodass bspw. bei fünf Kontakten jeder 20 Prozent erhält.

Diese Variante trägt dem *ganzheitlichen* Customer Journey Gedanke im Vergleich zu den beiden anderen bereits vorgestellten Modellen noch am ehesten Rechnung und wird in der Praxis häufig als Startpunkt einer Analyse genutzt und dann später anhand der tatsächlichen Tracking-Ergebnisse weiter verfeinert und angepasst (Bundesverband Digitale Wirtschaft (BVDW) e.V. 2012a, S. 20).

Abbildung 5 zeigt die Gewichtung der einzelnen Kanäle in der Customer Journey nach der Gleichverteilung.

Abbildung 5: Beispiel Gleichverteilung

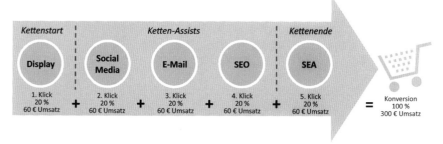

Quelle: Eigene Darstellung in Anlehnung an intelliAd Media GmbH 2012, S. 3

Wie man erkennen kann, wird der generierte Umsatz der Konversion von 300 Euro gleichmäßig auf alle beteiligten Kanäle verteilt, sodass jeder Kanal 20 Prozent also 60 Euro zugewiesen bekommt. Da in diesem Fall Views und Klicks gleich gewertet werden, kann es bei diesem Modell allerdings auch zu Fehleinschätzungen und falschen Schlussfolgerungen im Rahmen der optimalen Budgetallokation kommen.

4.2.4 Badewannenmodell (U-Modell)

Das Badewannenmodell oder auch U-Modell genannt zählt ebenfalls zu den Fractional Attribution Modellen (intelliAd Media GmbH 2012, S. 4) und bildet eine *Kombination* aus dem First und dem Last Cookie Modell. Wie der Name schon vermuten lässt, wird bei diesem Verfahren dem ersten und dem letzten Kontaktpunkt ein Großteil des Umsatzes zugerechnet, während der Rest auf die dazwischen liegenden Kanäle gleich verteilt wird, da diesen lediglich eine Assist-Wirkung zugeteilt wird (Zunke 2012a, S. 21).

Für die Customer Journey Analyse wird das U-Modell ebenso wie die Gleichverteilung in der Praxis gerne als Startpunkt für eine spätere Verfeinerung und Anpassung verwendet und bildet einen Kompromiss aus allen vorgestellten statischen Zuordnungsmodellen.

Abbildung 6 zeigt wie eine Zuordnung nach dem Badewannenmodell in der beispielhaften Customer Journey aussehen könnte.

Abbildung 6: Beispiel Badewannenmodell

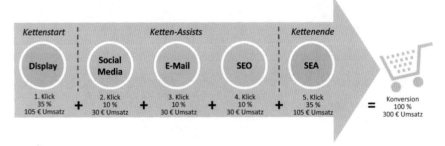

Quelle: Eigene Darstellung in Anlehnung an intelliAd Media GmbH 2012, S. 3

Wie man erkennen kann, bekommen Display-Werbung als erster Kontaktpunkt und SEA als letzter, den Großteil der Konversion zugesprochen (hier 35 Prozent, also 105 Euro). Social Media, E-Mail-Marketing und SEO werden gleich verteilt und erhalten je 10 Prozent, also 30 Euro. Auch hier gibt es bei dem Start und dem Endpunkt keine Differenzierung zwischen View und Klick.

4.3 Dynamische Modelle

Viele Anbieter nehmen heute zunehmend Abstand von den genannten statischen Attributionsmodellen, da die Werbewirkung nicht objektiv bewertet werden kann, wenn starr nach einem Muster festgelegt wird, welchem Kontaktpunkt in der Kette der größte Erfolgsanteil zugesprochen wird (Bennefeld et al. 2011, S. 208).

Um dem ganzheitlichen Customer Journey Gedanken näher zu kommen und eine realistische Werbewirkungsbewertung durchführen zu können, ist es wichtig, den *tatsächlichen Einfluss* der einzelnen Werbeträger zu analysieren und individuelle Faktoren mit einzubeziehen. Denn bei der Beurteilung der Wirkung von Online Marketing-Maßnahmen spielen viele individuelle Faktoren wie beispielsweise die Interaktionsart (Klick oder View), die Werbemittelart, -größe, -position usw. eine wichtige Rolle.

Universelle Attributionsmodelle greifen hier zu kurz, da jedes Unternehmen, jede Marke, jedes Produkt und jede Werbemaßnahme individuell ist. Um diesen Faktoren und der Vielschichtigkeit des Nutzerverhaltens gerecht zu werden, müssen Attributionsmodelle für jedes einzelne werbetreibende Unternehmen mit Hilfe von Data-Mining-Methoden individuell und dynamisch bestimmt werden. Das Modell muss also iterativ herausgefunden werden.

Verteilungs- und Regressionsanalysen bilden dabei Modelle, welche die Wirkungszusammenhänge einer Customer Journey zu erklären versuchen (Zunke 2012e, S. 20). Beobachtet werden sollten dabei unter anderem *folgende Kriterien:* die Reihenfolge der einzelnen Kontaktpunkte, die Kanäle selbst, die eingesetzten Werbemittel, Keywords, Unterschiede zwischen Views und Clicks, Umsatzziel oder Journey-Typ (Lead oder Sale) und die Position innerhalb der Customer Journey bzw. der zeitliche Abstand bis zur Conversion (Cavus 2012).

Um Sichtkontakte bewerten zu können, sollten nicht nur *Ad Impressions* gezählt, sondern auch unterschiedlich gewichtet werden. Die Gewichtung sollte sich dabei unter anderem an der jeweiligen Platzierung, auf denen das Werbemittel erscheint, an der Verweildauer auf der Seite und der Qualität und Sichtbarkeit der Werbeplätze orientieren. Erscheint ein Sichtkontakt als relevant, kann mittels Tracking-Verfahren untersucht werden, ob der User zu einem späteren Zeitpunkt die beworbene Webseite direkt ansteuert und das beworbene Produkt kauft oder beispielsweise der Markenname bei Google gesucht wird und eine passende AdWords-Anzeige geklickt wird (Zunke 2012e, S. 20).

Durch die Beobachtung aller Faktoren in großen Datenmengen können mittels Machine-Learning-Algorithmen *Muster* erkannt werden, die in einer bestimmten Häufigkeit auftreten. Darauf aufbauend lassen sich dann Wahrscheinlichkeiten angeben, welche Wirkung die einzelnen Kontakte hatten (Zunke 2012e, S. 20).

Da sich die Rahmenbedingungen stetig ändern, wie beispielsweise die Preise der Werbeschaltungen auf den unterschiedlichen Kanälen oder das Auftreten von neuen Konkurrenzprodukten, gilt die Analyse und Optimierung nie als vollendet und ist Teil eines permanenten Verbesserungsprozesses (Rogosch 2012). Durch die kontinuierliche Analyse in Echtzeit sind dynamische Attributionsmodelle nie abgeschlossen und im Vergleich zu den statischen Modellen wesentlich flexibler. Es lässt sich jederzeit die Vorhersagegenauigkeit anhand von neuen Daten testen (Maurer 2012).

Grundsätzlich sind dynamische Attributionsmodelle genauer und bilden die Realität besser ab als die statischen, jedoch gelten die Modellberechnungen auch als sehr aufwendig und komplex (Zunke 2012e, S. 20). Diese *Komplexität* erhöht nicht nur zwangsläufig die Anforderungen an die Software, sondern auch an den Service und die spezifische Beratung des Dienstleisters.

Wichtig ist auch bei den dynamischen Modellen immer zu beachten, dass auch damit nicht die gesamte Realität erklärt werden kann. Mit Hilfe der Modelle können sich Werbetreibende zwar dem Ursache-Wirkungsschema ihrer Kampagnen und Kanäle nähern und in der Konsequenz eventuell auch effizienter werden, ein exaktes Abbild der Realität liefern sie jedoch auch nicht und es fließt immer viel Interpretationsspielraum ein (Heinemann 2012).

5 Herausforderungen und Grenzen

Den Möglichkeiten und Potenzialen einer Customer Journey Analyse stehen in der Praxis noch einige Herausforderungen und Grenzen gegenüber. Neben den organisatorischen sind hier insbesondere technische und rechtliche Herausforderungen und Grenzen zu nennen.

5.1 Organisatorische Herausforderungen und Grenzen

Mit der Analyse der Customer Journey stoßen werbetreibende Unternehmen an einige organisatorische Herausforderungen und Grenzen. Den wenigsten Unternehmen ist klar, wie komplex eine derartige Analyse ist und welche zeitlichen und *personellen Ressourcen* dafür benötigt werden. Es geht nicht nur darum, einen neutralen Dienstleister zu finden, der die Kundenreisen analysiert, sondern auch darum, intern Kompetenzen aufzubauen. Da die Customer Journey Analyse kein eimaliges Projekt, sondern ein langfristiger Prozess ist, muss es auch im Unternehmen Spezialisten geben, die genau verstehen, was gemessen wird und werden soll, um gemeinsam mit dem Dienstleister Messkriterien und Suchmuster festzulegen (Heinemann 2012).

Die Komplexität der Analyse benötigt Personal-Ressourcen in Form von qualifizierten Datenanalysten, die nicht nur die Erhebung der Daten verstehen, sondern auch Informationen aus den Daten herausziehen können, da insbesondere die Bewertung der Ergebnisse eine der größten Schwierigkeiten darstellt. Kompetenzen in den Bereichen Marketing, Programmierung bzw. Informatik, Online-Recht und Projektmanagement sind erforderlich.

Außerdem muss das isolierte Bereichsdenken zwischen den einzelnen Abteilungen und Online-Kanälen innerhalb des Unternehmens überwunden werden. Hier besteht in der Praxis oft Nachholbedarf bei der Zusammenarbeit verschiedener Abteilungen, die unterschiedliche Bereiche wie SEO, Affiliate oder Display betreuen. Um solche Bereichskonflikte zu vermeiden, empfehlen Experten eine übergeordnete Stelle zu schaffen, die im Sinne des werbetreibenden Unternehmens handelt und alle Bereiche gleichwertig mit einbezieht und in den Prozess involviert (Zunke 2012e, S. 21).

5.2 Technische Herausforderungen und Grenzen

Die Analyse der Customer Journey ist trotz der technischen Möglichkeiten des *Trackings* und der Webanalyse mit Restriktionen behaftet. Es ist noch nicht immer möglich, alle Online-Werbekanäle in ihren Ausprägungen so klar zu messen und zu analysieren, dass die gesamte Realität dargestellt wird.

Zum einen stellt die Nutzung von unterschiedlichen Tracking-Systemen von verschiedenen Anbietern in der Praxis eine große Herausforderung dar. Setzen werbetreibende Unternehmen zum Tracken ihrer Online-Werbemaßnahmen verschiedene Systeme ein, so lässt sich die Customer Journey nur abbilden, wenn die Daten dann zusätzlich in einem System zusammengeführt werden, was in der Praxis selten der Fall und oft fehlerbehaftet ist. Wenn beispielsweise Suchmaschinen-Agentur A Tracking-Tool A nutzt, aber Affiliate-Dienstleister B mit

Tool B arbeitet und die Analysedaten in unterschiedlichen Datenbanken gespeichert werden, muss zunächst alles technisch sauber integriert werden, was eine echte Herausforderung sein kann (Zunke 2012e, S. 20f.).

Zum anderen liegt eine der größten technischen Herausforderungen darin, dass *Device-Wechsel* von Tracking-Systemen in der Regel nicht abgebildet werden können (Quisma 2011, S 3).

Surft ein Nutzer mit verschiedenen Endgeräten, wie PC, Smartphone oder Tablet im Internet, kann dieser Pfad vom Tracking-Tool nicht nachvollzogen werden und es entstehen Lücken in der Customer Journey Analyse. Wird ein Nutzer am Büro-PC auf ein Produkt aufmerksam, weil er beispielsweise einen Werbebanner gesehen und geklickt hat, vertieft die Recherche dann zu Hause auf dem Tablet und schließt den Kauf letztendlich über den privaten Laptop ab, kann dieser Weg nicht komplett dargestellt werden. Diese Lücken lassen sich nur über ein dediziertes Log-in schließen, wenn der User bereits registriert ist und sich mit allen Geräten beim Händler einloggt (Spohr 2012). Anderenfalls ergeben sich zwangsläufig Fehler in der Darstellung der Kundenreise, und die Beiträge der einzelnen Kanäle können nicht korrekt abgebildet werden.

Des Weiteren kann das Löschen von *Cookies* zu einer Verzerrung der Customer Journey führen. Löschen User regelmäßig ihre Cookies, können die Kundenreisen nicht vollständig abgebildet werden und alle Touchpoints vor der Löschung gehen verloren und können nicht berücksichtigt werden. Zwar gibt es mittlerweile Alternativen zu Cookies, wie bspw. den digitalen Fingerprint, dennoch ist dieser nie so zuverlässig wie der Browser-Cookie oder der Flash-Cookie (vgl. Kapitel 4.2.2).

Auch das *Datenmanagement* stellt eine große technische Herausforderung dar. Durch das Aufzeichnen von jedem View und jeder Interaktion mit allen Online Marketing-Maßnahmen entstehen täglich Massen an Daten und Einzeleinträgen, die gespeichert, aufbereitet und analysiert werden müssen (Wander 2012). „Big Data" lautet hier das Schlagwort, das mittlerweile von Experten als eine der wichtigsten Zukunftsthemen angesehen wird (Born 2012, S. 52).

Da die Technik heute so fortgeschritten ist, dass nicht nur Klicks, sondern auch Sichtkontakte ausgewertet werden können, führt das zwangsläufig zu einer Vervielfachung der Datenmenge. Beispielsweise müssen bei einer Banner Klickrate von 0,1 Prozent bei Berücksichtigung von Sichtkontakten statt des einen Klicks zusätzlich 1.000 Sichtkontakte verarbeitet werden. Geschieht das über einen längeren Zeitraum und an jedem einzelnen Kontaktpunkt, entstehen riesige Datenmengen und pro Auswertung und Monat kommen schnell 20 Gigabyte an Daten zusammen (Zunke 2012a, S. 20). In diesen Daten Muster zu erkennen, ist eine der größten Herausforderungen. Viele Unternehmen haben deshalb Bedenken, sich bei der Analyse der Customer Journey und der Verknüpfung verschiedener Datenquellen in einem nicht zu bewältigenden Datenwust zu verlieren (Bartholomäus 2011, S. 50).

An ihre Grenzen stößt die Customer Journey Analyse vor allem dann, wenn es um die *Integration von Offline-Kanälen* geht. Im Vergleich zu den Online Touchpoints, die sich mittels Tracking-Mechanismen relativ gut nachverfolgen lassen, stellt die Messbarkeit von Offline-Kontakten eine der größten Herausforderungen dar. Um aber die „echte" Reise des Kunden während des Entscheidungsprozesses nachvollziehen zu können, müsste man eigentlich sowohl die Online- als auch die Offline-Welt betrachten, da sich Konsumenten fast immer online und offline zugleich bewegen und während eines Entscheidungsprozesses sowohl mit Online und Offline Touchpoints in Berührung kommen. Einen Bruch zwischen On- und Offline dürfte es hier nicht geben, wenn man exakt arbeiten möchte.

Zur Einbeziehung von Offline-Kanälen wird noch viel experimentiert. Zwar wurden mittlerweile diverse Ansätze entwickelt, um die Werbewirkung zwischen klassischen und digitalen Medien zu erfassen und crossmediale Wirkungszusammenhänge zu erforschen, doch eine vollständige Erfassung und Einbeziehung der Offline-Kontaktpunkte ist und bleibt wahrscheinlich eine Utopie.

5.3 Rechtliche Herausforderungen und Grenzen

Den Chancen und Potenzialen einer Customer Journey Analyse stehen insbesondere rechtliche Herausforderungen und Grenzen bzgl. des Datenschutzes gegenüber.

Auf Grund der Möglichkeiten des Web-Trackings und der Bildung von detaillierten Nutzer- und Surfprofilen im Online-Bereich stellt der Datenschutz eines der bedeutendsten Themen im Internet-Bereich dar und hat wohl mit die größte Relevanz für die Entwicklung der gesamten Branche (Bundesverband Digitale Wirtschaft (BVDW) e.V. 2012b).

Bisher wird in Deutschland der datenschutzrechtliche Umgang mit *Cookies* durch das Telemediengesetz (TMG) geregelt. Nach § 15 Abs. 3 TMG ist die

Erfassung von Nutzungsprofilen erlaubt, solange diese nicht auf eine Person rückführbar sind, Pseudonyme verwendet werden und der Nutzer der Erfassung nicht widerspricht (Opt-out). Das Erstellen pseudonymisierter Nutzungsprofile im Sinne einer Opt-out-Regelung ist also so lange gestattet, bis der Nutzer erklärt, hiermit nicht mehr einverstanden zu sein (Moos 2012, S. 635).

Die bisher in Deutschland geltende Opt-out-Lösung könnte allerdings durch die im Rahmen der 2009 auf EU-Ebene verabschiedete Neufassung der Datenschutzrichtlinie für elektronische Kommunikation (RL 2009/136/EG) abgeschafft werden. Die sogenannte E-Privacy oder auch *Cookie-Richtlinie* wurde bereits im November 2009 vom Europäischen Parlament und dem Rat der Europäischen Union beschlossen und hätte eigentlich bis Ende Mai 2011 in nationales Gesetz umgewandelt werden müssen.

Durch die Richtlinie soll Nutzern mehr Kontrollmöglichkeit beim Einsatz von Cookies eingeräumt werden, um den Schutz der Privatsphäre zu stärken. Sie fordert ein sog. Opt-in-Verfahren (Hengl 2012, S. 28), also eine Einwilligung des Nutzers vor der Speicherung der Tracking-Cookies.

Über die Handhabung der Einwilligung bei einem Opt-in-Verfahren wurde in der Vergangenheit heftig diskutiert. Käme es in Deutschland zu einer Regelung der expliziten Zustimmung, beispielsweise über Pop-up Fenster auf den jeweiligen Webseiten, wie bereits in einigen anderen EU-Ländern umgesetzt, hätte dies umfassende Auswirkungen auf die Online-Wirtschaft.

In Deutschland wurde der Gesetzesentwurf zur Ergänzung des Telemediengesetzes, der eine Opt-in-Pflicht für Cookies etablieren sollte, vom Bundestag abgelehnt. Wann über die Gesetzeslage in Deutschland entschieden wird, bleibt weiterhin unklar. Datenschutzaufklärungsbehörden fordern daher die unmittelbare Anwendbarkeit der EU-Richtlinie. Falls die zuständige Datenschutzbehörde die Richtlinie als hinreichend konkret ansieht, könnte sich ein User gegenüber einem Webseiten-Betreiber auf dessen Pflichten zur Information und zur Einwilligung in die Cookie-Verwendung berufen (Hinzpeter 2012, S. 33f.). Dem Bundesbeauftragten für den Datenschutz, Peter Schaar, zufolge ist dies bereits der Fall (o.V. 2012c).

Eine Gesetzesänderung, die ein explizites Opt-in für Tracking-Cookies erforderlich machen würde, könnte zum heutigen Stand zumindest vorerst zu einem „Show Stopper" für die Customer Journey Analyse werden. Diese rechtlichen Herausforderungen und die Datenschutzproblematik könnten der Customer Journey Analyse auf dem Weg zum Marketingstandard noch im Wege stehen. Ob es langfristig Alternativen zu den Tracking-Cookies geben wird, wie beispielsweise der digitale Fingerprint, ist noch unklar.

6 Fazit und Ausblick

Die Customer Journey Analyse befindet sich momentan noch in der Anfangsphase. Viele Unternehmen sind den Herausforderungen der kanalübergreifenden Wirkungsmessung noch nicht gewachsen. Neben *technischen Voraussetzungen* fehlt es insbesondere an Know-how.

Eine Customer Journey Analyse lohnt und eignet sich momentan noch nicht für jedes Unternehmen und jede Branche. Grundsätzlich erscheint die Analyse von Kaufentscheidungsprozessen und der Wirkung und Wechselwirkung von Marketing-Maßnahmen für jedes Unternehmen interessant, dennoch stehen beispielsweise bei sehr einfachen Kaufentscheidungen und geringem Werbebudget Aufwand und Nutzen in keinem Verhältnis.

Die Analyse der Customer Journey ist sehr aufwändig und bindet viele Ressourcen in Kapital, Zeit und Personal. Bei einem hohen Werbebudget, mehreren Online Marketing-Kanälen und längeren und komplexeren Klickketten erscheint der Aufwand eher gerechtfertigt, da hier mehr Optimierungspotenzial besteht.

Trotzdem können die Modelle nie die gesamte Realität erklären und beruhen auf vielen Annahmen. Die Ergebnisse einer Customer Journey Analyse bleiben immer lückenhaft und liefern kein perfektes Abbild der Realität und sind damit auch interpretierbar. Trotz dieser Restriktionen kann die Analyse aber wichtige Erkenntnisse liefern, wenn man sie eher als eine Art Experimentier-Disziplin versteht.

Unter dieser Annahme können die Ergebnisse in jedem Fall als Indiz verwendet werden, um entsprechende Anpassungen und Optimierungen vornehmen zu können. Viele Messungen bestätigen in der Praxis bereits zuvor vermutete Zusammenhänge, was aber trotzdem als Erfolg bewertet werden kann.

Je komplexer die Journey und der Online Marketing-Mix sind, desto mehr *Potenzial* bietet die Analyse, Wirkungszusammenhänge zu erkennen und darauf aufbauend auch Budgets zu optimieren. Der Erkenntnisgewinn liegt unter anderem in der Aufdeckung von *Kanalcharakteristika*, wirkungsvoller Kanalkombinationen und in der Verifizierung von Hypothesen.

Richtig eingesetzt, kann die Customer Journey Analyse wesentliche *Erkenntnisgewinne* liefern. Eine vollständige Erfassung aller Einflussfaktoren und die Integration sämtlicher Offline-Kontakte bleibt wahrscheinlich aber eine Utopie.

Es ist anzunehmen, dass sich die Customer Journey Analyse in den nächsten Jahren stark weiterentwickeln wird. Wünschenswert wäre die Anbindung der Analyse an bestimmte Kundendaten, um zwischen Neu- und Bestandskunden zu differenzieren. Durch die Kopplung anderer Systeme im Unternehmen, wie dem CRM-System, können umfassendere Erkenntnisse erlangt werden, die über die reine Konversion hinausgehen. So könnten auch Bonitäts- und Retourendaten in die Analyse integriert werden. Es ist zu erwarten, dass die Customer Journey Analyse zukünftig immer stärker um weitere betriebswirtschaftliche Faktoren ergänzt wird, wie dem *Kundenwert* (Customer Lifetime Value). Außerdem wird es immer wichtiger werden, auch die Journeys auszuwerten, die gerade nicht zum gewünschten Erfolg geführt haben. Auf Grund der Datenmengen wird hierauf heute eher verzichtet. Das Potenzial liegt aber gerade darin, von „Fast- bzw. Nicht-Käufern" zu lernen, um daraus Optimierungsmöglichkeiten abzuleiten. Zukünftig wird es daher zunehmend um die Analyse der User Journey, an Stelle einer Customer Journey gehen.

Die Wunschvorstellung vieler Online Marketer ist es, zukünftig auf eine vollständig automatisierte Technologielösung zurückzugreifen, die alle Online-Maßnahmen kanal- und endgerätübergreifend unter Einbezug der Daten aus der Customer Journey analysiert, die Budgetallokation optimiert und eine automatische Rückkopplung in Traffic-Buying-Systeme möglich macht. Eine derartige Entwicklung erscheint allerdings, zumindest in naher Zukunft, eher unwahrscheinlich.

Inwiefern der Customer Journey Analyse zukünftig noch *rechtliche Grenzen* auferlegt werden, ist derzeit noch unklar. Die bevorstehenden Entscheidungen bezüglich des Datenschutzes könnten allerdings einen erheblichen Einfluss auf die anwendbaren Methoden nehmen und der Customer Journey Analyse auf dem Weg zum Online Marketingstandard noch im Wege stehen. Ob sich langfristig Alternativen zum Cookie-Tracking wie das Digital Fingerprinting durchsetzen werden, bleibt abzuwarten.

Literatur

Amthor, A., Brommund, T., Mehr Erfolg durch Web Analytics – Ein Leitfaden für Marketer und Entscheider, München (2010).
Bartholomäus, U., Das Datenmonster bändigen – Customer Journey: Wohin geht die Reise?, in: Internet World Business, 23/2011, S. 50 (2011).
Bennefeld, C., Gorbach, A., Warncke, R., Erfolgsmessung und optimale Budgetverteilung bei Multichannel-Kampagnen, in: Schwarz, T. (Hrsg.): Leitfaden Online Marketing, Band 2, Waghäusel, S. 206-215 (2011).
Bindl, T., Cross-Channel-Controlling/-Optimierung, in: Schwarz, T. (Hrsg.): Leitfaden Online Marketing, Band 2, Waghäusel, S. 522-527 (2011).
Born, A., Big Data – Der große Durchblick, in: Absatzwirtschaft, Sonderausgabe dmexco 2012, S. 52-55 (2012).
Bundesverband Digitale Wirtschaft (BVDW) e.V., Customer Journey – Definitionen und Ausprägungen, http://www.bvdw.org/medien/fachgruppe-performance-marketing-dmexco-seminarfolien-customer-journey--definitionen-und-auspraegungen-?media=4198, Erscheinungsdatum: 14.09.2012, Abrufdatum: 15.09.2012, S. 1-25 (2012a).
Bundesverband Digitale Wirtschaft (BVDW) e.V., FOMA Trendmonitor 2012/2013, http://www.bvdw.org/medien/bvdw-umfrage-foma-trendmonitor-2012-2013?media=4177, Erscheinungsdatum: 06.09.2012, Abrufdatum: 17.09.2012, S. 1-9 (2012b).
Burgsdorff von, D., Die Customer Journey – Inszenierung mit Happy-End, in: E-Commerce Magazin, 01/2012, S. 16-19 (2012).
Cavus, M., Die Qual der Wahl: Welches Attributionsmodell ist das richtige?, http://www.twoqubes.com/blog/2012/08/die-qual-der-wahl-welches-attributionsmodell-ist-das-richtige/, Erscheinungsdatum: 08.08.2012, Abrufdatum: 20.08.2012 (2012).
Eisenbrand, R., Auf dem Weg aus der Ahnungslosigkeit, in: ONEtoONE, 12/12, S. 10-14 (2012).
Eisinger, T., Rabe, L., Thomas, W., Performance Marketing – Erfolgsbasiertes Online-Marketing, 3. Auflage, Göttingen (2009).
Freist, R., Internet-Spionage – Vorsicht vor Zombie-Cookies: Das müssen Sie wissen, http://www.pcwelt.de/ratgeber/Super-Cookies-spionieren-Sie-aus-4868761.html, Erscheinungsdatum: 01.03.2012, Abrufdatum: 14.11.2012 (2012).
Hassler, M., Web Analytics – Metriken auswerten, Besucherverhalten verstehen, Website optimieren, 3. Auflage, Heidelberg (2012).
Heinemann, F., Interview mit Florian Heinemann – Attributionen werden relevanter, http://www.haufe.de/marketing-vertrieb/online-marketing/interview-mit-florian-heinemann-attributionen-werden-relevanter_132_137556.html, Erscheinungsdatum: 13.09.2012, Abrufdatum: 14.09.2012 (2012).
Hengl, H., Bei Cookies ist Klarheit nicht in Sicht, in: Werben & Verkaufen, 36/2012, S. 28f (2012)
Hinzpeter, B., Die Cookie-Vorreiter, in: Internet World Business, 17/2012, S. 32f. (2012).
Hinzpeter, B., Die Cookie-Vorreiter, in: Internet World Business, 17/2012, S. 32f (2012).

intelliAd Media GmbH, Customer Journey und Attributions-Modelle – Wie die richtige Kanalgewichtung zur Steigerung der Conversion-Rate beitragen kann, http://www.intelliad.de/expertise/competence-center/whitepaper.html, Erscheinungsdatum: April 2012, Abrufdatum: 22.09.2012 (2012).

intelliAd Media GmbH, Attribution Modeling – Von der Theorie zur Praxis – so implementieren Sie ein optimales Attributionsmodell in Ihrem Unternehmen, http://www.intelliad.de/expertise/competence-center/whitepaper.html, Erscheinungsdatum: März 2013, Abrufdatum: 12.05.2013 (2013).

Koch, M., Richtig messen heißt nicht, die Wahrheit zu kennen, in: Schwarz, Torsten (Hrsg.): Leitfaden Online Marketing, Band 2, Waghäusel, S. 516-521 (2011).

Koch, M., Brommund, T., Erfolgskontrolle – Lernen Sie von Ihren Kunden, in: Eisinger, Thomas/Rabe, Lars, Thomas, Wolfgang (Hrsg.): Performance Marketing - Erfolgsbasiertes Online-Marketing, 3. Auflage, Göttingen, S. 285-317 (2009).

Lammenett, E., Praxiswissen Online Marketing – Affiliate- und E-Mail-Marketing, Suchmaschinenmarketing, Online-Werbung, Social Media, Online-PR, 3. Auflage, Wiesbaden (2012).

Maurer, J., Attributionsmodelle durch Cross-Channel-Analysen, http://www.adzine.de/site/artikel/7057/performance-marketing/2012/05/attributionsmodelle-durch-crosschannel-analysen, Erscheinungsdatum: 31.05.2012, Abrufdatum: 26.09.2012 (2012)

Moos, F., Unmittelbare Anwendbarkeit der Cookie-Richtlinie – Mythos oder Wirklichkeit?, in: Kommunikation & Recht, 10/2012, S. 635-640 (2012).

Moos, F., Unmittelbare Anwendbarkeit der Cookie-Richtlinie – Mythos oder Wirklichkeit?, in: Kommunikation & Recht, 10/2012, S. 635-640 (2012).

o.V., Digital Response bastelt am digitalen Fingerabdruck, http://www.onetoone.de/Digital-Response-bastelt-am-digitalen-Fingerabdruck-21344.html, Erscheinungsdatum: 14.02.2012, Abrufdatum: 26.09.2012 (2012a).

o.V., Digital Response nutzt digitalen Fingerprint, http://www.adzine.de/site/artikel/6592/performance-marketing/2012/02/digital-response-nutzt-digitalen-fingerprint, Erscheinungsdatum: 13.02.2012, Abrufdatum: 26.09.2012 (2012b).

o.V., Peter Schaar: Das Cookie-Opt-in gilt, http://www.onetoone.de/Peter-Schaar-Das-Cookie-Opt-in-gilt-21933.html, Erscheinungsdatum: 04.07.2012, Abrufdatum: 26.09.2012 (2012c).

Postel, M., Keine Scheu vor Tag-Management, in: Lead digital, 18/2012, S. 48-49 (2012).

Puscher, F., Facebook-Ads unter der Lupe, in: Internet World Business, 18/2012, S. 50 (2012a).

Puscher, F., Dem Kunden auf der Spur, in: Absatzwirtschaft, Sonderausgabe dmexco 2012, S. 64-66 (2012b)

Quisma GmbH (Hrsg.), Neue Wege der Customer Journey-Analyse, http://www.customer-journey-modelling.com/de/downloads-video/, Erscheinungsdatum: 27.06.2011, Abrufdatum: 20.08.2012 (2011).

Röck, C., Affiliate-Marketing, in: Eisinger, Thomas/Rabe, Lars, Thomas, Wolfgang (Hrsg.): Performance Marketing - Erfolgsbasiertes Online-Marketing, 3. Auflage, Göttingen, S. 91-108 (2009).

Rogosch, R., Customer Journey: Das letzte Cookie gewinnt nicht immer, http://etailment. de/2012/customer-journey-das-letzte-cookie-gewinnt-nicht-immer/, Erscheinungsdatum: 16.05.2012, Abrufdatum: 17.08.2012 (2012).

Schreiber, A., Interview mit Alexander Schreiber – Meist gibt es nur eine Chance, http://www.haufe.de/marketing-vertrieb/online-marketing/interview-mit-alexander-schreiber-meist-gibt-es-nur-eine-chance_132_135862.html, Erscheinungsdatum: 05.09.2012, Abrufdatum: 06.09.2012 (2012).

Schumann, J., Customer Journey trifft Wissenschaft, in: Lead Digital, 18/2012, S. 26-28 (2012).

Schwarz, T., Grundlagen für die Praxis, in: Schwarz, Torsten (Hrsg.): Leitfaden Online Marketing, Band 2, Waghäusel, S. 13-84 (2011).

Spohr, F., Onlinehändler: Wie Kunden zum Produkt gelockt werden, http://www.handelsblatt.com/unternehmen/handel-dienstleister/onlinehaendler-wie-kunden-zum-produkt-gelockt-werden/7123786.html, Erscheinungsdatum: 15.09.2012, Abrufdatum: 17.09.2012 (2012).

Unger, M., Cookies – Krümel möchte Keks haben! (Teil 1), http://www.verbraucher-sicher-online.de/artikel/cookies-kruemel-moechte-keks-haben-teil-1, Erscheinungsdatum: 11.10.2012, Abrufdatum: 14.09.2012 (2012a).

Unger, M., Cookies mal anders – Flash Cookies, http://www.verbraucher-sicher-online.de/artikel/cookies-mal-anders-flash-cookies, Erscheinungsdatum: 14.10.2012, Abrufdatum: 14.11.2012 (2010b).

uniquedigital GmbH, Cross-Channel Management – Optimierung der Budgetallokation durch User-Journey Analyse und dynamische Attributionsmodellierung, http:// www.uniquedigital.de/downloads/whitepaper-unique-cross-channel-management/, Abrufdatum: 12.12.2012 (2012).

Wander, N., Big Data & Customer Journey – Neue Potenziale der E-Business Steuerung durch Big Data und Customer Journey Betrachtung, in: media-Treff, Sonderausgabe zur Internet World, Email-Expo und media-TREFF on Tour, S. 22f. (2012).

Zunke, K., Serie: Customer Journey Analyse, 1. Teil – Die Legende ist tot, in: Internet World Business, 08/2012, S. 20-21 (2012a).

Zunke, K., Die Reise des Kunden erfassen – so geht's, http://www.internetworld.de/ Nachrichten/Marketing/Performancemarketing/Serie-Customer-Journey-Analyse-Die-Reise-des-Kunden-erfassen-so-geht-s-66470.html, Erscheinungsdatum: 30.05. 2012, Abrufdatum: 01.08.2012 (2012b).

Zunke, K., Serie: Customer Journey Analyse, 3. Teil – Reise ins Ungewisse, in: Internet World Business, 10/2012, S. 18-20 (2012c).

Zunke, K., Targeting: Alternativen zum Cookie, http://www.adzine.de/de/site/artikel/ 6927/display-advertising/2012/05/targeting-alternativen-zum-cookie, Erscheinungsdatum: 03.05.2012, Abrufdatum: 26.09.2012 (2012d).

Zunke, K., Dem Kunden auf der digitalen Spur, in: Acquisa, 09/2012, S. 18-22 (2012e).

Die Autoren

Prof. Dr. Heinrich Holland lehrt an der University of Applied Sciences Mainz. Er ist Akademieleiter der Deutschen Dialogmarketing Akademie (DDA) und Mitglied zahlreicher Beiräte und Jurys, z. B. Alfred Gerardi Gedächtnispreis für wissenschaftliche Arbeiten im Dialogmarketing, GO DIALOG Förderpreis und Mentor bei Forum Kiedrich. Heinrich Holland hat 17 Bücher und über 200 Aufsätze veröffentlicht, sein Standardwerk „Direktmarketing" ist in einer russischen Lizenzausgabe erschienen. Im Jahr 2004 wurde er in die Hall of Fame des Direktmarketings aufgenommen. Er hält Vorträge im In- und Ausland und berät namhafte Unternehmen.

Louisa Flocke ist Master-Absolventin der Betriebswirtschaftslehre mit den Schwerpunkten Marketing und Unternehmenskommunikation der Fachhochschule Mainz. Ihre Spezialgebiete liegen im Bereich des Online Marketings und des Dialogmarketings. Bereits während ihres mit Auszeichnung abgeschlossenen Bachelor-Studiums hat sie sich insbesondere mit Online und Digital-Themen intensiv auseinandergesetzt. Neben ihrem Studium absolvierte Louisa Flocke zahlreiche Praktika, sowohl auf Unternehmens- als auch auf Agenturseite im In- und Ausland, zuletzt in einer Marketing-Strategieberatungsfirma in New York City.

Kontakt

Prof. Dr. Heinrich Holland
Fachhochschule Mainz
Lucy-Hillebrand-Straße 2
55128 Mainz
Heinrich.Holland@FH-Mainz.de

Louisa Flocke
Leibnizstraße 15
55118 Mainz
louisa@flocke.com

Echtzeithandel von Werbung im Real-Time-Advertising

Sotir Hristev / Nadia Abou Nabout

Inhalt

1	Einleitung	244
2	Real-Time-Advertising	246
2.1	Was ist Real-Time-Advertising?	246
2.2	Wer sind die beteiligten Akteure?	246
2.3	Potenzielle Hürden bei der Nutzung von Real-Time-Advertising- Plattformen	248
2.3.1	Targeting- und Optimierungsalgorithmen	249
2.3.2	Quelle des Werbeinventars	249
2.3.3	Qualität des Werbeinventars	250
2.3.4	Vermarkterübergreifende Frequency Cappings	251
3	Empirische Studie	251
3.1	Studiendesign	251
3.2	Methode	253
3.3	Deskriptiver Vergleich der Marktteilnehmer	254
3.3.1	Erwünschtes vs. angebotenes Werbeinventar	254
3.3.2	Wahrnehmung des Real-Time-Advertising Marktes	254
3.4	Ergebnisse des Discrete-Choice-Experiments	255
3.4.1	Targeting- und Optimierungsalgorithmen	255
3.4.2	Qualität des Werbeinventars	255
3.4.3	Vermarkterübergreifende Frequency Cappings	257
4	Zusammenfassung und Ausblick	257

Literatur 258
Die Autoren 260
Kontakt 260

Management Summary

Seit Einführung von Real-Time-Advertising äußern Nachfrager von Werbeinventar immer wieder Zweifel bezüglich der Qualität des in Echtzeit angebotenen Inventars. Vor allem angesichts der Tatsache, dass Platzierungen nicht immer transparent sind, entsteht oft der Eindruck, dass lediglich Restplätze zum Verkauf angeboten werden oder gar Platzierungen schädigend für die beworbenen Marken sein könnten. Darüber hinaus bleiben die zum Einsatz kommenden Targeting- und Optimierungsalgorithmen für Werbetreibende und Agenturen oft intransparent. Neue Möglichkeiten zur Regulierung der Kontaktdosis von Werbung (vermarkterübergreifende Frequency Cappings) stellen Werbetreibende vor die Möglichkeit, Werbekontakte sehr präzise zu steuern, aber auch vor das Risiko vorgegebene Ziele des Werbedrucks einer Kampagne nicht einhalten zu können. Im Rahmen eines Discrete-Choice-Experiments untersuchen die Autoren daher die Frage, welche Merkmale einer RTA-Handelsplattform ausschlaggebend für ihre Nutzung sind.

1 Einleitung

Knapp 20 Jahre sind vergangen, seitdem die ersten Banneranzeigen im Internet geschaltet wurden. Bezahlt wurde hierfür traditionell ein fixer oder auch verhandelter Preis für 1.000 Impressionen (Anzeigeneinblendungen), auch Tausenderkontaktpreis bzw. Cost-per-Mille (CPM) genannt. Dieses Modell hat sich im Online-Display-Markt durchgesetzt und bis vor wenigen Jahren kaum verändert.

Anzeigen in Suchmaschinen hingegen haben in den letzten zehn Jahren hinsichtlich der Einkaufseffizienz sehr von einer dynamischen Preisfindung profitiert. Dort werden Anzeigen auf Basis einer Generalized-Second Price-Sealed Bid-Auktion verkauft, bei der die Auktionsteilnehmer ihre maximale Zahlungsbereitschaft für einen Klick auf ihre Anzeige in einem Buchungssystem (z. B. Google AdWords) eingeben. Ähnliche Mechanismen sind auch im Bereich der Display-Werbung auf dem Vormarsch. Die hier zum Einsatz kommenden Auktionsmechanismen werden Real-Time-Bidding (RTB) und die so verkaufte Werbung Real-Time-Advertising (RTA) bzw. Programmatic Buying genannt.

Auf sogenannten Advertising Exchanges (kurz Ad Exchange), die im Grunde genommen Spotmärkte für Display-Anzeigen darstellen, können Werbetreibende ihre Gebote für jede einzelne Impression abgeben und somit von der höheren Effizienz der Geschäftsabwicklung im Vergleich zum klassischen Buchungsverfahren profitieren. Idealerweise könnte dann jeder Werbetreibende durch Targeting nur relevante Impressionen einkaufen, anstelle von Impression-Paketen, welche für den Werbetreibenden sowohl relevante als auch weniger relevante Impressionen (sogenannte Streuverluste) enthalten können.

Durch die veränderten Marktstrukturen treten auch neue Akteure zutage. Es entstehen spezialisierte Plattformen, die den Echtzeithandel ermöglichen. Werbetreibende können auf das verfügbare Inventar mittels Demand Side Plattformen (kurz DSP) zugreifen und Vermarkter von Werbeplätzen können wiederum das Inventar mittels Supply Side Plattformen (kurz SSP) zur Verfügung stellen. Diese veränderten Marktstrukturen weisen dabei enge Parallelen zur Finanzwelt auf. SSPs ähneln hierbei stark den bei einer Wertpapieremission begleitenden Banken, da sie auch das Yield Management ihrer Publisher (also Webseiteninhaber) übernehmen, sprich die Optimierung der Rendite des vorhandenen Inventars. DSPs, auf der anderen Seite, übernehmen gemeinsam mit den sogenannte Trading Desks die Rolle der Händler, indem sie stellvertretend für werbetreibende Unternehmen an der Auktion teilnehmen und Gebote abgeben. Zusammen mit Ad Exchanges spielen diese Akteure eine große Rolle als Intermediäre zwischen Anbietern (Vermarkter und Publisher) und Nachfragern (Werbetreibende und Agenturen) von Werbeinventar. Die komplexe, finanzmarktähnliche Marktstruktur stellt Werbetreibende dabei vor neue Herausforderungen beim Einkauf.

Offen bleibt für Anbieter von RTA-Plattformen jedoch die Frage, welche Merkmale einer solchen Plattform ausschlaggebend für ihre Nutzung durch werbetreibende Unternehmen sind. Hierbei werden typischerweise immer wieder folgende Kriterien in der Branche diskutiert: Targeting- und Optimierungsalgorithmen, die Quelle und Qualität des Werbeinventars sowie vermarkterübergreifende Frequency Cappings. Insbesondere vor dem Hintergrund, dass Werbetreibende in der Vergangenheit immer wieder Zweifel bezüglich der Qualität des in Echtzeit angebotenen Inventars geäußert haben und Platzierungen nicht immer transparent sind, entsteht oft der Eindruck, dass lediglich Restplätze zum Verkauf angeboten werden oder gar Platzierungen schädigend für die beworbenen Marken sein könnten.

Diese Studie leistet damit einen Beitrag zum besseren Verständnis der Bedürfnisse der Nachfrager von Werbeinventar. Indem die Wichtigkeit der Inventarmerkmale untersucht wird, entsteht sowohl für Vermarkter als auch für Intermediäre eine fundierte Entscheidungsbasis, auf Grund derer sie ihr RTA-Angebot besser ausgestalten und auf dem Markt positionieren können.

2 Real-Time-Advertising

2.1 Was ist Real-Time-Advertising?

Bislang legen Nachfrager von Werbeinventar (hier werbetreibende Unternehmen und die von ihnen beauftragten [Media-]Agenturen) ihre Mediastrategie in der Regel ein Jahr im Voraus mit festen Werbeschaltungszeiträumen (sogenannten Flights) anhand eines Mediaplans fest. Dies hat Auswirkungen auf den Mediaeinkauf. Als „Goldene Regel" des Mediaeinkaufs gilt: „Kaufen zum Bestpreis, ohne die Qualitätskriterien zu unterlaufen!" (Marx 2012). Als entscheidendes Erfolgskriterium einer Kampagne wird dabei meistens die Reichweite herangezogen. Sie gibt an, wie viele Personen in der Zielgruppe erreicht wurden. Angaben über Reichweiten sind in Markt-Media-Studien festgehalten (im Online-Bereich in Deutschland ist dies die AGOF mit internet facts). Diese Informationen können jeder Zeit abgerufen werden und der Tausenderkontaktpreis wird danach direkt mit dem Vermarkter verhandelt. Bei diesem Planungs- und Einkaufsprozess liegt ein diametraler Unterschied zur Dynamik eines RTA-Marktes vor. RTA-Anbieter erlauben den gezielten Einkauf einzelner Impressionen. Das Ziel ist es, durch das Gewinnen einer Auktion ein Werbemittel bei einem Internetnutzer zu platzieren, der der vordefinierten Kampagnenzielgruppe entspricht (Schroeter et al. 2012).

Da Nachfrager im RTA gezielt auf einzelne Impressionen bieten können und sie eben nicht mehr im Paket kaufen und somit Streuverluste in Kauf nehmen müssen, stellt der RTA-Markt einen neuen Weg dar, Werbung granular einzukaufen und somit die Einkaufseffizienz zu steigern (Klimkeit 2012). Der Handel auf RTA-Märkten basiert in aller Regel auf einer Zweitpreisauktion mit verdeckten Geboten (Ringel 2012). Dabei geben Auktionsteilnehmer ihre Gebote simultan ab ohne zu wissen, was die anderen Teilnehmer geboten haben (MacDonald et al. 2011). Gewinner der Auktion ist derjenige Teilnehmer, der das höchste Gebot abgegeben hat. Der Auktionsgewinner zahlt allerdings nur einen Betrag, der dem zweithöchsten Gebot entspricht (Vickrey 1961). Durch die Abkoppelung des Gebotes vom zu zahlenden Preis entsteht ein anreizkompatibler Auktionsmechanismus, bei dem ein rationaler Teilnehmer immer seine wahre Zahlungsbereitschaft als Gebot abgibt (Gardner 2003).

2.2 Wer sind die beteiligten Akteure?

Der RTA-Markt ist äußerst fragmentiert. Er besteht im Wesentlichen aus drei Parteien (siehe Abb. 1). Nachfrager von Werbeinventar sind werbetreibende Unternehmen oder deren Agenturen, die Werbeinventar einkaufen (Perlich et al.

2012). Anbieter von Werbeinventar sind Publisher (also Webseiteninhaber) und deren Vermarkter, die Anzeigenplätze im Internet verkaufen. Die dritte große Gruppe stellen Intermediäre dar. Als Intermediär wird ein Unternehmen bezeichnet, das den Handel in Echtzeit ermöglicht. Hierzu können drei unterschiedliche Plattformen zählen.

Demand Side Plattformen (kurz DSPs) sind die Schnittstelle zwischen Nachfragern und Anbietern. Die Kernrolle der DSPs ist es, den Einkauf zu optimieren. Sie verlangen eine Nutzungsgebühr als Prozentsatz vom Mediavolumen der Nachfrager (Tol 2012). Supply (auch Sell) Side Plattformen (kurz SSPs) sind Schnittstellen zwischen Anbietern und Ad Exchanges und/oder DSPs. Primäres Ziel der SSPs ist es, das Yield-Management (Aussteuerung der zu verkaufenden Menge und des Preises des verfügbaren Inventars) der Vermarkter zu optimieren. Dabei verlangen sie eine Nutzungsgebühr, die sich als Prozentsatz der realisierten Vermarkter-Umsätze berechnet (Tol 2012). Die dritte Plattform-Gruppe sind die Ad Exchanges. Sie stellen Spotmärkte für Werbeinventar im Internet dar und verbinden Anbieter und Nachfrager miteinander (Muthukrishnan 2009). Alternativ können sich SSPs und DSPs auch direkt miteinander verbinden.

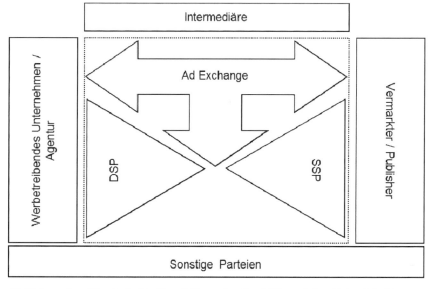

Abbildung 1: Vereinfachte Darstellung des Real-Time-Advertising Marktes

Auch weitere Parteien spielen auf dem RTA-Markt eine besondere Rolle. Diese sind in Abbildung 1 unter „Sonstige Parteien" zusammengefasst. Zum einen sind dies die Empfänger der Werbebotschaft (also die Internetnutzer), zum anderen Unternehmen, die sich darauf spezialisiert haben zusätzliche Informationen für Online-Targeting-Zwecke an DSPs, Ad Exchanges oder Nachfrager zu verkaufen (Perlich et al. 2012). Diese Data Management Platforms (sogenannte DMPs) können beispielsweise Daten zum Kauf von bestimmten Produkten speichern und an andere Marktteilnehmer weiterverkaufen. Eine weitere wachsende Gruppe stellen Unternehmen dar, die durch das Ausnutzen von Markteineffizienzen Arbitrage-Gewinne erzielen (z. B. die Kanadische InferSystems Corp.).

In der Praxis fallen Intermediär und Anbieter von Werbeinventar oft zusammen. So bieten Interactive Media, Ströer Interactive, SPIEGEL QC und eBay Advertising ihre Inventare über sogenannte Private Exchanges an. Private Exchanges sind SSPs, die von den Vermarktern selbst aufgesetzt und betrieben werden. In diesem Fall wäre eine Unterscheidung zwischen Vermarkter und Intermediär sehr schwierig (TubeMogul 2011). Aus diesem Grund werden in dieser Studie Vermarkter und Intermediäre zusammengefasst (im Folgenden: RTA-Anbieter).

2.3 Potenzielle Hürden bei der Nutzung von Real-Time-Advertising- Plattformen

RTA-Nachfrager orientieren sich in der Regel an bekannten Mechanismen und Einkaufslogiken, wenn sie die Wirksamkeit ihrer RTA-Kampagnen messen und optimieren. Hierbei sind typischerweise folgende Kriterien von großer Bedeutung:

- Targeting- und Optimierungsalgorithmen (Wen erreiche ich mit meiner Werbung?)
- Quelle des Werbeinventars (Wo erreiche ich den Nutzer mit meiner Werbung?)
- Qualität des Werbeinventars (Hat der Nutzer meine Anzeige tatsächlich gesehen?)
- Vermarkterübergreifende Frequency Cappings (Wie oft erreiche ich den Nutzer mit meiner Werbung?)

Diese vier maßgeblichen Kriterien resultieren aus dem Grundsatz der klassischen Kommunikationsplanung, den richtigen Empfänger (Targeting- und Optimierungsalgorithmen) einer Werbebotschaft zum richtigen Zeitpunkt (Vermarkterübergreifende Frequency Cappings) am richtigen Ort (Quelle und Qualität des Werbeinventars) kosteneffizient zu erreichen.

2.3.1 Targeting- und Optimierungsalgorithmen

Targeting im klassischen Sinne hat zum Ziel, die richtige Zielgruppe einer Werbebotschaft zu identifizieren und gezielt anzusprechen. Insbesondere im Bereich der Markenbildung spielt die Ansprache ausgewählter Empfänger eine große Rolle. Klassischerweise suchen Werbetreibende und Agenturen Webseiten für ihre Kampagnen aus, auf denen sie Internetnutzer mit einer hohen Produktaffinität vermuten (Unger et al. 2013). So wählen Hersteller von Luxusartikeln sehr häufig Webseiten von Publikumszeitschriften für ihre Anzeigen aus, die von Lesern mit sehr hohem Haushaltseinkommen frequentiert werden (z. B. Manager Magazin). Natürlich werden solche Webseiten auch von Bevölkerungsgruppen gelesen und besucht, die ein niedrigeres Einkommen aufweisen (z. B. Studenten). Solche Kontakte gelten als Streuverluste und werden in jedem Medium von Werbetreibenden in Kauf genommen.

Targeting im RTA-Bereich funktioniert anders und verspricht eine exakte Auslieferung ohne Streuverluste. Mithilfe eines Cookies, das auf dem Rechner des Internetnutzers gespeichert wird, können unterschiedliche Sessions des Nutzers nachvollzogen und daraus Persönlichkeitsmerkmale aufgrund besuchter Webseiten abgeleitet werden (Dietrich 2011). Diese Art von Targeting weist allerdings auch einige Schwächen auf. So können Sessions identifiziert werden, die an einem Endgerät durchgeführt werden. Diese müssen aber nicht zwangsläufig durch ein und dieselbe Person initiiert werden. Dies kann zu falschen Schlüssen für das Targeting führen. Auch die heute übliche Nutzung verschiedener Endgeräte (z. B. Handy, PC und Tablet) erschwert die Identifizierung von Nutzern über Geräte hinweg. Das Vertrauen der Nachfrager in Targetingalgorithmen ist damit entscheidend für die Nutzung von RTA.

Zudem hat praktisch jede DSP auf dem RTA-Markt eigene Mechanismen zur Bewertung von Impressionen entwickelt. Diese dienen als Basis für die Gebotsabgabe in den Auktionen. Die Berechnungen werden durch automatische Algorithmen vorgenommen, die auf selbstlernenden Systemen basieren (Schroeter et al. 2012). Auch hier kann es durch mangelndes Verständnis zu Misstrauen in den Optimierungsalgorithmus kommen.

2.3.2 Quelle des Werbeinventars

Auch wenn Targetingalgorithmen im RTA-Bereich garantieren sollen, dass die Werbung beim richtigen Rezipienten platziert wird, ist es für Nachfrager wichtig, wo genau sie ausgespielt wurde. Deshalb spielen die Inventarquelle und die Qualität des Inventars eine große Rolle. So gibt es Webseiten, auf denen Marken nicht erscheinen wollen und im Gegenzug solche, auf denen Markenpräsenz sehr erstrebenswert ist. Hier wird häufig von sogenanntem Premium Inventar gesprochen. Premium Inventar bezeichnet prominente Platzierungen auf reichweitenstarken Webseiten, die auch ein sicheres Umfeld für die Marke (sogenannte Brand-Safe-Umfelder) bieten. Ein sicheres Umfeld wird dadurch gekennzeichnet, dass es dem Image einer Marke nicht schadet, wenn die Marke in diesem Kontext erscheint.

Die AGOF ist dabei ein Zusammenschluss vieler Online Vermarkter mit dem Ziel, Transparenz und Standards auf dem Markt durchzusetzen (AGOF 2013). Die entsprechenden Vermarkter sind längst auf dem deutschen Markt etabliert und verkaufen Werbeinventar auf reichweitenstarken und qualitativ hochwertigen Webseiten. Für Intermediäre in Deutschland ist die Verfügbarkeit von AGOF-Inventar von großer Bedeutung, da dieses in der Regel höhere Preise auf dem Markt erzielen kann. Allerdings geben lediglich drei der Top-10 AGOF-Vermarkter zurzeit Inventar für RTB frei (häufig aber auch nur auf Private Exchanges): Interactive Media, Ströer Interactive und eBay Advertising (Hüsing 2012; ADZINE 2012; AppNexus 2012).

2.3.3 Qualität des Werbeinventars

Um die Qualität des Werbeumfeldes beurteilen und kontrollieren zu können, müssen Nachfrager darüber informiert werden, auf welchen Webseiten ihre Werbung konkret ausgeliefert wurde. Intermediäre unterscheiden sich aber häufig hinsichtlich des Transparenzniveaus für ihr Inventar. Einige Intermediäre informieren Nachfrager über die konkrete Webseite, auf der die Werbung ausgeliefert wurde, andere geben nur grobe Webseiten-Kategorien an. So wird in manchen Fällen die Webseite www.spiegel.de als konkrete Inventarquelle angezeigt oder aber lediglich die Kategorie „Politik und Gesellschaft". Jeder Vermarkter entscheidet dabei selbst, wie transparent das Inventar zur Verfügung gestellt wird. Platzierungen, die nur auf Kategorie-Ebene beschrieben werden, werden von Branchenexperten als eher intransparent erachtet.

Darüber hinaus spielt auch die Position des Werbemittels auf der Webseite eine wichtige Rolle. Werbemittel können am Seitenanfang, aber auch am Seitenende (kaum sichtbar für den Nutzer) platziert sein. Einige Vermarkter bieten daher Informationen zu der Position des Werbemittels auf der Webseite an, andere hingegen nicht. Einige Unternehmen haben sich sogar auf die Überprüfung der Einhaltung von Brand-Safe-Umfeldern und die Frage, wie lange ein Werbemittel überhaupt sichtbar war, spezialisiert (z. B. Integral Ad Science, DoubleVerify).

2.3.4 Vermarkterübergreifende Frequency Cappings

Die Kosten des effektiven Werbedrucks werden auch durch die Anzahl der durchschnittlichen Werbemittelkontakte determiniert. Dabei sollte die Zielgruppe nicht zu oft oder zu selten angesprochen werden. Wenn die Kampagne zu oft die Zielgruppe erreicht, kann dies dazu führen, dass die Konsumenten die Marke negativ wahrnehmen. Wenn die Zielgruppe andererseits nicht ausreichend Kontakt mit der Kampagne aufbaut, wird die Werbebotschaft nicht gelernt und es resultiert ein zu geringer Werbeeffekt.

Wie hoch die Kontaktdosis für eine Kampagne sein sollte, kann durch Marktforschungsmethoden bestimmt werden und ist kampagnenabhängig. Je komplexer ein Produkt oder eine Werbekampagne, desto schwieriger fällt es den Rezipienten innerhalb einer kurzen Kontaktdauer die Werbebotschaft wahrzunehmen und zu lernen. Als Daumenregel in der Praxis gilt häufig die sogenannte Drei-Kontakte-Regel (Shimp 2007). Diese besagt, dass die optimale Kontaktdosis mit einer Werbekampagne bei drei Kontakten liegt.

Entscheidend ist nun aber die Möglichkeit für Nachfrager die Kontaktdosis mithilfe von Frequency Capping über verschiedene Vermarkter hinweg genau aussteuern zu können. Dies geschieht, indem sie eine maximale Kontakthäufigkeit innerhalb eines bestimmen Zeitraums und Cookies festlegen. Damit sind sie in der Lage die Werbewirksamkeit und Kosteneffizienz der Kampagne zu steuern, unabhängig davon, wo (also bei welchem Vermarkter oder Intermediär) die Werbung nun genau eingekauft wurde.

3 Empirische Studie

3.1 Studiendesign

Die Studie wurde im Dezember 2012 als Online-Umfrage mithilfe der Software DISE (Dynamic Intelligent Survey Engine) des Lehrstuhls für Marketing und Electronic Services der Goethe-Universität Frankfurt am Main durchgeführt. Sowohl Nachfrager (Werbetreibende und Agenturen) als auch Anbieter (Vermarkter und Intermediäre) von Werbeinventar wurden zunächst zu ihrer Wahrnehmung des aktuellen RTA-Angebots befragt, um anschließend in einem Discrete-Choice-Experiment ihre Präferenzen hinsichtlich der Ausgestaltung von RTA-Angeboten zu ermitteln.

Kategorie	Merkmal	Anzahl an Merkmalsausprägungen	Merkmalsausprägung
Targeting- und Optimierungsalgorithmen	Targeting-Qualität	2	• hoch • niedrig
Quelle des Werbeinventars	AGOF-Vermarkter	4	• AGOF Top 5 • AGOF Top 10 • AGOF Top 15 • AGOF Top 20
	Google Display Network	2	• ja • nein
	Premium Inventar	2	• ja • nein
Qualität des Werbeinventars	Auslieferungstransparenz der Platzierung	2	• ja • nein
	Platzierung auf der Webseite	2	• oben • unten
Vermarkterübergreifende Frequency Cappings	Vermarkterübergreifende Frequency Cappings	2	• ja • nein
	Motiv	3	• Medium Rectangle (300x200 Pixel) • Skyscraper (120x600 Pixel) • Superbanner (728x90 Pixel)
	Erwarteter Tausenderkontaktpreis (TKP)	6	• 30,- € • 35,- € • 40,- € • 45,- € • 50,- € • 55,- €
	Anzahl an Choice-Sets		13
	Anzahl an Teilnehmern		109 (davon 43 von der CBC ausgeschlossen)
	Gesamtanzahl an beantworteten Choice-Sets		858

Die Choice-Sets wurden mithilfe der Sawtooth-Software erstellt. Jede Merkmalsausprägung weist dabei eine Effizienz von mindestens 0,99 auf. Eine Effizienzüberprüfung nach Street und Burgess (2007) ergab ein Effizienzniveau von 91,42 %.

Tabelle 1: Design des Discrete-Choice-Experiments

Um realistische RTA-Angebote für das Experiment zu gestalten, wurden im Vorfeld zehn Experten aus der Onlinebranche interviewt. Das Ergebnis dieser Befragung ist in Form des endgültigen Studiendesigns in Tabelle 1 dargestellt. Insgesamt haben 109 Teilnehmer aus über 40 verschiedenen Unternehmen an der Umfrage teilgenommen, wobei ca. zwei Drittel der Befragten (67,9 %) der Nachfrage-Seite des Marktes zuzuordnen sind. Über die Hälfte der Teilnehmer (51,4 %) sind dabei Entscheider (Geschäftsinhaber, mittleres Management oder Mitarbeiter mit Personalverantwortung) in den jeweiligen Unternehmen.

3.2 Methode

Die Befragten treffen im Discrete-Choice-Experiment wiederholt Auswahlentscheidungen in Choice-Sets, die realen Entscheidungssituationen zwischen verschiedenen RTA-Plattformen nachempfunden sind (Fritz et al. 2011). Ein Choice-Set besteht aus mehreren Profilen von RTA-Plattformen (siehe Abbildung 2), die durch Merkmale und deren Ausprägungen beschrieben sind (Tabelle 1). Somit sind in jedem Choice-Set Trade-off Entscheidungen zu treffen, auf Basis derer Rückschlüsse auf die Präferenzen eines Befragten bezüglich der Wichtigkeit der Merkmale einer RTA-Plattform möglich sind.

1 Bitte wählen Sie die Alternative welche Ihnen am meisten zusagt:				
Vermarkter verfügbar	AGOF Top 15	AGOF Top 5	AGOF Top 20	
Google Display Network verfügbar	Ja	Nein	Nein	
Premium Inventar verfügbar	Ja	Nein	Ja	
Auslieferungstransparenz der Platzierung	Nein	Ja	Nein	
Vermarkterübergreifendes Frequency Capping	Ja	Nein	Nein	Ich würde keines der Angebote nehmen
Targetingqualität	Niedrig	Hoch	Hoch	
Motiv	Medium Rectangle (300x250 Pixel)	Superbanner (728x90 Pixel)	Skyscraper (120x600 Pixel)	
Platzierung auf der Seite	Top	Bottom	Top	
Erwarteter TKP in der gewünschten Zielgruppe (Erfahrungswert)	30 €	40 €	35 €	
	○	○	○	○

Abbildung 2: Exemplarisches Choice-Set

3.3 Deskriptiver Vergleich der Marktteilnehmer

3.3.1 Erwünschtes vs. angebotenes Werbeinventar

Eine deutliche Mehrheit der befragten Nachfrager (98 %) kaufen Werbeinventar bereits über RTB ein. Große Themen im RTA-Kontext, wie z. B. Online Video und Mobile-Platzierungen, scheinen noch nicht die Bedeutung zu haben, die ihnen momentan schon zugeschrieben werden (Forrester Consulting 2012a und 2012b). So würde nur die Hälfte der Nachfrager (50 %) InStream Video-Formate und 48 % Mobile-Formate über RTB kaufen. Mobile und Videoformate eröffnen erst seit Kurzem neue Werbemöglichkeiten im Internet. Mobiltelefone erlauben seit Einführung der 3G-Geschwindigkeiten im Jahr 2008 eine vollwertige Integration von Werbebannern. Doch aufgrund der fehlenden Tracking-Möglichkeiten (insbesondere der Conversion) und somit mangelnder Performance-Kontrolle im Mobile-Advertising werden diese Werbeformate noch sehr zurückhaltend von Werbetreibenden gebucht.

Videoverfügbarkeiten sind zudem noch nicht ausreichend vorhanden. Auf dem Markt existieren lediglich einige wenige Anbieter (z. B. YouTube, MyVideo), die große Reichweiten über RTB zur Verfügung stellen. Video-on-Demand-Anbieter (z. B. LoveFilm.de) oder Online-Streaming-Angebote der Fernsehsender (z. B. rtl-now.de) bieten bislang entweder kein Werbeinventar an oder verkaufen ihr Inventar direkt in Verhandlungen mit Nachfragern und nicht über RTB. Damit Video- und Mobile-Angebote im RTB für Nachfrager an Bedeutung gewinnen können, ist eine kritische Masse an angebotener Reichweite sowie die Möglichkeit der Performance-Kontrolle aber unabdingbar.

3.3.2 Wahrnehmung des Real-Time-Advertising Marktes

Eine gute Nachricht für die Branche ist, dass RTA-Plattformen von Nachfragern nicht mehr als „Resterampen" wahrgenommen werden. Dies liegt darin begründet, dass mittlerweile fast drei Viertel der Anbieter von Werbeinventar Premium-Platzierungen im Angebot haben. Grund genug für Nachfrager von Werbeinventar der Aussage, dass RTB nur für den Einkauf minderwertiger Platzierungen geeignet sei, nicht mehr zuzustimmen.

Unsicherheit bleibt im Markt allerdings, vor allem hinsichtlich der Targeting-Möglichkeiten und der Leistungsfähigkeit automatischer Optimierungsalgorithmen. Wenig überraschend ist, dass Anbieter von Werbeinventar von den Möglichkeiten, die RTB eröffnet, vollkommen überzeugt sind. Um nun genauer zu verstehen, welche Eigenschaften eines RTA-Angebotes für Nachfrager von Werbeinventar entscheidend sind, werden im Folgenden die Ergebnisse des Discrete-Choice-Experiments vorgestellt.

3.4 Ergebnisse des Discrete-Choice-Experiments

Tabelle 2 zeigt die Ergebnisse des Discrete-Choice-Experiments. Für Nachfrager von Werbeinventar sind die wichtigsten Merkmale Preis (Rang 1), Platzierung auf der Seite (Rang 2) und die Transparenz der Platzierung (Rang 3). Anbieter von Werbeinventar hingegen schätzen die Platzierung auf der Seite (Rang 1), die Targeting-Qualität (Rang 2) und den Preis (Rang 3) als wichtigste Merkmale einer RTA-Plattform ein.

3.4.1 Targeting- und Optimierungsalgorithmen

Für Anbieter von RTA sind Targeting- und Optimierungsalgorithmen von essenzieller Bedeutung (Rang 3). Für Nachfrager hingegen ist Targeting eher zweitrangig (Rang 5). Kapitel 3.3.2 hat gezeigt, dass das Vertrauen in die Targeting-Güte auf Nachfrage-Seite jedoch fehlt. Dem können Anbieter von Werbeinventar entgegenwirken, indem sie einen Nachweis über die Güte ihres Targetings erbringen. Die Messmöglichkeiten und Methoden sind hierfür bereits gegeben. So bieten sowohl Nielsen als auch die GfK (nurago) eigene Online-Panels an, in denen Reichweiten-Messungen einzelner Kampagnen auf Personenbasis vorgenommen werden können und somit die Güte des Targeting überprüft werden kann (Nielsen 2013, nurago 2013). Eine ganzheitliche Online-Messung ist bei solchen Anbietern kostenintensiv, allerdings erlauben Tools wie das Nielsen OCR standardisierte Auswertungen (auf Tagesbasis) über eine extrem große Anzahl an Kampagnen hinweg. Solche Tools können von RTA-Anbietern auch Nachfragern von Werbeinventar zur Verfügung gestellt (z. B. gegen eine Nutzungsgebühr) oder aber zur internen Überprüfung der eigenen Leistung herangezogen werden.

3.4.2 Qualität des Werbeinventars

Die Transparenz des Angebotes ist für Nachfrager von Werbeinventar neben dem Preis der wichtigste Faktor für die Nutzung einer RTA-Plattform. Sie wollen dabei insbesondere wissen, auf welcher Webseite ihre Anzeige gelaufen ist (Position 3) und ob die Anzeige dann auch im sichtbaren Bereich der Webseite platziert war (Position 2). Platzierungen am Seitenanfang haben dabei eine deut-

Kategorie	Merkmal	Merkmals-ausprägung	Bedeutungsgewicht		Rang	
			Nachfrager	Anbieter	Nachfrager	Anbieter
Targeting- und Optimierungs-algorithmen	*Targeting-Qualität*	• hoch • niedrig	0,13	0,17	5	2
Quelle des Werbe-inventars	*AGOF-Vermarkter*	• AGOF Top 5 • AGOF Top 10 • AGOF Top 15 • AGOF Top 20	0,04	0,04	8	9
	Google Display Network	• ja • nein	0,06	0,06	7	8
	Premium Inventar	• ja • nein	0,11	0,07	6	7
Qualität des Werbe-inventars	*Auslieferungs-transparenz der Platzierung*	• ja • nein	0,16	0,14	3	4
	Platzierung auf der Webseite	• oben • unten	0,17	0,19	2	1
Vermarkter-übergreifende Frequency Cappings	*Vermarkter-übergreifende Frequency Cappings*	• ja • nein	0,13	0,12	4	5
	Motiv	• Medium Rectangle • Skyscraper • Superbanner	0,03	0,08	9	6
	Erwarteter Tausen-derkontaktpreis	• 30,- € • 35,- € • 40,- € • 45,- € • 50,- € • 55,- €	0,19	0,14	1	3

Nachfrager (Werbetreibende und Agenturen) n = 46 und Anbieter (Intermediäre und Vermarkter) n = 17

Tabelle 2: Ergebnisse des Discrete-Choice-Experiments

lich höhere Wahrscheinlichkeit vom Nutzer wahrgenommen zu werden, was zu höherer Werbewirkung und Reaktionsquoten führt. So sind Nachfrager von Werbeinventar aus traditionellen Medien gewohnt zu wissen, in welchem Umfeld ihre Werbemittel platziert sind. Leider berichten nicht alle Anbieter von Werbeinventar (lediglich 65 %) in ihren Reportings die konkrete Webseite, auf welcher die Anzeige lief; nur 55 % der Anbieter machen die konkrete Position auf der Webseite in Reportings zugänglich. Um hier Vertrauen zu schaffen, sollte Nachfragern von Werbeinventar diese Information aber zugänglich gemacht werden (z. B. in Reportings).

3.4.3 Vermarkterübergreifende Frequency Cappings

Eine weitere Kontrollmöglichkeit über ihre Werbeeinblendungen erhalten Nachfrager von Werbeinventar über die Nutzung von vermarkterübergreifenden Frequency Cappings (Rang 4). Insbesondere für Intermediäre stellen diese einen starken Hebel zur Kampagnenoptimierung dar, der bei klassischen Display-Kampagnen nicht gegeben ist und sich somit zum Alleinstellungsmerkmal von RTA herauskristalisiert (Rang 5).

Insgesamt zeigt sich, dass Nachfrager von Werbeinventar einen hohen Nutzen aus Angeboten ziehen, die qualitativ hochwertige und vor allem transparente Platzierungen enthalten. Dabei spielen technische Elemente (wie z. B. Targeting) eine eher untergeordnete Rolle. Die Möglichkeit der Kontrolle und Steuerung der eigenen Kampagnen ist für Werbetreibende bzw. die verantwortliche Agentur entscheidend, ähnlich wie in der klassischen Display-Planung. Nachfrager wollen RTA-Inventar und dessen Performance mit klassischen Display-Kampagnen vergleichbar machen.

4 Zusammenfassung und Ausblick

Real-Time-Advertising (RTB) verändert momentan den Online-Werbemarkt und es ist zu erwarten, dass sich dieser Trend fortsetzen wird. Die vorliegende Studie deckt ein weites Spektrum an Verbesserungsmöglichkeiten für Anbieter von Werbeinventar hinsichtlich der Gestaltung von RTA-Angeboten auf. So zeigt die Untersuchung, dass Aufklärungsbedarf seitens der Nachfrager von Werbeinventar (Werbetreibende und ihre Agenturen) besteht, vor allem in technologischen Fragen. Das Verständnis und Vertrauen in zum Einsatz kommende Targeting- und Optimierungsalgorithmen ist noch sehr wenig ausgeprägt, so dass Anbieter von RTA-Inventar hier Klarheit hinsichtlich ihrer Funktionsweise schaffen sollten.

Gleichzeitig ist der Wunsch nach transparenten und qualitativ hochwertigen Platzierungen auf der Nachfrage-Seite groß. Transparenz bedeutet einerseits, Transparenz hinsichtlich der exakten Webseite, auf der die Werbung ausgeliefert wurde. Andererseits handelt es sich um Transparenz bezüglich der Position des Werbemittels (z. B. sichtbar oder nicht) auf der konkreten Webseite. Allerdings berichten nur 65 % der Anbieter von Werbeinventar die volle URL der Webseite, auf der das Werbemittel ausgeliefert wurde; oft werden nur Kategorien berichtet. Angaben zur Position des Werbemittels auf der Webseite fehlen bei 45 % der Anbieter. Kontrollmöglichkeiten (auch die Möglichkeit der Nutzung von Frequency Cappings) sind für Nachfrager von Werbeinventar jedoch entscheidend, um sinnvolle Vergleiche mit gewohnten Einkaufsmechanismen durchführen zu können.

Der RTA-Markt ist derzeit noch von Wahrnehmungs- und Einstellungsdiskrepanzen zwischen beiden Marktseiten charakterisiert. Während Anbieter von Werbeinventar die Wichtigkeit von Handelsautomatisierung und Targeting überschätzen, legen Werbetreibende auf Monitoring- und Kontrollmöglichkeiten innerhalb der Plattform besonderen Wert. Insgesamt scheint so vor allem in technischen Fragestellungen noch Aufklärungsbedarf am Markt zu bestehen.

Literatur

ADZINE (2012): InteractiveMedia startet Premium Publisher Plattform mit AppNexus. In: http://www.adzine.de/de/site/artikel/7781/ad-trading-rtb/2012/11/intera (27.10.2013).
AGOF (2013): internet facts. In: http://www.agof.de/internet-facts.987.de.html (27.10.2013).
AppNexus (2012): AppNexus Officially Launches Ad Platform Fueling the Real-Time Bidding with eBay Advertising. In: http://www.printthis.clickability.com/pt/cpt?expire=&title=AppNexus+ (27.10.2013).
Dietrich, H. (2011): Realtime Targeting im Internet. In: Online Targeting und Controlling, 43-54.
Forrester Consulting (2012a): Online Video RTB Primed for Dramatic Growth. In: Forrester Consulting Thought Leadership Paper.
Forrester Consulting (2012b): Realizing the RTB Video Opportunity For Brand Marketers. In: Forrester Consulting Thought Leadership Paper.
Fritz, M./Schlereth, C./Figge, S. (2011): Empirical Evaluation of Fair-Use Flat Rate Strategies for Mobile Internet. In: Business & Information Systems Engineering, Vol. 3(5), 269-277.
Gardner, R. (2003): Games for Business and Economics, Hoboken: John Wiley & Sons.
Hüsing, A. (2012): Ströer übernimmt AdScale, Ströer Interactive, freeXmedia und Business Advertising. In: http://www.deutsche-startups.de/article_preview?id=84768 (27.10.2013).
Klimkeit, M. (2011): Realtime Bidding Insider, Yieldlab White Paper, In: http://www.yieldlab.de/wp-content/uploads/yieldlab_rtb_whitepaper_1.2.pdf (27.10.2013).

MacDonald, J./Dearth, J./Sonenclar, K. (2010): Getting Real: AdExchanges, RTB, and the Future of Online Advertising. In: http://www.desilvaphillips.com/InsightsDetail.aspx?ReportID=84558 (27.10.2013).
Marx, A. (2012): Media für Manager: Was Sie über Medien und Media-Agenturen wissen müssen, Hamburg: Gabler Verlag.
Muthukrishnan, S. (2009): Ad Exchanges: Research Issues. In: http://www.eecs.harvard.edu/cs286r/courses/fall09/papers/start2.pdf (27.10.2013).
Nielsen (2013): Online Measurement. In: http://www.nielsen.com/us/en/measurement/online-measurement.html (27.10.2013).
nurago (2013): nrg|AudienceProfiles, In: http://www.nurago.de/portfolio/communications/nrgaudienceprofiles/ (27.10.2013).
Perlich, C./Dalessandro, B./Hook, R./Stitelman, O./Raeder, T./Provost, F. (2012): Bid Optimizing and Inventory Scoring in Targeted Online Advertising. In: KDD'12, 12-16.
Ringel, T. (2012): Real-Time-Bidding: In Echtzeit zum Kunden, metapeople White Paper, In: http://www.metapeople.com/real_time_bidding_studie_final.pdf (27.10.2013).
Schroeter, A./Westermeyer, P./Müller, C./Schlottke, T. (2012): Die Zukunft des Display Advertising. In: http://rtb-buch.de/rtb_fibel.pdf (27.10.2013).
Shimp, T. A. (2007): Integrated Marketing Communications in Advertising and Promotions, Mason: Thompson Higher Education.
Street, D. J./Burgess, L. (2007): The Construction of Optimal Stated Choice Experiments: Theory and Methods, Hoboken: John Wiley & Sons.
Tol, J. (2012): Understanding Exchanges, Präsentation der IAB Australia, In: http://www.aimia.com.au/enews/IAB/Website/Understanding_Exchanges_Full%20deck%20for%20web.pdf (27.10.2013).
TubeMogul (2011): How Private Exchanges Benefit Video Publishers. In: http://www.tubemogul.com/marketing/TubeMogul_private_exchange_white_paper.pdf (27.10.2013).
Unger, F./Fuchs, W./Michel, B. (2013): Mediaplanung, Berlin-Heidelberg: Springer-Verlag.
Vickrey, W. (1961): Counterspeculation, Auctions, and Competitive Sealed Tenders. In: Journal of Finance, Vol. 16 (1), 8-37

Die Autoren

Seit Dezember 2011 arbeitet Sotir Hristev als Digital Analyst für die Mindshare GmbH in Frankfurt. Zuvor war er an diversen Forschungsprojekten im Bereich Customer Relationship Management und Loyalty-Programme beteiligt und absolvierte sein Studium an der Goethe Universität Frankfurt.

Seit März 2012 ist Nadia Abou Nabout Habilitandin am Schwerpunkt Marketing der Goethe Universität Frankfurt. Ihre dort entstandene Dissertation hat zahlreiche Preise gewonnen. Abou Nabout beschäftigt sich in ihrer Forschung mit praxisrelevanten Fragen im Online-Marketing, insbesondere Suchmaschinenmarketing und Real-Time-Advertising.

Kontakt

Sotir Hristev
Mindshare GmbH
Darmstädter Landstraße 112
60598 Frankfurt
sotir.hristev@mindshareworld.com.

Dr. Nadia Abou Nabout
Goethe-Universität Frankfurt / RuW-Gebäude, Raum 2.225
Grüneburgplatz 1
60323 Frankfurt
abounabout@wiwi.uni-frankfurt.de.

Gamification in der Unternehmenspraxis: Status quo und Perspektiven

Matthias Schulten

Inhalt

1 Ausgangssituation 261
2 Zielgruppen der Gamification 263
3 Einsatzfelder der Gamification 264
4 Realisierung der Gamification 266
5 Fazit 271

Literatur 272
Der Autor 274
Kontakt 274

Management Summary

Die Digitalisierung ganzer Unternehmens- und Lebensbereiche geht immer öfter mit einer Informationsflut einher, die Konsumenten und Mitarbeiter lähmt und demotiviert. Um sie aus ihrer Lethargie herauszureißen, wird in jüngster Zeit die Integration spieltypischer Elemente und Prozesse in spielfremde Kontexte diskutiert. Diese wird auch als Gamification bezeichnet. Der vorliegende Beitrag beleuchtet Status quo und Perspektiven der Gamification anhand zahlreicher Fallbeispiele und gibt Empfehlungen für die erfolgreiche Realisierung in der Unternehmenspraxis.

1 Ausgangssituation

Die Aufnahme und Verarbeitung von Informationen hat sich in den letzten Dekaden deutlich verändert. Durch die Digitalisierung der Medien haben sich Informations- und Kommunikationsprozess so stark beschleunigt, dass hieraus nicht selten Überlastungen von Konsumenten und Mitarbeitern resultieren. In der Folge bleiben viele Informationen ungenutzt (vgl. Brünne/Esch/Ruge 1987) oder werden nur noch flüchtig abgearbeitet. So zeigen Untersuchungen von Köcher-Schulz (2000, 16 f.), dass 80 % aller Anzeigen weniger als 2 Sekunden betrachtet werden. Auch in vielen Unternehmen greift die Informationsflut um sich und lässt die Mitarbeiter in Passivität versinken (vgl. Sennet 2005, 136). Immer häufiger ziehen sich diese aus der aktiven Weiterentwicklung des Unternehmens zurück. 61 % leisten sogar nur noch Dienst nach Vorschrift (vgl. Gallup 2013, 15).

Einen Ausweg aus dieser Situation verspricht die Gamification besonders betroffener Lebens- und Unternehmensbereiche. Gamification basiert auf den Prinzipien des Online-Gamings und bezeichnet die Integration spieltypischer Elemente und Prozesse in spielfremde Kontexte (vgl. Deterding et al. 2011, 2). Sie nutzt die Tendenz von Menschen aus, sich an Spielen zu beteiligen, ermöglicht einen spielerischen Zugang zu neuen Themen und Botschaften und kann langweilige und monotone Alltagshandlungen interessanter machen (vgl. Radoff xxxii). Gamification grenzt sich dabei von herkömmlichen Online-Games dadurch ab, dass die Spielhandlungen nicht in einer simulierten, sondern in einer realen Welt stattfinden. Weiterhin beschränkt sie sich auf die Anwendung ausgewählter Spieleelemente, wobei ihre Aussteuerung – im Gegensatz zu Online-Games – meist manuell erfolgt. In der Folge ist der Grad der Immersion der Gamification etwas geringer als bei Online-Games (vgl. Tabelle 1).

	Gamification	**Online-Games**
Spielumgebung	reale Welt	simulierte Welt
Spielelemente	wenige	viele
Aussteuerung	manuell	automatisch
Immersion	gering	hoch

Tabelle 1: Gamification versus Online-Games
Quelle: Eigene Darstellung

Gleichwohl scheint Gamification ein interessanter Ansatz zu sein, um Menschen zu aktivieren und aus ihrer Lethargie zu reißen. So werden in Medien Zahlen kolportiert, nach denen Unternehmen die Aktivitäten auf ihrer Website um 29 % (Gigya 2012) und die Öffnungsraten ihrer E-Mails um 42 % (Maritz 2012) steigern konnten. Experten gehen zudem davon aus, dass Gamification die Produktivität von Unternehmen um bis zu 18 % und die Profitabilität um bis zu 12 % (TemboSocial 2013) steigern kann.

2 Zielgruppen der Gamification

Durch die Integration spieltypischer Elemente und Prozesse in spielfremde Kontexte richtet sich Gamification vor allem an Menschen, die gerne spielen. Eine Zielgruppe ist dabei besonders hervorzuheben: die Millennials. Die Millennials wurden Mitte der 1980er Jahre geboren. Sie sind mit Computer-Spielen und virtueller Teamarbeit aufgewachsen (vgl. Burstein 2013; Furlong 2013), weshalb sie für die Prinzipien des Online-Gamings besonders empfänglich sind.

Innerhalb der Zielgruppe der Millennials lassen sich vier Spielersegmente unterscheiden: Achievers, Socializers, Killers und Explorers (vgl. Abbildung 1). Achievers sind auf der Suche nach Herausforderungen, die mit konkreten Zielen verbunden sind und bei denen der eigene Spielercharakter weiterentwickelt werden und in einem internen Rankingsystem aufsteigen kann. Explorers schätzen es hingegen, wenn sie auf Entdeckungsreise gehen können. Sie möchten Wissen über ihre Spielwelt aufbauen und herausfinden, wie diese funktioniert. Killers streben Dominanz über andere Spieler an. Sie sind vor allem an Spielhandlungen interessiert, die es ihnen erlauben, andere zu stören und anzugreifen. Im Gegensatz hierzu bevorzugen Socializers friedvolle Interaktionen mit anderen Spielern (vgl. Bartle, 2004, 130 ff.).

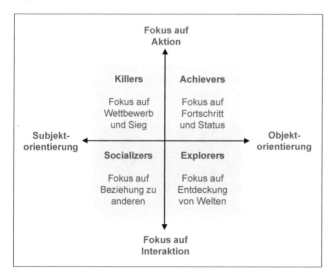

Abbildung 1: Spielersegmente
Quelle: In Anlehnung an Bartle (2004), 130 ff.

Die vier Spielersegmente lassen sich als Mitarbeiter oder Konsumenten adressieren. Mitarbeitergerichtete Gamification zielt auf eine höhere Motivation, eine verbesserte Service-Leistung, eine erhöhte Produktivität und ein effektiveres Lernen der Mitarbeiter ab. Bei der konsumentengerichteten Gamification stehen hingegen Crowdsourcing-Prozesse, Abverkauf und Loyalisierung im Vordergrund (ähnlich: pwc 2013). Diese sollen durch eine intensivere Auseinandersetzung der Konsumenten mit den Angeboten des Unternehmens forciert werden (vgl. Eichsteller et al. 2013, 42).

3 Einsatzfelder der Gamification

Aktuell fließen rund 25 % der Gamification-Investitionen in Mitarbeitergerichtete Enterprise-Lösungen. Der Rest konzentriert sich auf konsumentengerichtete Lösungen und hier vor allem auf die Bereiche Retail, Media, Education, Entertainment sowie Health bzw. Wellness (M2 Research 2012, 10).

Die Gamification-Potenziale im Bereich *Enterprise* werden anhand von Bunchball Nitro deutlich. Bunchball Nitro erlaubt es Unternehmen Punkte, Badges und Trophäen für die mitarbeiterseitige Erfüllung von Missionen zu vergeben. Die Missionen – beispielsweise das Erreichen von Vertriebszielen – können dabei auf einzelne Mitarbeiter oder aber Mitarbeitergruppen zugeschnitten werden. Bunchball Nitro generiert auf diese Weise monatlich mehr als 70 Millionen Unique Visitors und 2,3 Milliarden Website Actions. Die Leistungssteigerungen im Bereich der internen Zusammenarbeit werden auf knapp 60 % beziffert. Die Integration in bestehende Systeme erfolgt nahtlos, wahlweise über Salesforce, IBM Connections, Jive, NICE Systems oder SAP Jam (vgl. Bunchball 2013).

Auch im *Retail*-Bereich wird zunehmend auf Gamification gesetzt. Rund 50 % der Fashion-Retail-Experten gehen nach Eichsteller et al. (2013, 42) von einer hohen bis sehr hohen Gamification-Wahrscheinlichkeit des unteren und mittleren Modemarktes aus. So hat der amerikanische Homeshopping-Sender HSN seit 2011 25 Casual Games, wie z. B. Blackjack, Sudoku and Mah Jongg, auf seiner Website integriert. Kunden können diese nach erfolgter Registrierung spielen, während parallel das Programm des Senders in einem kleinen Teilbereich des Screens läuft (Chiefmarketer 2011). Erfolgreiche Spieler erhalten „Tickets", mit denen sie an realen Verlosungen teilnehmen können (HSN Arcade 2013). Die Einbindung der Spiele ist aus Sicht von HSN aus zwei Gründen interessant: Einerseits tragen sie dazu bei, dass Besucher länger auf der HSN-Website verweilen und das Fernsehprogramm schauen. Andererseits erhält HSN durch die Spielregistrierung Daten potenzieller Kunden. Diese lassen sich für eine systematische Kundenakquise nutzen. HSN verzeichnet mittlerweile mehr als 350.000 Unique Visitors pro Tag. In Summe wurden bereits über 62 Millionen Spiele gespielt (Overstreet 2012).

Die Gamification-Potenziale im Bereich *Media* lassen sich anhand von Bing verdeutlichen. Um neue Nutzer für seine Suchmaschine zu gewinnen und sie an sich zu binden, startete Microsoft Ende 2011 Bing Rewards. Bei Bing Rewards erhalten Anwender für Suchanfragen in Bing Punkte, die sie gegen XBox-Live-Nutzungen oder Geschenkgutscheine – beispielsweise von Amazon oder Starbucks – eintauschen können. Zwecks Kundendurchdringung ist für die Teilnahme eine Windows-Live-ID, ein Windows-PC sowie der Internet Explorer mit der Werkzeugleiste Bing Bar erforderlich. Die bloße Teilnahme an Bing Rewards belohnt das Unternehmen bereits mit einem Guthaben von 250 Punkten (vgl. Microsoft 2013; Foley/Beiersmann 2010).

Class Dojo ist ein Beispiel für Gamification im *Education*-Bereich. Bei Class Dojo handelt es sich um eine für Apple und Android verfügbare App, die es Lehrern ermöglicht, gute Schülerleistungen – beispielsweise in den Bereichen Unterrichtsbeteiligung, Umgang mit Mitschülern und Pünktlichkeit – während des Unterrichts mit Dojo-Punkten zu belohnen bzw. schlechte Leistungen mit Punktabzug zu bestrafen. Die Punkte werden dabei Avataren zugeschrieben, die die Schüler auf www.classdojo.com selber entwerfen können. In Absprache mit dem Lehrer ist es zudem möglich, dass Eltern Zugriff auf diese Daten erhalten, um ebenfalls korrigierend auf das Verhalten ihrer Kinder einwirken zu können (vgl. ClassDojo 2013). Class Dojo, das 2011 den NBC Education Nation Innovation Award erhielt (vgl. Forbes 2011) und 2012 mit Seed Capital in Höhe von 1,6 Millionen US-Dollar ausgestattet wurde (vgl. TechCrunch 2012), wird inzwischen in über 80 Ländern von mehr als 15 Millionen Lehrern und Schülern genutzt (vgl. Holmes 2013). Nach Aussage des Unternehmens sind 90 % der Rückmeldungen von Lehrern und Schülern positiv (vgl. Forbes 2011).

Das interaktive Bauspiel LEGO Life of George zeigt, dass Gamification auch im *Entertainment*-Sektor erfolgreich umgesetzt werden kann. Es verbindet das Bauen mit LEGO Bausteinen mit einer mobilen App. Das Spielprinzip ist dabei denkbar einfach. Die App wählt aus 250 LEGO-Modellen zufällig ein bestimmtes Modell aus, das vom Spieler nachzubauen ist. Die Herausforderung liegt dabei im verstreichenden Countdown. Hat der Spieler es geschafft in der vorgegebenen Zeit das Modell zu bauen, muss er dieses auf ein Spielbrett legen und mittels Kamera scannen. Die App gleicht dann den Nachbau mit dem vorgegebenen Modell ab und vergibt bei Übereinstimmung Punkte für die verbliebene Zeit. Eine Multiplayer-Option ermöglicht es zudem gegen bis zu drei Freunde oder Familienmitglieder anzutreten. Die innovative Entertainment-Gamification erreichte 2013 das Finale des Best Toy Awards und lässt Kunden regelmäßig auf die Internet-Plattform von Lego zurückkehren (vgl. LEGO 2013).

Mit Blick auf den Bereich *Health/Wellness* zählt Nike+ zu den bekanntesten Beispielen. Seit 2006 ermöglicht es Nike+ Läufern, ihre sportlichen Leistungen zu messen und sich durch individuelle Trainingsprogramme, Vergleiche und Wettbewerbe mit Freunden systematisch zu verbessern. Um Nike+ nutzen zu können, ist lediglich ein iPod oder ein iPhone sowie ein Paar Nike+ Trainingsschuhe oder ein Nike+ Sensor erforderlich. Die drahtlose Verbindung dieser Komponenten erlaubt es Läufern, Dauer, Laufstrecke, Geschwindigkeit und Kalorienverbrauch aufzuzeichnen und zu analysieren (vgl. Apple 2006; Nike 2013a). Bekannt wurde Nike+ insbesondere durch die Men vs. Women Challenge aus dem Jahr 2009. Nike rief mit dieser zu einem weltweiten, sportlichen Geschlechterkampf um Laufleistungen auf. Während der 38-tägigen Challenge wurden die Teilnehmer obendrein ermutigt, sich individuelle Strafen und Belohnungen für ihre Freunde und Bekannten aus der Nike+-Community zu überlegen (vgl. SZ 2009). Auch durch diese Challenge ist die Nutzerzahl von Nike+ mittlerweile auf über 18 Millionen Nutzer hochgeschnellt (Nike 2013b). Durch die innovative Kombination aus individueller Trainingsanalyse und Wettbewerbsgedanken konnte Nike zudem binnen vier Jahren in den USA seinen Marktanteil im Bereich Running um 14 % steigern (PRTM 2011, 17).

4 Realisierung der Gamification

Die Beispiele verdeutlichen die Potenziale der Gamification. Ob sich diese realisieren lassen, hängt von verschiedenen Faktoren ab, beispielsweise der Spielaffinität der Zielgruppe, der Einbettung in einen passenden Unternehmenskontext und der Aufgeschlossenheit und Experimentierfreudigkeit des Unternehmens. Oftmals sind diese Faktoren nicht gegeben, weshalb sich gerade in jüngster Zeit bei vielen Unternehmen Ernüchterung breit macht. Legt man den Hype Cycle von Gartner (2013) zugrunde, so befindet sich die Gamification sogar auf dem Weg in das Tal der Enttäuschung. Letztlich hängt dies aber nicht nur mit den fehlenden Rahmenbedingungen und überzogenen Erwartungen zusammen. Denn viele Unternehmen übersehen bei der Realisierung der Gamification eine einfache Grundregel: „Games are not fun because they are games, but when they are well set up" (in Anlehnung an Deterding 2012). Drei Teilbereiche sind hierbei besonders zu beachten: die Spielmechanik, die Spieldynamik und das Spieldesign (vgl. Abbildung 2).

Gamification in der Unternehmenspraxis: Status quo und Perspektiven

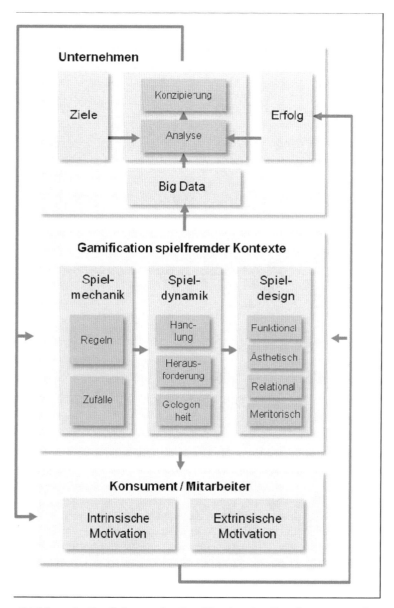

Abbildung 2: Realisierung der Gamification Quelle: Eigene Darstellung

Im Rahmen der Spielmechanik, die algorithmisch geprägt ist (vgl. Hunicke et al. 2004, 2), wird das Regelwerk der Gamification, aber auch die Einsteuerung zufälliger Ereignisse festgelegt. Das Regelwerk sollte dabei möglichst einfach und transparent sein. Im Idealfall ist es selbsterklärend. Bei der Einsteuerung zufälliger Ereignisse geht es hingegen darum, für Abwechslung und eine gewisse Unberechenbarkeit im Spielverlauf zu sorgen. Letztere sorgt für Spannung, da der Spieler die Konsequenzen seiner Aktivitäten nicht vollständig antizipieren kann. Dies wird insbesondere am Fallbeispiel HSN deutlich, wo die Spieler ein sehr hohes Involvement zeigen, wenn sie ihre gewonnenen Tickets in Verlosungen einsetzen.

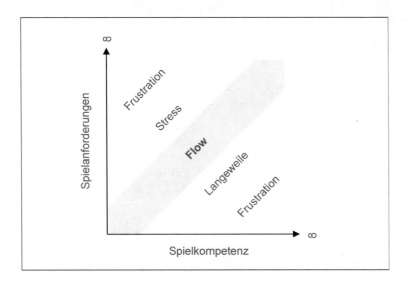

Abbildung 3: Entstehung von Flow-Erlebnissen
Quelle: Wünsch/Jenderek (2009), 50

Der zweite Teilbereich, die Spieldynamik, legt den Spielverlauf fest. Im Mittelpunkt steht die Spielhandlung, aus der im Zusammenspiel mit dem Regelwerk, der Einsteuerung von Zufällen und den Aktivitäten des Spielers beständig neue Herausforderungen und Gelegenheiten für den Spieler erwachsen (ähnlich: Hunicke et al. 2004, 2). Sie sollte einen glaubwürdigen Bezug zum Unternehmen bzw. zur lösenden Problemstellung des Unternehmens haben und das Interesse der Zielgruppe wecken. Sehr hilfreich kann dabei eine ansprechend-epische Geschichte sein, die die Spielhandlung trägt und sich sukzessiv-kaskadierend entwickelt. Die Nike Men vs. Women Challenge ist hierfür ein Beispiel. Nach

Wünsch/Jenderek (2009) sollte zudem darauf geachtet werden, dass die sich ergebenden Herausforderungen und Gelegenheiten die Spieler nicht über- oder unterfordern. So gehen die Autoren davon aus, dass aus Überforderungen Stress und Frustration resultieren. Unterforderungen gehen hingegen mit Langeweile einher. Es kommt also auf eine optimale Balance zwischen Spielanforderung und Spielkompetenz an, die Flow-Erlebnisse ermöglicht (vgl. Abbildung 3). Spielanforderungen lassen sich wie bei LEGO Life of George über Levels mit unterschiedlichen Schwierigkeitsgraden und den Einsatz zeitlicher Restriktionen bei der Bewältigung der Herausforderungen aussteuern. Auch ist es möglich Spielkompetenzen systematisch aufzubauen. So verfügt beispielsweise Nike+ über einen speziellen Coach, der es den Spielern erlaubt individuelle Trainingspläne zu entwickeln. Durch diese werden die Spieler vor Überforderungen geschützt.

Der dritte Teilbereich, das Spieldesign, ist auf die Teilbereiche Spielmechanik und Spieldynamik abzustimmen. Es umfasst das funktionale, ästhetische, relationale und meritorischen Design der Gamification (aufbauend auf Ho/Wu 2012, 205; vgl. Abbildung 4).

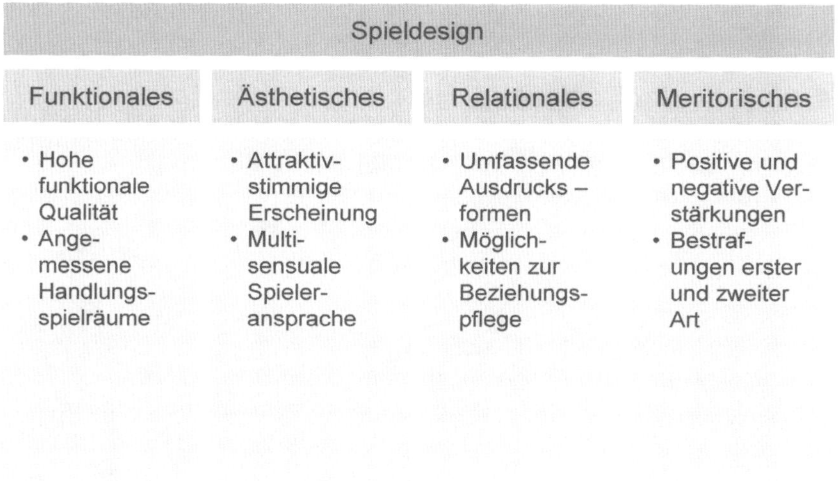

Spieldesign			
Funktionales	Ästhetisches	Relationales	Meritorisches
• Hohe funktionale Qualität • Angemessene Handlungsspielräume	• Attraktivstimmige Erscheinung • Multisensuale Spieleransprache	• Umfassende Ausdrucks – formen • Möglichkeiten zur Beziehungspflege	• Positive und negative Verstärkungen • Bestrafungen erster und zweiter Art

Abbildung 4: Design-Komponenten der Gamification
Quelle: Eigene Darstellung

Beim funktionalen Design geht es um die Sicherstellung einer hohen funktionalen Qualität, aber auch um die Einräumung angemessener Handlungsspielräume, die es dem Spieler erlauben, selbstbestimmt in die Spielhandlung eingreifen zu können, ohne andere Spieler zu übervorteilen oder das System zu betrügen. Gerade letzteres bereitet vielen Unternehmen Probleme. So setzen beispielsweise Teilnehmer an Bing Rewards vereinzelt unerlaubte Search Bots ein, um automatisch Suchanfragen zu generieren und Punkte zu sammeln (vgl. helpingsocial 2013). Zur Verhinderung solcher Betrugsfälle müssen Spieleraktivitäten überwacht und Auffälligkeiten zumindest stichprobenartig überprüft werden.

Das ästhetische Design zielt auf ein attraktives Erscheinungsbild des Spiels ab. Es sollte zur Spielhandlung passen, multisensual stimmig sein und von Zeit zu Zeit neue Reize für den Spieler setzen. So schätzen junge Schüler Class Dojo aufgrund seiner liebevoll gestaltete Avatare und seiner hörbaren Verteilung von Dojo-Punkten (Mims 2013).

Durch das relationale Design werden die Ausdrucksformen des Spielers, die Möglichkeiten der Kontaktaufnahme zu anderen Spielern sowie die Möglichkeiten zur Beziehungspflege festgelegt. Es regelt somit ähnlich dem Mehrspielermodus von LEGO Life of George die sozialen Austauschprozesse innerhalb der Gamification.

Das meritorische Design dient schließlich der Spielermotivation bzw. soll Spieleraktivitäten forcieren. Hierzu kann auf Verstärkungen oder Bestrafungen gesetzt werden. Verstärkungen liegen vor, wenn angenehme Reize dargeboten (positive Verstärkung) oder unangenehme Reize entzogen werden (negative Verstärkung). Von Bestrafungen wird hingegen gesprochen, wenn unangenehme Reize dargeboten (Bestrafung I) oder angenehme Reize (Bestrafung II) entzogen werden (vgl. Schulten 2008, 33).

Zu den populärsten positiven Verstärkungen zählen Spielspaß, Fortschrittsanzeigen, Punkte, Ranglisten, Auszeichnungen und Charity Donations sowie die Anerkennung Dritter und das Gefühl der Zugehörigkeit zu einer Community. Zu den beliebtesten negativen Verstärkungen hingegen Aufhebungen temporärer Einschränkungen, die aus einer Bestrafung I resultieren. Eine typische Bestrafung II ist der Verlust von Status und Ansehen oder aber das Abrutschen in Ranglisten. Bestrafungen II lassen sich leicht realisieren, indem z. B. Punkte, die dem Spieler gut geschrieben werden, nach einiger Zeit wieder verfallen. Der Spieler wird hierdurch zu regelmäßigen Aktivitäten veranlasst, um den drohenden Status-Verlust abzuwenden. Über die Art der einzusetzenden Verstärkungen und Bestrafungen sollte auf Basis des zu adressierenden Spielersegments

(Achievers, Socializers, Killers, Explorers) entschieden werden. Legt man die dargestellten Fallbeispiele zugrunde, so richten sich bestehende Gamification-Ansätze vor allem an Achievers und Killers. Positive Verstärkungen, wie z. B. Punkte, Ranglisten und Auszeichnungen dominieren klar.

Wie Spielmechanik, Spieldynamik und Spieldesign genau ausgestaltet werden, sollte letztlich von der Zielsetzung der Gamification und der Identität des Unternehmens abhängig gemacht werden. Vorbildlich ist hier Bunchball Nitro, wo Missionen entsprechend der Erfordernisse des Unternehmens auf einzelne Mitarbeiter oder Mitarbeitergruppen zugeschnitten werden können. Wichtig ist zudem, dass die Bedürfnisse der Spieler bei der Konzipierung der Gamification berücksichtigt werden. Sie sollten daher von Beginn an in die Entwicklung der Gamification einbezogen werden. Für Nike+ wurde hierzu beispielsweise auf Athleten aus dem Spitzensport und dem Freizeitbereich zurückgegriffen (vgl. Nike 2012). Zwecks Weiterentwicklung des Spiels sollten zudem in späteren Phasen Big Data, die aus den Aktivitäten der Spieler resultieren, mit in die Analyse einfließen.

5 Fazit

Der vorliegende Beitrag verdeutlichte, dass Gamification in Zeiten wachsender Informationsflut ein interessanter Ansatz sein kann, um Konsumenten und Mitarbeiter zur Aufnahme und Verarbeitung von Informationen zu motivieren. Sie eignet sich vor allem für aufgeschlossen-experimentierfreudige Unternehmen, die spielaffine Zielgruppen aktivieren möchten.

Viele Unternehmen konzentrieren sich bei ihren Gamification-Aktivitäten vor allem auf das meritorische Spieldesign, d. h. die Vergabe von Punkten und Auszeichnungen sowie die Erstellung von Ranglisten. Die Fallbeispiele verdeutlichten, dass dies ein wichtiger Teilbereich der Gamification ist. Sie zeigten aber auch, dass das funktionale, ästhetische und relationale Design sowie eine gute Spielmechanik und eine spannende Spieldynamik nicht minder bedeutsam sind. Gerade die Spielmechanik und Spieldynamik tragen maßgeblich zur Spielfreude bei und erhöhen hierdurch die intrinsische Motivation der Spieler. Dies ist insofern ein wichtiger Aspekt, als dass extrinsische Anreize – insbesondere dann, wenn sie mit Auszahlungen verbunden sind – für Unternehmen kostspielig werden können. Es empfiehlt sich daher Gamification ganzheitlich zu denken und umzusetzen.

Zwecks Umsetzung der Gamification erscheint eine sukzessive Vorgehensweise ratsam. Eine klassische Realisierung nach dem Wasserfall-Modell ist für Unternehmen, die über geringere Mittel verfügen und sich des Gamification-Erfolgs nicht sicher sind, mit großen Risiken verbunden. Sie sollten daher eher auf standardisierte, leicht integrierbare Lösungen und agile Verfahren setzen, um Entwicklungsprozesse zu beschleunigen und Risiken zu reduzieren. Empfehlenswert erscheint dabei der Einstieg über eine minimal funktionsfähige Gamification, um zu experimentieren. Erste Erfahrungen sind vielversprechend, weshalb viele Experten von einer raschen Diffusion der Gamification in die Unternehmenspraxis ausgehen.

Literatur

Apple (2006): Nike und Apple arbeiten zusammen und starten „Nike+iPod", URL: https://www.apple.com/de/pr/library/2006/05/23Nike-and-Apple-Team-Up-to-Launch-Nike-iPod.html (30.10.13).
Bartle, R. A. (2004): Designing Virtual Worlds, Berkeley: New Riders Publishing.
Brünne, M./Esch, F.-R./Ruge, H.-D. (1987): Berechnung der Informationsüberlastung in der Bundesrepublik Deutschland, Bericht des Instituts für Konsum- und Verhaltensforschung an der Universität des Saarlandes, Saarbrücken.
Bunchball (2013): Nitro Gamification Platform, URL: http://www.bunchball.com/products/nitro (30.10.13).
Burstein, D. (2013). Fast Future: How the Millennial Generation is Shaping Our World. Boston (MA): Beacon Press.
Chiefmarketer (2011): HSN Adds Game Arcade to Site to Boost Engagement, URL: http://www.chiefmarketer.com/web-marketing/hsn-adds-game-arcade-to-site-to-boost-engagement-02062011 (30.10.13).
ClassDojo (2013): Find out more about ClassDojo, URL: www.classdojo.com (30.10.13).
Deterding, S./Dixon, D./ Khaled, R./Nacke, L.S. (2011): Gamificaiton: Toward a Definition, URL: http://gamification-research.org/wp-content/uploads/2011/04/02-Deterding-Khaled-Nacke-Dixon.pdf (30.10.13).
Deterding, S. (2012): Games are not fun because they're games, but when they are welldesigned, zitiert nach Fishburne, Tom, URL: http://tomfishburne.com/2012/04/gamify.html (30.10.13).
Eichsteller, H./Böhm, T.-M./Dorn, N./Grosshans, L./Lobe, K./Weiß, H. (2013): Future Store 3.0 – Fashion Shopping im Jahr 2020, Stuttgart: Hochschule der Medien.
Foley, M. J./ Beiersmann, S. (2010): Microsoft startet Prämienprogramm Bing Rewards, URL: http://www.zdnet.de/41538216/ (30.10.13).
Forbes (2011): Sam Chaudhary, 26, and Liam Don, 26, Cofounders, ClassDojo, URL: http://www.forbes.com/pictures/lml45mkil/sam-chaudhary-26-and-liam-don-26-cofounders-class-dojo/ (30.10.13).
Furlong, A. (2013): Youth Studies: An Introduction. New York: Routledge.
Gallup (2013): Engagement Index Präsentation 2012, URL: http://www.gallup.com/strategicconsulting/160904/praesentation-gallup-engagement-index-2012.aspx (30.10.13).

Gartner (2013): Hype Cycle for Emerging Technologies, URL: http://www.gartner.com/ newsroom/id/2575515 (29.10.13).
Gigya (2012): Gamification: Real Results, Not Hype, URL: https://blog.gigya.com/ gamification-real-results-not-hype-infographic/ (30.10.13).
helpingsocial (2013): Bing Search Bot, URL: http://www.helpingsocial.com/bingrewards.html (30.10.13).
Ho, C.-H./Wu, T.-Y. (2012): Factors Affecting Intent to Purchase Virtual Goods in Online Games, in: International Journal of Electronic Business Management, Vol. 10 (3), 204-212.
Holmes, D. (2013): Can an app get kids to behave in school? 15 million teachers and students are willing to give it a try, URL: http://pandodaily.com/2013/08/15/can-an-app-get-kids-to-behave-in-school-15-million-teachers-and-students-are-willing-to-give-it-a-try/ (30.10.13).
HSN Arcarde (2013): Free Online Games, Sweepstakes, Contests: URL: http://testsmtrunk-games.hsn.com/ (30.10.13).
Hunicke, R./LeBlanc, M./Zubek, R. (2004): MDA: A Formal Approach to Game Design and Game Reserach, URL: http://www.cs.northwestern.edu/~hunicke/MDA.pdf (30.10.13).
Köcher-Schulz, B. (2000): Was leisten Anzeigen in Wochen- und Monatsmagazinen?, in: transfer – Werbeforschung & Praxis, Nr. 2, 16-17.
LEGO (2013): Life of George, URL: http://shop.lego.com/de-DE/Life-of-George-21201 (30.10.13).
M2Research (2012): Gamification in 2012 – Market Update Consumer and Enterprise Market Trends, URL: http://gamingbusinessreview.com/wp-content/uploads/2012/05/Gamification-in-2012-M2R3.pdf (30.10.13).
Maritz (2012): Gamification Drives Results, URL: maritz.com (30.10.13).
Microsoft (2013): Bing Rewards, URL: http://www.bing.com/explore/rewards (30.10.13).
Mims, L. (2013): Classroom Behavior? There's an App for That, URL: http://www.edutopia.org/blog/classroom-behavior-classdojo-app-lisa-mims (30.10.13).
Nike (2012): NIKE unveils revolutionary NIKE+ experience for basketball, training athletes, URL: http://nikeinc.com/news/nike-unveils-revolutionary-nike-experience-for-basketball-and-training-athletes (30.10.13).
Nike (2013a): Nike+, URL: http://nikeplus.nike.com/plus/ (30.10.13).
Nike (2013b): Nike Redefines "Just Do It" with New Campaign, URL: http://nikeinc.com/news/nike-evolves-just-do-it-with-new-campaign (30.10.13).
Overstreet, J. (2012): How HSN wins with online games, URL: http://blog.shop.org/2012/07/18/how-hsn-wins-with-online-games/ (30.10.13).
PRTM (2011): Enterprise Co-Creation Stories – The Story of Nike+, URL: http://de.slideshare.net/EnterpriseCoCreation/nike-8829199 (30.10.13).
pwc (2013): Beyond play: Harnessing gamification for engagement, URL: http://www.digitalpulse.pwc.com.au/gamification-engagement-infographic/ (30.10.13)
Radoff, J. (2011): Game On: Energize Your Business with Social Media Games, Hoboken: Wiley, xxxii.
Schulten, M. (2008): Kundenreaktionen auf Steuerungsmaßnahmen in Mehrkanalsystemen, Schesslitz: Rosch-Buch.

Sennet, R. (2005): Die Kultur des neuen Kapitalismus. Berlin: Berlin Verlag.
SZ (2009): Nike ruft weltweit zum virtuellen Geschlechterkampf auf – Die Nike+ Men vs. Women Challenge, URL: http://www.clubfeeling.de/news/20090312-nike-ruft-weltweit-zum-virtuellen-geschlechterkampf-auf-die-nike-men-vs-women-challenge/ (30.10.13).
TechCrunch (2012): ClassDojo Lands $1.6M From Paul Graham, Ron Conway To Help Teachers Control Their Classrooms, URL: http://techcrunch.com/2012/08/15/classdojo-launch-seed-funding/ (30.10.13).
TemboSocial (2013): Mixing Business with Gamification, URL: http://blog.tembosocial.com/download-our-white-paper-on-gamification/ (30.10.13).
Wünsch, C./Jenderek, B. (2009): Computerspiele als Unterhaltung. In: Quandt, T./ Wimmer, J./Wolling, J. (Hrsg.): Die Computerspieler: Studien zur Nutzung von Computergames, 2. Auflage, Wiesbaden: VS Verlag für.

Der Autor

Dr. Matthias Schulten ist Professor für Marketingkonzeption an der Fakultät Digitale Medien an der Hochschule Furtwangen. Seine Forschungsschwerpunkte liegen in den Bereichen Social Branding, Customer Relationship Management und Innovation Management.

Kontakt

Prof. Dr. Matthias Schulten
Hochschule Furtwangen
Fakultät Digitale Medien
Robert-Gerwig-Platz 1
78120 Furtwangen
Matthias.Schulten@hs-furtwangen.de

Alfred Gerardi Gedächtnispreis

Der Alfred Gerardi Gedächtnispreis wird seit 1986 vom Deutschen Dialogmarketing Verband (DDV) für herausragende Abschlussarbeiten an Hochschulen und Akademien vergeben. Konzipiert wurde dieser Award im Gedenken an den damals überraschend verstorbenen DDV-Präsidenten Alfred Gerardi. In diesen 27 Jahren wurden bislang weit über 100 Abschlussarbeiten, vorrangig Dissertationen und Diplomarbeiten, ausgezeichnet.

Ziel des Wettbewerbs war und ist die Förderung der wissenschaftlichen Auseinandersetzung mit den Themen des Dialogmarketings. Der Alfred Gerardi Gedächtnispreis wird derzeit in vier Kategorien vergeben: Diplomarbeiten Akademien, Bachelor- und Masterarbeiten von Hochschulen sowie Dissertationen.

Die Arbeiten sollen sich mit aktuellen Themen des Dialogmarketings befassen, etwas Neues aufgreifen und im Ergebnis einen Wissensfortschritt mit verwertbaren Ergebnissen für die Marketingpraxis erbringen. Dabei werden als preiswürdig Arbeiten angesehen, die über dem Durchschnitt dessen liegen, was Studenten normalerweise erarbeiten und die gleichzeitig wissenschaftlichen Ansprüchen genügen. Die Jury bilden namhafte Vertreter von Dialogmarketing-Agenturen und aus dem Hochschulbereich. Im Jahr 2013 waren dies unter dem Vorsitz von Bernd Ambiel (Ambiel Direkt-Marketing-Beratung), Robert Bidmon (Universität München), Norbert Briem M.A. (Jahns and Friends, Agentur für Dialogmarketing und Werbung AG), Prof. Dr. Gert Hoepner (Fachhochschule Aachen), Prof. Dr. Heinrich Holland (Fachhochschule Mainz), Michael Schipper (Schipper Company GmbH) und Prof. Dr. Lutz H. Schminke (Hochschule Fulda).

Die Preisträger 2013

Im Jahr 2013 wurden die folgenden vier Gewinner ausgezeichnet und konnten Urkunden und Preisgelder in Höhe von insgesamt 8.000 Euro in Empfang nehmen:

Beste Dissertation

Einwilligungen im Permission Marketing –
Empirische Analysen von Determinanten aus der Sicht von Konsumenten
Johannes Sebastian Wissmann, Institut für Marketing, Westfälische Wilhelms-Universität Münster
Betreuer: Prof. Dr. Manfred Krafft

Beste Masterarbeit

Die Customer Journey Analyse im Online Marketing –
Theoretische und empirische Untersuchung eines neuen Ansatzes zur Optimierung des Online Marketing-Mix
Louisa Flocke, Fachhochschule Mainz
Betreuer: Prof. Dr. Heinrich Holland

Beste Bachelorarbeit

Online Marketing Attribution – ein Modellvergleich
Lisa Weißer, Johann Wolfgang Goethe-Universität, Frankfurt
Betreuer: Prof. Dr. Christian Schlereth

Beste Diplomarbeit Akademien

Big Data Marketing: Chancen und Herausforderungen für Unternehmen
Pascal Rossa, DDA Deutsche Dialogmarketing Akademie, Haan
Betreuer: Dirk Kedrowitsch

Über alle Details des Alfred Gerardi Gedächtnispreises informiert eine eigene Website www.aggp.de, über die stets die Informationen zur aktuellen Phase des Wettbewerbs (Ausschreibung, Teilnahmebedingungen, Einsendeschluss, Preisträger, Preisverleihung etc.) abgerufen werden können. Selbstverständlich ist der Wettbewerb auch auf Facebook (www.facebook.com/AlfredGerardi) und Twitter (twitter.com/alfred_gerardi) aktiv. Die „Bibliothek" des Wettbewerbs auf der Website gibt darüber hinaus einen (fast) vollständigen Überblick über die Einreichungen der vergangenen Jahrzehnte: Eine Kurzfassung der meisten Arbeiten kann direkt eingesehen werden, die komplette Arbeit kann bei Interesse gegen

Schutzgebühr auch bestellt werden. Sollten Arbeiten in Buchform veröffentlicht worden sein, so finden sich hier die bibliographischen Angaben.

Kontakt

Deutscher Dialogmarketing Verband e.V.
Hasengartenstraße 14
65189 Wiesbaden
www.ddv.de
www.aggp.de
www.facebook.com/AlfredGerardi
twitter.com/alfred_gerardi
aggp@ddv.de

Dank an die Sponsoren

Sponsoren und Partner:

Medienpartner:

Der Alfred Gerardi Gedächtnispreis wird unterstützt durch: